SIGMUND
FREUD
OBRAS COMPLETAS

SIGMUND FREUD

OBRAS COMPLETAS VOLUME 14

HISTÓRIA DE UMA NEUROSE INFANTIL ("O HOMEM DOS LOBOS"), ALÉM DO PRINCÍPIO DO PRAZER E OUTROS TEXTOS

(1917-1920)

TRADUÇÃO PAULO CÉSAR DE SOUZA

10ª reimpressão

COMPANHIA DAS LETRAS

Copyright da tradução © 2010 by Paulo César Lima de Souza

Grafia atualizada segundo o Acordo Ortográfico da Língua Portuguesa de 1990, que entrou em vigor no Brasil em 2009.

Os textos deste volume foram traduzidos de *Gesammelte Werke*, volumes X, XII e XIII (Londres: Imago, 1946, 1947 e 1940). Os títulos originais estão na página inicial de cada texto. A outra edição alemã referida é *Studienausgabe*, Frankfurt: Fischer, 2000.

Capa e projeto gráfico
warrakloureiro

Imagens das pp. 3 e 4, obras da coleção pessoal de Freud
Buda, Ásia, s/d.
Imhotep, Egito, Último período (sécs. VIII - IV a.C.)
Freud Museum, London

Preparação
Célia Euvaldo

Índice remissivo
Luciano Marchiori

Revisão
Márcia Moura
Huendel Viana

Dados Internacionais de Catalogação na Publicação (CIP)
(Câmara Brasileira do Livro, SP, Brasil)

Freud, Sigmund, 1856-1939.
História de uma neurose infantil : ("O homem dos lobos") : além do princípio do prazer e outros textos (1917-1920) / Sigmund Freud; tradução e notas Paulo César de Souza — 1ª ed. — São Paulo: Companhia das Letras, 2010.

Títulos originais: Gesammelte Werke
"Obras completas volume 14".
ISBN 978-85-359-1613-3

1. Freud, Sigmund, 1856-1939 2. Psicanálise 3. Psicologia 4. Psicoterapia
I. Título. II. Título: O homem dos lobos.

10-00792
CDD-150.1954
NLM-WM 420

Índice para catálogo sistemático:
1. Sigmund, Freud: Obras completas: Psicologia analítica   150.1954

Todos os direitos desta edição reservados à
EDITORA SCHWARCZ S.A.
Rua Bandeira Paulista, 702, cj. 32
04532-002 — São Paulo — SP
Telefone (11) 3707-3500
www.companhiadasletras.com.br
www.blogdacompanhia.com.br
facebook.com/companhiadasletras
instagram.com/companhiadasletras
twitter.com/cialetras

SUMÁRIO

ESTA EDIÇÃO 9

**HISTÓRIA DE UMA NEUROSE INFANTIL
("O HOMEM DOS LOBOS", 1918 [1914]** 13
I. OBSERVAÇÕES PRELIMINARES 14
II. PANORAMA DO AMBIENTE E DA HISTÓRIA CLÍNICA 20
III. A SEDUÇÃO E SUAS CONSEQUÊNCIAS IMEDIATAS 27
IV. O SONHO E A CENA PRIMÁRIA 41
V. ALGUMAS DISCUSSÕES 66
VI. A NEUROSE OBSESSIVA 82
VII. EROTISMO ANAL E COMPLEXO DA CASTRAÇÃO 96
VIII. COMPLEMENTOS AO PERÍODO PRIMORDIAL — SOLUÇÃO 119
IX. RESUMOS E PROBLEMAS 138

ALÉM DO PRINCÍPIO DO PRAZER (1920) 161

UMA DIFICULDADE DA PSICANÁLISE (1917) 240

**SOBRE TRANSFORMAÇÕES DOS INSTINTOS,
EM PARTICULAR NO EROTISMO ANAL (1917)** 252

**UMA RECORDAÇÃO DE INFÂNCIA EM *POESIA
E VERDADE* (1917)** 263

CAMINHOS DA TERAPIA PSICANALÍTICA (1919) 279

**"BATEM NUMA CRIANÇA": *CONTRIBUIÇÃO
AO CONHECIMENTO DA GÊNESE
DAS PERVERSÕES SEXUAIS* (1919)** 293

O INQUIETANTE (1919) 328

**DEVE-SE ENSINAR A PSICANÁLISE
NAS UNIVERSIDADES? (1919)** 377

**INTRODUÇÃO A *PSICANÁLISE DAS NEUROSES
DE GUERRA* (1919)** 382

PREFÁCIOS E TEXTOS BREVES (1919) 389
PREFÁCIO A *PROBLEMAS DE PSICOLOGIA DA RELIGIÃO*,
 DE THEODOR REIK 390
E. T. A. HOFFMANN E A FUNÇÃO DA CONSCIÊNCIA 396
A EDITORA PSICANALÍTICA INTERNACIONAL
 E OS PRÊMIOS PARA TRABALHOS PSICANALÍTICOS 397
JAMES J. PUTNAM 400
VICTOR TAUSK 402

ÍNDICE REMISSIVO 406

ESTA EDIÇÃO

Esta edição das obras completas de Sigmund Freud pretende ser a primeira, em língua portuguesa, traduzida do original alemão e organizada na sequência cronológica em que apareceram originalmente os textos.

A afirmação de que são obras completas pede um esclarecimento. Não se incluem os textos de neurologia, isto é, não psicanalíticos, anteriores à criação da psicanálise. Isso porque o próprio autor decidiu deixá-los de fora quando se fez a primeira edição completa de suas obras, nas décadas de 1920 e 30. No entanto, vários textos pré-psicanalíticos, já psicológicos, serão incluídos nos dois primeiros volumes. A coleção inteira será composta de vinte volumes,* sendo dezenove de textos e um de índices e bibliografia.

A edição alemã que serviu de base para esta foi *Gesammelte Werke* [Obras completas], publicada em Londres entre 1940 e 1952. Agora pertence ao catálogo da editora Fischer, de Frankfurt, que também recolheu num grosso volume, intitulado *Nachtragsband* [Volume suplementar], inúmeros textos menores ou inéditos que haviam sido omitidos na edição londrina. Apenas alguns deles foram traduzidos para a presente edição, pois muitos são de caráter apenas circunstancial.

A ordem cronológica adotada pode sofrer pequenas alterações no interior de um volume. Os textos conside-

---

* O tradutor agradece o generoso auxílio de Paula Lavigne, que durante um ano lhe permitiu se dedicar exclusivamente à tradução deste volume.

rados mais importantes do período coberto pelo volume, cujos títulos aparecem na página de rosto, vêm em primeiro lugar. Em uma ou outra ocasião, são reunidos aqueles que tratam de um só tema, mas não foram publicados sucessivamente; é o caso dos artigos sobre a técnica psicanalítica, por exemplo. Por fim, os textos mais curtos são agrupados no final do volume.

Embora constituam a mais ampla reunião de textos de Freud, os dezessete volumes dos *Gesammelte Werke* foram sofrivelmente editados, talvez devido à penúria dos anos de guerra e de pós-guerra na Europa. Embora ordenados cronologicamente, não indicam sequer o ano da publicação de cada trabalho. O texto em si é geralmente confiável, mas sempre que possível foi cotejado com a *Studienausgabe* [Edição de estudos], publicada pela Fischer em 1969-75, da qual consultamos uma edição revista, lançada posteriormente. Trata-se de onze volumes organizados por temas (como a primeira coleção de obras de Freud), que não incluem vários textos secundários ou de conteúdo repetido, mas incorporam, traduzidas para o alemão, as apresentações e notas que o inglês James Strachey redigiu para a *Standard edition* (Londres, Hogarth Press, 1955-66).

O objetivo da presente edição é oferecer os textos com o máximo de fidelidade ao original, sem interpretações de comentaristas e teóricos posteriores da psicanálise, que devem ser buscadas na bibliografia sobre o tema. Informações sobre a gênese de cada obra também podem ser encontradas na literatura secundária. Para questionamentos de pontos específicos e do próprio conjunto da teoria freudiana, o leitor deve recorrer à literatura crítica de M. Macmillan, A. Grünbaum, J. Van Rillaer, E. Gellner e outros.

Após o título de cada texto há apenas a referência bibliográfica da primeira publicação, não a das edições subsequentes ou em outras línguas, que interessam tão somente a alguns especialistas. Entre parênteses se acha o ano da publicação original; havendo transcorrido mais de um ano entre a redação e a publicação, a data da redação aparece entre colchetes. As indicações bibliográficas do autor foram normalmente conservadas tais como ele as redigiu, isto é, não foram substituídas por edições mais recentes das obras citadas. Mas sempre é fornecido o ano da publicação, que, no caso de remissões do autor a seus próprios textos, permite que o leitor os localize sem maior dificuldade, tanto nesta como em outras edições das obras de Freud.

As notas do tradutor geralmente informam sobre os termos e passagens de versão problemática, para que o leitor tenha uma ideia mais precisa de seu significado e para justificar em alguma medida as soluções aqui adotadas. Nessas notas são reproduzidos os equivalentes achados em algumas versões estrangeiras dos textos, em línguas aparentadas ao português e ao alemão. Não utilizamos as duas versões das obras completas já aparecidas em português, das editoras Delta e Imago, pois não foram traduzidas do alemão, e sim do francês e do espanhol (a primeira) e do inglês (a segunda).

No tocante aos termos considerados técnicos, não existe a pretensão de impor as escolhas aqui feitas, como se fossem absolutas. Elas apenas pareceram as menos insatisfatórias para o tradutor, e os leitores e profissionais que empregam termos diferentes, conforme suas diferentes abordagens e percepções da psicanálise, devem sentir-se à vontade para conservar suas opções; que cada qual seja "feliz à sua maneira", como disse aquele famoso rei da Prússia, citado por Freud.

P.C.S.

HISTÓRIA DE UMA NEUROSE INFANTIL ("O HOMEM DOS LOBOS", 1918 [1914])

TÍTULO ORIGINAL: "AUS DER GESCHICHTE EINER INFANTILER NEUROSE".
PUBLICADO PRIMEIRAMENTE EM *SAMMLUNG KLEINER SCHRIFTEN ZUR NEUROSENLEHRE* [REUNIÃO DE PEQUENOS TEXTOS SOBRE A TEORIA DAS NEUROSES], V. 4, PP. 578-717; PUBLICADO EM 1918, MAS REDIGIDO QUASE INTEIRAMENTE NO FINAL DE 1914.
TRADUZIDO DE *GESAMMELTE WERKE* XII, PP. 27-157; TAMBÉM SE ACHA EM *STUDIENAUSGABE* VIII, PP. 125-232.

I. OBSERVAÇÕES PRELIMINARES

O caso de doença que relatarei aqui[1] — mais uma vez de modo apenas fragmentário — distingue-se por um bom número de particularidades que devem ser destacadas antes da exposição. Trata-se de um jovem que adoeceu seriamente aos dezoito anos, após uma infecção gonorreica, e que anos depois, ao iniciar o tratamento psicanalítico, estava totalmente incapacitado para a vida e dependente dos outros. Os dez anos de sua juventude anteriores ao adoecimento ele os tinha passado de maneira relativamente normal, e havia concluído seus estudos secundários sem maior transtorno. Mas a sua infância havia sido dominada por um grave distúrbio neurótico, que teve início logo antes de seu quarto aniversário,

---

1 Esta história clínica foi redigida pouco depois da conclusão do tratamento, no inverno de 1914-5, ainda sob a impressão das reinterpretações distorcidas que C. G. Jung e A. Adler pretendiam fazer dos resultados da psicanálise. Ela está relacionada, então, à "Contribuição à história do movimento psicanalítico", publicada no *Jahrbuch der Psychoanalyse* [Anuário de Psicanálise], v. 6, 1914, e completa a polêmica essencialmente pessoal ali contida, por meio de uma apreciação objetiva do material analítico. Originalmente ela se destinava ao volume seguinte do anuário, mas, como a publicação deste foi adiada indefinidamente, por causa dos empecilhos da Grande Guerra, resolvi juntá-la a esta coleção preparada por um novo editor. Muita coisa que teria sido expressa pela primeira vez neste ensaio eu tive que abordar nas *Vorlesungen zur Einführung in die Psychoanalyse* [Conferências introdutórias à psicanálise], proferidas em 1916-7. O texto da primeira redação não teve nenhuma mudança significativa; os acréscimos são indicados por colchetes.

I. OBSERVAÇÕES PRELIMINARES

como uma histeria de angústia (zoofobia), transformou-se em neurose obsessiva de conteúdo religioso e prolongou-se, com suas ramificações, até os dez anos de idade.

Apenas essa neurose infantil será objeto de minha comunicação. Apesar da solicitação direta do paciente, resolvi não publicar a história completa de sua enfermidade, seu tratamento e restabelecimento, porque essa tarefa me pareceu tecnicamente irrealizável e socialmente inadmissível. Com isso descarta-se também a possibilidade de mostrar o nexo entre a sua enfermidade infantil e aquela posterior e definitiva. Desta posso apenas dizer que levou o doente a passar longo tempo em sanatórios alemães e que na época foi classificada, pela mais competente autoridade, como um caso de "loucura maníaco-depressiva". Tal diagnóstico era certamente adequado ao pai do paciente, cuja vida, rica em atividades e interesses, fora perturbada por repetidos ataques de severa depressão. Mas no filho mesmo não pude notar, em vários anos de observação, nenhuma alteração de ânimo que exorbitasse, em intensidade e nas condições do seu aparecimento, a situação psíquica manifesta. Então formei a ideia de que esse caso, como tantos outros que na psiquiatria clínica tiveram diagnósticos variados e sucessivos, deve ser tomado como sequela de uma neurose obsessiva que transcorreu de modo espontâneo e se curou imperfeitamente.

Portanto, minha descrição será de uma neurose infantil que não foi analisada enquanto existiu, mas apenas quinze anos depois de seu fim. Tal situação tem suas vantagens e também seus inconvenientes, se a comparamos à outra. A análise que realizamos na própria criança neurótica parecerá em princípio mais confiável, mas não pode ser muito rica de conteúdo; é preciso emprestar à criança muitas palavras e pensamentos, e mesmo assim as camadas mais profundas serão talvez impenetráveis para a consciência. Na pessoa adulta e intelectualmente madura, a análise da doença infantil por meio da recordação está livre dessas restrições; mas deve-se considerar a distorção e retificação a que o próprio passado de alguém está sujeito, ao ser olhado retrospectivamente. Talvez o primeiro caso dê resultados mais convincentes, enquanto o segundo é bem mais instrutivo.

De todo modo, é lícito afirmar que as análises de neuroses infantis podem reivindicar um interesse teórico bastante elevado. Para o entendimento correto das neuroses dos adultos elas prestam contribuição comparável à dos sonhos infantis em relação aos dos adultos. Não que sejam mais fáceis de penetrar ou mais pobres em elementos, digamos; a dificuldade de empatia com a vida psíquica da criança faz delas um trabalho particularmente difícil para o médico. Mas nelas sobressai inconfundivelmente o essencial da neurose, pois muitas das sedimentações posteriores estão ausentes. Sabe-se que a resistência contra os resultados da psicanálise assumiu nova forma, na presente fase da luta em torno da psicanálise. Os críticos antes se contentavam em negar a realidade dos fatos defendidos pela análise, e para isso a melhor técnica era evitar comprová-los. Esse procedimento parece estar se esgotando aos poucos; agora seguem outro caminho, o de reconhecer os fatos, mas afastar por meio de reinterpretações as conclusões a que

I. OBSERVAÇÕES PRELIMINARES

levam, de maneira que novamente se defendem das novidades chocantes. O estudo das neuroses infantis demonstra a total insuficiência dessas tentativas rasas ou violentas de reinterpretação. Mostra o papel predominante que têm na configuração da neurose as forças instintuais libidinais, tão ansiosamente negadas, e permite perceber a ausência de aspirações a objetivos culturais remotos, de que a criança nada sabe ainda e que, portanto, nada podem significar para ela.

Outra característica que realça o interesse da análise aqui narrada tem relação com a gravidade da doença e a duração do seu tratamento. As análises que em pouco tempo obtêm resultado favorável são valiosas para a autoestima do terapeuta e reveladoras da importância médica da psicanálise; para o avanço do conhecimento científico são geralmente sem valor. Não se aprende nada de novo com elas. Pois tiveram sucesso tão rápido porque já se sabia o que era necessário para a sua resolução. Algo de novo se ganha apenas com as análises que oferecem dificuldades especiais, cuja superação requer muito tempo. Somente nesses casos conseguimos descer às camadas mais fundas e primitivas do desenvolvimento psíquico, lá encontrando as soluções para os problemas das configurações posteriores. Dizemos então que, a rigor, somente a análise que vai tão longe merece este nome. Naturalmente um único caso não ensina tudo o que se gostaria de saber. Mais precisamente, ele poderia ensinar tudo, se estivéssemos em condição de tudo apreender e não fôssemos obrigados, pela imperícia de nossa percepção, a nos satisfazer com pouco.

No tocante a dificuldades férteis desse tipo, o caso que vou descrever nada deixa a desejar. Os primeiros anos do tratamento quase não produziram mudança. Entretanto, uma feliz constelação fez com que as circunstâncias externas tornassem possível a continuação da tentativa terapêutica. Posso bem imaginar que em condições menos favoráveis o tratamento teria sido abandonado após algum tempo. Quanto à perspectiva do médico, posso apenas dizer que em casos assim ele deve se comportar de maneira tão "atemporal" quanto o inconsciente mesmo, se quiser aprender e alcançar algo. E isso ele consegue, afinal, se puder renunciar a qualquer ambição terapêutica de vista curta. Em poucos casos pode-se esperar a medida de paciência, docilidade, compreensão e confiança que se requer do paciente e de seus familiares. Mas o analista tem o direito de achar que os resultados que obteve num certo caso, em trabalho tão demorado, ajudarão a encurtar substancialmente a duração de um tratamento posterior, de uma enfermidade igualmente severa, e, desse modo, a superar progressivamente a atemporalidade do inconsciente, após ter se sujeitado a ela uma primeira vez.

O paciente de que me ocupo permaneceu muito tempo entrincheirado, inatacável, detrás de uma postura de dócil indiferença. Ele escutava, entendia, e não permitia que nada se aproximasse. Sua impecável inteligência estava como que desconectada das forças instintivas que dominavam seu comportamento, nas poucas relações que lhe restavam na vida. Foi preciso uma longa educação para movê-lo a participar autonomamente do traba-

I. OBSERVAÇÕES PRELIMINARES

lho [analítico], e, quando em decorrência desse esforço vieram as primeiras liberações, ele imediatamente cessou o trabalho, a fim de evitar outras mudanças e manter-se comodamente na situação criada. Seu receio de uma existência autônoma era tão grande que sobrepujava todos os tormentos da doença. Para vencê-lo houve apenas um caminho. Tive de esperar até que a ligação à minha pessoa se tornasse forte o bastante para contrabalançá-lo, e então joguei este fator contra o outro. Determinei, não sem me orientar por bons indícios de oportunidade, que o tratamento tinha que findar num determinado prazo, não importando até onde tivesse chegado; prazo este que eu estava decidido a cumprir. O paciente acreditou afinal em minha seriedade. Sob a pressão inexorável desse limite de tempo, sua resistência, sua fixação na enfermidade cedeu, e num período relativamente curto a análise forneceu todo o material que possibilitou o levantamento das inibições e a eliminação dos sintomas. Desse último período do trabalho, em que a resistência desapareceu momentaneamente e o paciente deu a impressão de uma lucidez em geral obtida somente na hipnose, é que vêm todos os esclarecimentos que me permitiram a compreensão da sua neurose infantil.

Assim, o desenrolar desse tratamento ilustrou a tese, há muito consagrada na técnica psicanalítica, de que a extensão do caminho que a análise tem de percorrer com o paciente, e a abundância do material a ser dominado neste caminho, não contam em face da resistência que se encontra no decorrer do trabalho, e chegam a contar somente na medida em que são necessariamente proporcionais à resistência. É o mesmo que ocorre quando agora um exército inimigo requer semanas e meses para cruzar um trecho de terra que normalmente, em períodos de paz, é atravessado em algumas horas de trem, e que nosso exército havia percorrido pouco antes em alguns dias.

Uma terceira particularidade da análise aqui descrita dificultou ainda mais a decisão de apresentá-la. No conjunto, os seus resultados coincidiram satisfatoriamente com o nosso saber anterior, ou ajustaram-se bem a ele. Mas alguns detalhes são tão incríveis e notáveis, até para mim mesmo, que hesitei em pedir que outras pessoas acreditassem neles. Convidei o paciente a exercer a crítica mais severa de suas lembranças, mas ele nada achou de inverossímil no que dizia, e o manteve. Que os leitores estejam seguros, ao menos, de que apenas relato o que me apareceu como vivência independente, não influenciada por minha expectativa. Portanto, só me resta lembrar a sábia afirmação de que existem mais coisas entre o céu e a terra do que sonha a nossa vã filosofia. Quem fosse capaz de excluir ainda mais radicalmente as suas convicções prévias, poderia certamente descobrir mais coisas desse tipo.

II. PANORAMA DO AMBIENTE E DA HISTÓRIA CLÍNICA

Não posso escrever a história de meu paciente em termos puramente históricos nem puramente pragmáticos. Não posso oferecer uma história do tratamento nem da doen-

II. PANORAMA DO AMBIENTE E DA HISTÓRIA CLÍNICA

ça; vejo-me obrigado a combinar os dois modos de apresentação. Sabe-se que ainda não se achou um meio de transmitir no relato da análise, de alguma forma que seja, a convicção que dela resulta. Protocolos exaustivos do que acontece nas sessões de análise não serviriam para nada, certamente; e a técnica do tratamento já exclui sua confecção. Logo, análises como esta não são publicadas para despertar convicção nos que até agora exibiram descaso ou descrença. Esperamos apenas transmitir algo de novo aos pesquisadores que já adquiriram convicções por experiência própria com os doentes.

Começarei por retratar o mundo da criança, comunicando o que da história de sua infância pude saber naturalmente, que durante vários anos não se tornou mais claro nem mais completo.

Pais que haviam se casado jovens, levando ainda um casamento feliz, sobre o qual as doenças não demoram a lançar sombras, afecções abdominais da mãe e primeiros ataques de depressão do pai, que o fizeram se ausentar de casa. Apenas muito mais tarde, é natural, o paciente veio a compreender a doença do pai; o estado doentio da mãe, ele o conhece já nos primeiros anos da infância. Por causa disso, ela se ocupava relativamente pouco dos filhos. Um dia, certamente antes dos quatro anos, a mãe o conduzindo pela mão, ele a ouve lamentando-se ao médico, que ela acompanha na saída de casa, e grava suas palavras, para depois aplicá-las a si mesmo. Ele não é o único filho; antes dele há uma irmã, mais velha um ano ou dois, vivaz, dotada, precocemente travessa, que desempenharia papel importante em sua vida.

Uma babá cuida dele, pelo que se lembra; uma mulher inculta, do povo, de incansável ternura por ele. Para ela, é o substituto do próprio filho que morreu cedo. A família vive numa propriedade rural, mas passa o verão em outra. A cidade grande não está longe das duas. Há um corte na sua infância, quando os pais se desfazem dos bens e mudam para a cidade. Com frequência, parentes próximos passam temporadas numa ou noutra propriedade, irmãos do pai, irmãs da mãe com seus filhos, avós maternos. No verão, os pais costumam viajar por algumas semanas. Numa lembrança encobridora ele se vê, ao lado da babá, olhando a carruagem que leva o pai, a mãe e a irmã, e depois voltando calmamente para casa. Nessa época ele devia ser bem pequeno.[2] No verão seguinte, a irmã permaneceu em casa e foi contratada uma governanta inglesa, que passou a cuidar das crianças.

Em anos posteriores contaram-lhe muitas coisas de sua infância.[3] Boa parte delas ele já sabia, mas natural-

---

2 Tinha dois anos e meio. Quase todas as épocas puderam ser determinadas com certeza depois.
3 Comunicações desse tipo podem ser utilizadas, via de regra, como material absolutamente genuíno. Pareceria tentador preencher sem dificuldade as lacunas na recordação do paciente, por meio de indagações aos familiares mais velhos; mas desaconselho decididamente essa técnica. O que os parentes relatam, em resposta às perguntas e solicitações, está sujeito a toda reserva crítica que se possa levar em conta. Repetidamente lamentamos nos termos tornado dependentes de tais informações, tendo com isso perturbado a confiança na análise e colocado uma outra instância acima dela. O que pode ser recordado vem à luz no decorrer da análise.

II. PANORAMA DO AMBIENTE E DA HISTÓRIA CLÍNICA

mente sem nexos temporais ou de conteúdo. Um desses relatos transmitidos, que por ocasião de sua doença posterior foi repetido para ele inúmeras vezes, nos faz conhecer o problema que procuraremos resolver. Ele teria sido primeiro uma criança afável, dócil e mesmo tranquila, a ponto que costumavam dizer que ele deveria ser a menina, e a irmã mais velha, o menino. Mas certa vez, ao voltarem os pais das férias de verão, encontraram-no mudado. Tornara-se descontente, irritadiço e violento, ofendia-se por qualquer motivo, e então se encolerizava e gritava como um selvagem, de modo que os pais manifestaram a preocupação, quando esse estado persistiu, de que não seria possível enviá-lo para a escola mais tarde. Era o verão em que estava com eles a governanta inglesa, que se revelou uma pessoa amalucada, intratável, e além disso entregue à bebida. Logo, a mãe se inclinava a estabelecer relação entre a mudança de caráter do menino e a influência dessa inglesa, e supunha que ela o havia tratado de maneira a irritá-lo. A avó perspicaz, que passara o verão com os garotos, era de opinião que a irritabilidade do menino havia sido provocada pelas disputas entre a inglesa e a babá. A inglesa havia muitas vezes chamado a babá de bruxa, obrigando-a a deixar o quarto; o pequeno havia abertamente tomado o partido de sua querida "Nânia"* e mostrado à gover-

---

* "Nânia": mais precisamente, "niânia", significa "babá" em russo. [As notas chamadas por asterisco e as interpolações às notas do autor, entre colchetes, são de autoria do tradutor. As notas do autor são sempre numeradas.]

nanta o seu ódio. Seja como for, a inglesa foi despedida logo após o retorno dos pais, sem que isso mudasse a natureza insuportável da criança.

A recordação desse tempo ruim permaneceu com o paciente. Ele acredita que fez a primeira das suas cenas num Natal, quando não foi presenteado duas vezes, como lhe era devido, pois o dia de Natal era também o de seu aniversário. Com suas exigências e suscetibilidades ele não poupava sequer a Nânia querida, e talvez a atormentasse ainda mais que aos outros. Mas essa fase da mudança de caráter está indissoluvelmente ligada, em sua lembrança, a muitas outras manifestações peculiares e doentias, que ele não consegue ordenar cronologicamente. Tudo o que agora será relatado, que não pode ter ocorrido no mesmo tempo e que tem muita contradição de conteúdo, ele joga num só período, aquele "ainda na primeira propriedade", como diz. Quando estava com cinco anos, acredita, eles haviam deixado essa propriedade. Ele também conta que sofreu de um medo,* que sua irmã soube aproveitar para atormentá-lo. Havia um certo livro com imagens, uma das quais representava um lobo em pé, andando a passos largos. Ao ver essa imagem, ele

---

* "Medo": *Angst*, no original. A palavra alemã pode significar tanto "medo" como "angústia"; por isso as versões estrangeiras consultadas variam: *intensos miedos*, *angustia*, *paura*, *angoisse*, *fear* (além daquelas que normalmente utilizamos para cotejo — a espanhola da Biblioteca Nueva, a argentina da Amorrortu, a italiana da Boringhieri e a *Standard* inglesa —, também recorremos, neste caso, à tradução francesa orientada por Jean Laplanche, em *Œuvres complètes*, v. XIII. Paris: PUF, 1988).

II. PANORAMA DO AMBIENTE E DA HISTÓRIA CLÍNICA

começava a gritar como um louco, temendo que o lobo viesse comê-lo. Mas a irmã arranjava as coisas de modo que ele inevitavelmente encontrasse essa imagem, e deleitava-se com o seu pavor. Entretanto ele também temia outros bichos, grandes e pequenos. Certa vez correu atrás de uma borboleta bela e grande, com asas amarelas listradas que terminavam em ponta, a fim de apanhá-la. (Era talvez uma "cauda de andorinha".) De repente foi tomado de espantoso medo do bicho, e gritando interrompeu a perseguição. Também diante de besouros e lagartas ele sentia angústia e repugnância. Mas podia lembrar-se de que na mesma época havia atormentado besouros e seccionado lagartas; também cavalos eram inquietantes para ele. Quando batiam num cavalo ele gritava, e por isso teve que abandonar o circo uma vez. Em outras ocasiões, ele mesmo gostava de bater em cavalos. Sua lembrança não deixava claro se esses tipos opostos de comportamento ante os animais tiveram de fato vigência simultânea ou se haviam sucedido um ao outro, e neste caso em que sequência e quando. Tampouco podia ele dizer se a época ruim fora substituída por uma fase de doença ou se prosseguira ao longo desta. De todo modo, suas comunicações, apresentadas em seguida, justificaram a suposição de que no período da infância ele adoeceu de uma neurose obsessiva bem reconhecível. Contou que por um bom tempo havia sido muito devoto. Antes de dormir tinha que rezar longamente e perfazer uma série interminável de sinais da cruz. À noite costumava, subindo numa cadeira, dar a volta pelas imagens de santos nas paredes do quarto, beijando cada uma delas devotamente. Pouco combinava com este piedoso cerimonial — ou talvez muito, na verdade — o fato de ele se lembrar de pensamentos sacrílegos, que lhe vinham à mente como uma inspiração do Diabo. Ele tinha que pensar: Deus-porco, ou Deus-fezes. Certa vez, numa viagem a uma estação de águas alemã, viu-se atormentado pela compulsão de pensar na Santíssima Trindade, ao deparar com três montinhos de cocô de cavalo ou algum outro excremento na estrada. Por esse tempo ele cumpria também uma peculiar cerimônia, ao ver gente que lhe causava pena, como mendigos, aleijados e velhos. Ele tinha que expirar ruidosamente para não se tornar como eles, e em determinadas condições também inspirar com força. Inclinei-me naturalmente a supor que esses nítidos sintomas de uma neurose obsessiva eram de um período e grau de evolução um tanto posterior aos sinais de angústia e ações cruéis com os animais.

Os anos mais maduros do paciente foram marcados por uma relação bem insatisfatória com o pai, que após repetidos ataques de depressão não pôde ocultar os lados doentios de seu caráter. Na primeira infância esta relação havia sido bem terna, como testemunhava a lembrança do filho. O pai lhe queria bem, e gostava de brincar com ele. Desde pequeno sentia orgulho do pai, e falava sempre que gostaria de ser um homem como ele. A Nânia lhe havia dito que a irmã pertencia à mãe, e ele ao pai, o que muito lhe agradara. No final da infância passou a haver estranhamento entre ele e o pai. Este preferia claramente a irmã, e o filho se ofendeu bastante com isso. Depois o medo do pai se tornou dominante.

Por volta dos oito anos desapareceram todas as manifestações que o paciente atribui à fase da vida que teve início com o seu mau comportamento. Não desapareceram de repente — retornaram algumas vezes, terminando por ceder, acredita o doente, à influência dos professores e educadores que tomaram o lugar das mulheres que dele cuidavam. Estes são, num ligeiro esboço, os enigmas cuja solução é tarefa da análise: De onde procede a repentina mudança de caráter do menino, o que significavam suas fobias e suas perversidades, como adquiriu sua obsessiva piedade e como se relacionam todos esses fenômenos? Lembrarei mais uma vez que o nosso labor terapêutico dizia respeito a uma doença neurótica então recente, posterior, e que elucidações sobre tais problemas mais antigos puderam ocorrer quando o curso da análise se afastou do presente por um tempo, obrigando-nos a um desvio pela pré-história infantil.

III. A SEDUÇÃO E SUAS CONSEQUÊNCIAS IMEDIATAS

É natural que a suspeita caísse primeiramente sobre a governanta inglesa, pois o garoto havia mudado durante a sua estadia. Duas lembranças encobridoras relativas a ela, em si incompreensíveis, foram conservadas por ele. Certa vez em que andava na frente, ela havia dito aos que a seguiam: "Olhem só o meu rabinho!". Em outra ocasião, num passeio de carro, seu chapéu fora levado pelo vento, para grande alegria dos irmãos. Isso apontava para o complexo ligado à castração,* e permitia talvez a construção segundo a qual uma ameaça que ela dirigira ao garoto havia contribuído bastante para a gênese de sua conduta anormal. Não há nenhum perigo em comunicar tais construções ao analisando, elas nunca prejudicam a análise quando são erradas, e é claro que as formulamos apenas quando há perspectiva de por meio delas alcançar uma aproximação à realidade. Como efeito dessa colocação, surgiram sonhos cuja interpretação não foi muito bem-sucedida, mas que pareciam lidar sempre com o mesmo conteúdo. Até onde se podia compreendê-los, diziam respeito a ações agressivas do garoto contra a irmã ou a governanta, e a enérgicas repreensões e castigos por isso. Como se... depois do banho... ele tivesse querido... desnudar a irmã... arrancar-lhe a vestimenta... ou véu, e coisas assim. Mas não foi possível obter da interpretação um conteúdo certo, e, quando se teve a impressão de que nesses sonhos o mesmo material era trabalhado de maneira sempre diversa, o entendimento dessas supostas reminiscências estava assegura-

---

* "Complexo ligado à castração": *Kastrationskomplex*. Cabe observar que o termo "complexo", em Freud, designa o conjunto de ideias e sentimentos ligados a um evento ou processo, não tendo propriamente relação com o uso coloquial brasileiro que diz "fulano é cheio de complexos" ou "é um complexado". Nas palavras compostas alemãs o último termo é qualificado pelo anterior, de modo que geralmente se recorre à preposição "de" nas versões para línguas latinas. Mas entenda-se que o "de" pode significar "relativo a, ligado a", o que nos parece ser o caso; por isso o leitor encontrará "complexo ligado à castração" ou "complexo da castração" (e não "de") como versão para *Kastrationskomplex*.

III. A SEDUÇÃO E SUAS CONSEQUÊNCIAS IMEDIATAS

do. Só podiam ser fantasias que em algum momento, provavelmente na puberdade, o sonhador tinha criado acerca de sua infância, e que agora emergiam de novo, em forma dificilmente reconhecível.

Sua compreensão ocorreu de uma só vez, quando repentinamente o paciente se lembrou de que, "ainda muito pequeno, na primeira propriedade", sua irmã o havia induzido a práticas sexuais. De início veio a lembrança de que no sanitário que usavam com frequência ela fez a proposta: "Vamos mostrar um ao outro o bumbum", e fez seguir o ato às palavras. Depois se apresentou a parte essencial da sedução, com todos os detalhes de tempo e lugar. Foi na primavera, num tempo em que o pai estava ausente; as crianças brincavam no chão, num aposento, enquanto a mãe trabalhava no cômodo vizinho. A irmã tinha segurado o seu membro e brincado com ele, dizendo coisas incompreensíveis sobre a Nânia, à maneira de explicação: que a Nânia fazia o mesmo com todo o mundo, com o jardineiro, por exemplo; que o colocava de cabeça para baixo e agarrava seus genitais.

Isso permitiu a compreensão das fantasias que havíamos conjecturado. Elas deviam apagar a lembrança de um acontecimento que mais tarde parecia ofender o amor-próprio masculino do paciente, e alcançavam esse fim ao substituir a verdade histórica pelo oposto desejável. Conforme essas fantasias, ele não tinha desempenhado o papel passivo diante da irmã, mas, pelo contrário, fora agressivo, quisera ver a irmã despida, fora rechaçado e castigado, e por isso tivera o acesso de fúria de que a tradição doméstica tanto falava. Era também adequado envolver nessa ficção a governanta, a quem a mãe e a avó atribuíram a maior parte da culpa por seus ataques de raiva. Tais fantasias correspondiam precisamente, então, às lendas com que uma nação que se tornou grande e orgulhosa procura ocultar a pequenez e a desdita de seu começo.

Na realidade a governanta só podia ter uma participação remota na sedução e nas suas consequências. As cenas com a irmã tiveram lugar na primavera do mesmo ano em que, nos meses de pleno verão, a inglesa veio substituir os pais ausentes. Foi de outra maneira que se originou a hostilidade do menino com a governanta. Ao insultar e xingar de bruxa a babá, ela seguia os passos da irmã, que havia contado primeiro aquelas coisas monstruosas da babá, e assim o deixava exteriorizar contra ela a aversão que, em consequência da sedução, como ainda veremos, ele tinha desenvolvido para com a irmã.

Mas a sedução pela irmã não era certamente uma fantasia. Sua credibilidade foi aumentada por uma comunicação jamais esquecida, da época madura posterior. Um primo, mais de dez anos mais velho, tinha lhe dito, numa conversa sobre a irmã, que se lembrava muito bem da criaturinha petulante e sensual que ela havia sido. Quando era uma menina de quatro ou cinco anos de idade, ela se sentou uma vez em seu colo e lhe abriu a calça, para pegar em seu membro.

Neste ponto gostaria de interromper a história da infância de meu paciente para falar dessa irmã, de seu desenvolvimento, seu destino e a influência que teve sobre

III. A SEDUÇÃO E SUAS CONSEQUÊNCIAS IMEDIATAS

o irmão. Ela era dois anos mais velha, e sempre permanecera à frente dele. Indomável como um garoto na infância, logo principiou um brilhante desenvolvimento intelectual, destacou-se pela inteligência aguda e realista, privilegiando as ciências naturais em seus estudos, mas produzindo também poemas que o pai estimava bastante. No tocante ao espírito era bem superior a seus numerosos pretendentes iniciais, e costumava gracejar deles. Mas aos vinte e poucos anos começou a ficar de humor deprimido, queixando-se de não ser muito bela e se afastando de todo convívio. Ao fazer uma viagem em companhia de uma senhora amiga, retornou contando coisas totalmente inverossímeis, que teria sido maltratada por essa acompanhante, mas permaneceu obviamente ligada à suposta atormentadora. Numa segunda viagem, pouco depois, envenenou-se e veio a morrer longe de casa. É provável que sua afecção correspondesse ao início de uma *dementia praecox*. Ela era prova da considerável herança neuropática da família, mas não certamente a única. Um tio, irmão do pai, morreu após uma longa e singular existência, com indícios que levam a pensar numa grave neurose obsessiva; um bom número de parentes colaterais foi acometido, e ainda é, de perturbações nervosas mais leves.

Para nosso paciente, a irmã era, na infância — sem considerar no momento a sedução —, uma incômoda rival na estima dos pais, cuja superioridade, demonstrada impiedosamente, ele sentia como algo opressivo. Invejava particularmente o respeito que o pai testemunhava pelas capacidades de seu espírito e as realizações intelectuais, enquanto ele, intelectualmente inibido desde a neurose obsessiva, tinha de se contentar com um prestígio menor. A partir dos catorze anos de idade, sua relação com a irmã começou a melhorar; uma disposição similar de espírito e a oposição comum aos pais os aproximaram tanto que eles se tratavam como excelentes amigos. Na tempestuosa excitação sexual de sua puberdade, ele ousou buscar uma maior intimidade física junto a ela. Ao ser rejeitado, de maneira hábil e decidida, voltou-se para uma menina camponesa que servia na casa e que tinha o mesmo nome de sua irmã. Assim fazendo, deu um passo decisivo para a sua escolha heterossexual de objeto, pois todas as garotas por que mais tarde se apaixonou, frequentemente com os mais claros indícios de obsessão, eram também criadas, cuja educação e inteligência tinham que estar bem abaixo das suas. Se todos esses objetos amorosos eram substitutos para a irmã que lhe foi negada, não é de rejeitar que uma tendência ao rebaixamento da irmã, à abolição de sua superioridade intelectual, que um dia o oprimira tanto, tenha sido decisiva na sua escolha de objeto.

Foi a motivos dessa espécie, que se originam da vontade de poder, do instinto de afirmação do indivíduo, que Alfred Adler subordinou a conduta sexual do ser humano, como tudo o mais. Sem negar a vigência de tais motivos de poder e privilégio, nunca me convenci de que eles pudessem ter o papel dominante e exclusivo que lhes é atribuído. Se não tivesse conduzido a análise de meu paciente até o fim, eu me veria obrigado, pela observação desse caso, a corrigir no sentido de Adler a

III. A SEDUÇÃO E SUAS CONSEQUÊNCIAS IMEDIATAS

minha opinião preconcebida. Inesperadamente, a conclusão dessa análise trouxe um novo material, no qual novamente se mostrou que esses motivos de poder (em nosso caso a tendência ao rebaixamento) haviam determinado a escolha de objeto apenas no sentido de uma contribuição e racionalização, ao passo que a determinação verdadeira, mais profunda, me permitia conservar as convicções anteriores.[4]

Quando chegou a notícia da morte da irmã, disse o paciente, ele mal sentiu dor. Obrigou-se a dar mostras de luto e pôde se alegrar, com toda a frieza, por ter se tornado o único herdeiro da fortuna. Havia vários anos sofria da sua doença, quando sucedeu aquilo. Confesso que por um bom período essa informação me fez inseguro no diagnóstico do caso. Era de supor, não há dúvida, que a dor referente à perda do mais querido membro de sua família teria a expressão inibida pelo ciúme ainda existente em relação a ela, e pela intervenção de seu amor incestuoso, que se tornara inconsciente; mas eu não conseguia renunciar a um substituto para a irrupção de dor que não acontecera. E ele foi encontrado finalmente numa outra expressão de sentimento, que para meu paciente continuava incompreensível. Poucos meses após a morte da irmã ele fez uma viagem à região em que ela havia morrido, e lá procurou o túmulo de um grande escritor que era então seu ideal, chorando lágrimas ardentes sobre esse túmulo. Foi uma reação estranha também para ele, pois sabia que mais de duas

[4] Ver adiante, página 125.

gerações haviam passado desde a morte do venerado escritor. Só a compreendeu ao se lembrar que seu pai costumava comparar os poemas da irmã falecida aos do grande poeta. Ele me havia dado uma outra indicação do modo correto de apreender essa homenagem, aparentemente dirigida ao poeta, graças a um erro no seu relato, que pude destacar então. Antes ele tinha informado, repetidamente, que a irmã se suicidara com um tiro, e teve de fazer a correção de que ela de fato havia se envenenado. Mas o poeta foi morto num duelo com pistolas.

Agora volto à história do irmão, que devo expor de maneira pragmática por um certo trecho. Verificou-se que a idade do menino, à época em que a irmã principiou as manobras sedutoras, era de três anos e três meses. Isso ocorreu, como já disse, na primavera do mesmo ano em que os pais, ao regressar no outono, o encontraram profundamente mudado. É natural estabelecer um nexo entre essa mudança e o despertar de sua atividade sexual, havido nesse meio-tempo.

Como reagiu o garoto às tentações da irmã mais velha? A resposta é: com a recusa, mas ela era relativa à pessoa, não à coisa. A irmã não lhe era agradável como objeto sexual, provavelmente porque a relação entre os dois já era determinada de modo hostil pela competição no amor dos pais. Ele a evitava, e as solicitações dela também cessaram. Mas ele buscou conquistar, no lugar dela, outra pessoa mais querida, e informações da própria irmã, que invocara a Nânia como modelo, orientaram sua escolha para esta. Ele começou então a brincar com seu membro diante da Nânia, o que, como em mui-

III. A SEDUÇÃO E SUAS CONSEQUÊNCIAS IMEDIATAS

tos outros casos em que a criança não esconde o onanismo, deve ser apreendido como tentativa de sedução. A Nânia o decepcionou, fez uma cara séria e explicou que aquilo não era bom. As crianças que faziam aquilo ficavam com uma "ferida" no lugar.

O efeito dessa comunicação, que equivaleu a uma ameaça, deve ser acompanhado em várias direções. A dependência do menino em face da Nânia foi relaxada. Ele pode ter se aborrecido com ela; mais tarde, quando se estabeleceram seus ataques de fúria, verificou-se que estava realmente zangado com ela. Mas era característico dele defender primeiramente com obstinação, diante de algo novo, toda posição libidinal que devia abandonar. Quando a governanta surgiu em cena e xingou e expulsou do aposento a Nânia, tentando destruir sua autoridade, ele exagerou seu amor à insultada e assumiu um comportamento brusco e desafiador perante a governanta agressora. No entanto, ele começou a buscar em segredo um outro objeto sexual. A sedução lhe havia dado a meta sexual passiva de ser tocado nos genitais; veremos de quem ele pretendia obter isso, e que caminhos o levaram a essa escolha.

Corresponde inteiramente às nossas expectativas saber que com suas primeiras excitações genitais teve início a sua pesquisa sexual, e que logo ele deparou com o problema da castração. Nessa época ele pôde observar duas garotas urinando, sua irmã e uma amiga dela. Com sua perspicácia, tal visão já poderia levá-lo a compreender os fatos, mas ele se comportou como sabemos que fazem outros meninos. Rejeitou a ideia de que via confirmada a ferida com que a Nânia o ameaçara, e deu a si mesmo a explicação de que aquilo era "o bumbum da frente" das meninas. O tema da castração não estava eliminado com essa decisão; em tudo o que ouvia, encontrava novas alusões a ele. Certa vez, quando as crianças receberam bastões de açúcar coloridos, a governanta, que era dada a fantasias cruas, afirmou que eram pedaços de serpentes cortadas. A partir disso ele se lembrou que o pai tinha encontrado uma serpente durante um passeio, e a tinha feito em pedaços com sua bengala. E leram-lhe a história (em *Renart, a raposa*) do lobo que quis pescar peixes no inverno e usou a cauda como isca, o que fez a cauda se partir no gelo. Ele aprendeu os diversos nomes com que se designam os cavalos, conforme seu sexo esteja ou não intacto. Portanto, o pensamento da castração o ocupava, mas ele ainda não lhe dava crédito, nem sentia medo. Outros problemas sexuais lhe surgiram dos contos que naquele tempo conheceu. No "Chapeuzinho Vermelho" e nos "Sete cabritinhos" as crianças eram tiradas da barriga do lobo. Então o lobo era um ser feminino, ou os homens podiam também ter crianças no corpo? Naquele momento isso ainda não estava decidido. Fora isso, na época dessa investigação ele ainda não sentia medo do lobo.

Uma comunicação do paciente nos abrirá o caminho para compreender a mudança de caráter que se evidenciou durante a ausência dos pais, em conexão mais remota com a sedução. Ele conta que deixou de se masturbar logo após a recusa e a ameaça da Nânia. *Sua vida sexual, que começava regida pela zona genital, sucumbiu*

III. A SEDUÇÃO E SUAS CONSEQUÊNCIAS IMEDIATAS

então a uma inibição exterior, e por influência desta foi remetida de volta a uma fase anterior, de organização pré-genital. Em consequência da supressão* do onanismo, a vida sexual do garoto assumiu caráter sádico-anal. Ele se tornou irritadiço, atormentador, satisfazendo-se dessa maneira junto às pessoas e aos animais. Seu principal objeto era a querida Nânia, que ele sabia mortificar até lhe arrancar lágrimas. Assim ele se vingava nela pela rejeição sofrida, e ao mesmo tempo satisfazia seu desejo sexual na forma correspondente à fase regressiva. Ele começou a praticar crueldades com pequenos animais, a pegar moscas, para lhes arrancar as asas, a esmagar besouros com os pés; em sua fantasia ele gostava também de bater em animais grandes, como cavalos. Portanto, eram sempre ocupações ativas, sádicas; de seus impulsos anais trataremos depois, num outro contexto.

É de grande valor que na lembrança do paciente emergissem também fantasias contemporâneas de outro tipo, em que meninos eram castigados e espancados, recebiam pancadas especialmente no pênis; e é fácil adivinhar para quem esses objetos anônimos serviam de bode

---

* "Supressão": *Unterdrückung* — nas versões estrangeiras consultadas: *represión, sofocación, repressione, répression, suppression*. Há estudiosos de Freud que preferem "repressão" para *Unterdrückung* e "recalque" para *Verdrängung*, enquanto outros adotam "supressão" e "repressão", respectivamente. Em *As palavras de Freud: o vocabulário freudiano e suas versões*, de nossa autoria (São Paulo: Companhia das Letras, nova ed. revista, 2010), procuramos mostrar que há argumentos para as duas opções e até mesmo para a eventual não distinção entre *Unterdrückung* e *Verdrängung*, às vezes usados alternadamente por Freud.

expiatório, a partir de outras fantasias que pintavam o herdeiro do trono sendo trancado num quarto estreito e espancado. O herdeiro do trono era evidentemente ele mesmo; o sadismo havia se voltado na fantasia para a própria pessoa, e se convertera em masoquismo. O detalhe de que o órgão sexual mesmo recebe o castigo permite a conclusão de que nessa transformação já participava uma consciência de culpa, referente ao onanismo.

Na análise não restou dúvida de que essas tendências passivas tinham aparecido ao mesmo tempo ou logo depois das sádico-ativas.[5] Isso condiz com a insolitamente clara, intensa e duradoura *ambivalência* do doente, que aqui se mostrou pela primeira vez no desenvolvimento uniforme dos pares de instintos parciais opostos. Esse comportamento permaneceu característico dele também depois, assim como um outro traço, o de que nenhuma das posições instituídas da libido foi totalmente cancelada por outra posterior. Ela continuava a existir ao lado de todas as demais, o que permitiu a ele uma oscilação constante, incompatível com a aquisição de um caráter fixo.

As tendências masoquistas do menino nos conduzem a outro ponto, que até agora evitei mencionar, porque só pode ser confirmado pela análise da fase seguinte de sua evolução. Já mencionei que, após a rejeição pela Nânia, ele desprendeu dela sua expectativa libidinosa e

---

[5] Por tendências passivas entendo as de meta sexual passiva; dizendo isso, tenho em vista não uma mudança do instinto, mas apenas da meta.

III. A SEDUÇÃO E SUAS CONSEQUÊNCIAS IMEDIATAS

passou a ver uma outra pessoa como objeto sexual. Essa pessoa era o pai, que estava ausente. A essa escolha ele foi certamente levado por uma conjunção de fatores, inclusive fortuitos, como a recordação do despedaçamento da cobra; mas sobretudo ele renovou assim a sua primeira e mais primordial eleição de objeto, que, em conformidade com o narcisismo do bebê, tinha se realizado pela via da identificação. Já ouvimos que o pai fora o seu modelo admirado, que, ao lhe perguntarem o que pretendia ser, ele costumava responder: "um homem como meu pai". Esse objeto de identificação da sua corrente ativa tornou-se então o objeto sexual de uma corrente passiva, na fase sádico-anal. A impressão é de que a sedução pela irmã o teria empurrado para o papel passivo e lhe dado uma meta sexual passiva. Sob a influência contínua dessa experiência, ele descreveu o caminho desde a irmã, através da Nânia, até o pai, da postura passiva diante da mulher à mesma perante o homem, e nisso estabeleceu contato com sua fase primeira e espontânea de desenvolvimento. O pai era agora novamente seu objeto, a identificação era substituída pela escolha de objeto, correspondendo ao desenvolvimento mais elevado, e a transformação da postura ativa em passiva era resultado e indício da sedução que entretanto ocorrera. Naturalmente não teria sido fácil manter uma postura ativa diante do pai poderoso, na fase sádica. Quando o pai voltou, no final do verão ou no outono, seus acessos de fúria e cenas raivosas tiveram nova função. Diante da Nânia serviam a finalidades sádico--ativas; diante do pai seguiam propósitos masoquistas.

Exibindo sua ruindade ele queria receber castigo e pancadas do pai, obtendo assim dele a desejada satisfação masoquista. Seus gritos eram verdadeiras tentativas de sedução. E, de acordo com a motivação do masoquismo, nesses castigos ele encontrava também a satisfação de seu sentimento de culpa. Ele conservou a lembrança de como, numa dessas cenas malcriadas, aumentou os gritos quando o pai se dirigiu a ele. O pai não o surrou, porém, e buscou acalmá-lo, brincando com as almofadas de sua caminha como se fossem bolas.

Não sei com que frequência os pais e educadores, ante a inexplicável ruindade da criança, teriam ocasião de lembrar-se dessa típica relação. A criança que se comporta de maneira intratável está fazendo uma confissão e provocando um castigo. Ela procura, com a punição, ao mesmo tempo apaziguar sua consciência de culpa e satisfazer sua tendência sexual masoquista.

Um maior esclarecimento de nosso caso devemos agora à recordação, surgida com grande nitidez, de que os sintomas de angústia só teriam se juntado aos sinais de mudança de caráter a partir de determinado evento. Antes não haveria angústia, e imediatamente após o evento ela teria se manifestado de forma atormentadora. O momento dessa transformação pode ser indicado com certeza, foi logo antes de ele completar quatro anos. Em virtude desse ponto de referência, o período da infância de que propusemos nos ocupar se divide em duas fases: a primeira, de ruindade e perversidade, da sedução aos três anos e três meses até o aniversário de quatro anos, e a segunda, subsequente e mais demorada, em que predominam os sinais da neurose. Mas o evento que permite essa divisão não foi um trauma exterior, e sim um sonho, do qual ele despertou com angústia.

IV. O SONHO E A CENA PRIMÁRIA

Já publiquei este sonho em outro lugar,[6] devido a seu teor de contos de fadas, e primeiramente repetirei o que foi ali comunicado:

"Sonhei que era noite e que estava deitado em minha cama. De repente, a janela se abriu sozinha e eu vi, com grande pavor, que alguns lobos brancos estavam sentados na grande nogueira que havia diante da janela. Eram seis ou sete. Os lobos eram inteiramente brancos e pareciam antes raposas ou cães pastores, pois tinham caudas grandes como as raposas e suas orelhas estavam em pé como as dos cães, quando prestam atenção a algo. Com muito medo — de ser devorado pelos lobos, certamente —, gritei e acordei. Minha babá correu até minha cama, para ver o que tinha acontecido. Demorou algum tempo até eu me convencer de que tinha sido apenas um sonho, tão nítida e tão natural me pareceu a imagem da janela se abrindo e os lobos sentados na árvore. Finalmente me tranquilizei, me senti como tendo escapado de um perigo, e tornei a dormir.

6 "Sonhos com material de contos de fadas" [1913].

"A única ação do sonho era a abertura da janela, pois os lobos estavam sentados bem quietos nos galhos da árvore, sem nenhum movimento, à direita e à esquerda do tronco, e olhavam para mim. Era como se dirigissem para mim toda a sua atenção. Acho que este foi meu primeiro sonho angustiado. Na época eu tinha três, quatro, no máximo cinco anos de idade. Desde então, e até os onze ou doze anos, sempre tive medo de ver algo terrível nos sonhos."

Ele dá então um desenho da árvore com os lobos, que confirma sua descrição [figura abaixo]. A análise do sonho traz o seguinte material à luz.

IV. O SONHO E A CENA PRIMÁRIA

Ele sempre ligou esse sonho à recordação de que nesses anos da infância tinha um medo enorme da figura de um lobo num livro de fadas. A irmã, mais velha e sempre superior, costumava zombar dele, mostrando-lhe justamente essa imagem por qualquer pretexto, ao que ele começava a gritar de pavor. Nessa figura o lobo estava erguido, com uma pata à frente, as garras à mostra e as orelhas alertas. Ele acha que essa imagem serviu de ilustração à história do Chapeuzinho Vermelho.

Por que os lobos são brancos? Isto o faz pensar nas ovelhas, das quais se mantinham grandes rebanhos nos arredores da casa. Ocasionalmente o pai o levava para ver esses rebanhos, e toda vez ele ficava orgulhoso e contente. Mais tarde — provavelmente pouco antes da época do sonho, segundo informações obtidas —, uma peste irrompeu nesses rebanhos. O pai mandou buscar um discípulo de Pasteur, que vacinou as ovelhas, mas elas morreram em número ainda maior depois da vacinação.

Como podem os lobos estar na árvore? Acerca disso lhe ocorre uma história que o avô tinha contado. Não consegue se lembrar se antes ou depois do sonho, mas o conteúdo indica que foi antes. A história é a seguinte: Um alfaiate está sentado, trabalhando, quando se abre a janela e um lobo pula para dentro da sala. O alfaiate bate nele com sua vara de medida — não, corrige-se o paciente, agarra-o pela cauda e a arranca, de modo que o lobo foge apavorado. Algum tempo depois o alfaiate vai à floresta e vê de repente um bando de lobos que se aproxima; então busca refúgio numa árvore.

Primeiro os lobos ficam sem ação, mas aquele mutilado, que está entre eles e quer se vingar do alfaiate, faz a sugestão de que um suba no outro, até que o último alcance o alfaiate. Ele mesmo — é velho e robusto — quer ser a base da pirâmide. Os lobos fazem assim, mas o alfaiate reconhece o visitante castigado, e de repente grita, como antes: "Pega o grisalho pelo rabo!". O lobo sem rabo se apavora com a lembrança e corre, e os outros caem no chão.

Nesse conto se acha a árvore em que os lobos estão sentados no sonho. Mas ele contém, igualmente, uma inequívoca referência ao complexo da castração. O lobo *velho* foi privado de sua cauda pelo alfaiate. Nos lobos do sonho, as caudas de raposa são talvez compensações para essa ausência de cauda.

Por que são seis ou sete lobos? Essa pergunta parecia não ter resposta, até que lancei a dúvida de que sua imagem angustiante viesse de fato do "Chapeuzinho Vermelho". Essa história dá ocasião para duas ilustrações apenas, o encontro do Chapeuzinho Vermelho com o lobo na floresta e a cena em que o lobo fica deitado na cama com a touca da vovó. Tinha de haver um outro conto por trás da recordação da imagem. Então ele achou que só podia ser a história do "Lobo e os sete cabritinhos". Nela se encontra o número sete, mas também o seis, pois o lobo come somente seis cabritos; o sétimo se esconde na caixa do relógio. Também o branco surge nessa história, pois o lobo faz o padeiro embranquecer sua pata, depois que os cabritinhos o haviam reconhecido pela pata cinzenta, na sua primeira

IV. O SONHO E A CENA PRIMÁRIA

visita. Aliás, os dois contos têm muito em comum. Em ambos há a devoração, o corte da barriga, a retirada dos que foram devorados e sua substituição por pedras, e por fim a morte do lobo mau. No conto dos cabritinhos há também a árvore. Depois da refeição o lobo se deita sob uma árvore e dorme roncando.

Ainda me ocuparei deste sonho em outra parte, devido a uma circunstância particular, e então poderei interpretá-lo e apreciá-lo mais demoradamente. É o primeiro sonho angustiado que ele recordou da infância, e seu conteúdo, tomado com outros sonhos que seguiram e com certos acontecimentos da infância do sonhador, desperta um interesse bem particular. Aqui nos limitamos à relação entre o sonho e duas histórias que têm muito em comum, o "Chapeuzinho Vermelho" e "O lobo e os sete cabritinhos". A impressão que esses contos produziram no menino se exteriorizou numa autêntica zoofobia, que se distingue de casos semelhantes apenas pelo fato de que o bicho angustiante não era um objeto de fácil percepção pelos sentidos (como um cavalo ou um cachorro), mas conhecido somente de narrativas e livros ilustrados.

Num outro momento discutirei que explicação têm essas zoofobias e que significação lhes atribuir. De antemão observo apenas que essa explicação condiz bastante com o caráter principal exibido pela neurose do sonhador em épocas posteriores de sua vida. O medo do pai fora o mais forte motivo de seu adoecimento, e a postura ambivalente para com todo substituto do pai dominou sua vida e sua conduta durante o tratamento.

Se o lobo era apenas o primeiro substituto do pai para meu paciente, deve-se perguntar se as histórias do lobo que devora os cabritinhos e do Chapeuzinho Vermelho têm outro conteúdo secreto que não o medo infantil do pai.[7] Além disso, o pai de meu paciente tinha a peculiaridade do "insulto afetuoso", que tantas pessoas demonstram no convívio com os filhos, e a ameaça brincalhona que diz "vou te comer" pode ter sido expressa várias vezes, no período inicial em que o pai, que depois se tornou severo, costumava acariciar e brincar com o filhinho. Uma de minhas pacientes contou que os seus dois filhos nunca puderam gostar do avô, porque ele costumava apavorá-los com a brincadeira afetuosa de que iria cortar a barriga deles.

Deixemos de lado agora o que neste ensaio antecipa o aproveitamento do sonho, e voltemo-nos para a sua interpretação imediata. Quero observar que essa interpretação foi uma tarefa cuja solução se estendeu por vários anos. O paciente relatou o sonho bem cedo, e logo partilhou minha convicção de que por trás dele se escondiam as causas de sua neurose infantil. No decorrer do tratamento retornamos ao sonho com frequência, mas apenas nos últimos meses da terapia foi possível compreendê-lo inteiramente, e isso graças ao trabalho

---

7 Cf. a semelhança entre esses dois contos de fadas e o mito de Cronos, destacada por O. Rank ("Völkerpsychologische Parallelen zu den infantilen Sexualtheorien" [Paralelos etnopsicológicos às teorias sexuais infantis], *Zentralblatt für Psychoanalyse*, v. 2, p. 8).

IV. O SONHO E A CENA PRIMÁRIA

espontâneo do paciente. Ele sempre enfatizou que dois fatores do sonho tinham deixado a maior impressão sobre ele: primeiramente a completa calma e imobilidade dos lobos, e em segundo lugar a atenção tensa com que todos eles o olhavam. Também lhe parecia digna de nota a persistente sensação de realidade no final do sonho.

Vejamos esse último ponto. Sabemos, da experiência ao interpretar sonhos, que esta sensação de realidade tem uma significação determinada. Ela nos garante que algo, no material latente do sonho, reivindica realidade na lembrança, isto é, que o sonho se refere a um acontecimento que realmente ocorreu, não foi apenas fantasiado. Naturalmente pode se tratar apenas da realidade de algo desconhecido; a convicção, por exemplo, de que seu avô realmente contara a história do lobo e do alfaiate, ou de que realmente lhe haviam lido as histórias do Chapeuzinho Vermelho e dos sete cabritinhos, não poderia jamais ser substituída por essa sensação de realidade que perdurou após o sonho. O sonho parecia apontar para um acontecimento cuja realidade é acentuada em oposição à irrealidade dos contos.

Se por trás do conteúdo do sonho era de supor uma cena desconhecida, isto é, já esquecida à época do sonho, ela devia ter ocorrido muito cedo. Pois o sonhador diz: "Quando tive o sonho, eu tinha três, quatro, no máximo cinco anos de idade". Ao que podemos acrescentar: e foi lembrado, pelo sonho, de algo que só podia pertencer a uma época ainda anterior.

O que tinha de levar ao conteúdo dessa cena eram os fatores que o sonhador havia destacado no conteúdo manifesto do sonho: o olhar atento e a imobilidade. Naturalmente é de esperar que esse material reproduza o material desconhecido da cena com alguma deformação, talvez deformado até em seu oposto.

Da matéria bruta fornecida pela primeira análise do paciente podiam-se tirar várias conclusões, que deviam ser encaixadas no contexto procurado. Por trás da menção à criação de ovelhas deviam se buscar as provas de sua pesquisa sexual, cujos interesses ele podia satisfazer em suas visitas com o pai, mas também alusões ao medo da morte haviam de estar presentes, pois a maior parte das ovelhas tinha morrido na peste. O que era mais premente no sonho, os lobos na árvore, conduzia diretamente à narrativa do avô, na qual não podia haver algo mais atraente e estimulador do sonho do que a ligação com o tema da castração.

Da primeira análise incompleta do sonho também concluímos que o lobo era um substituto do pai, de modo que esse primeiro sonho angustiante teria trazido à luz aquele medo do pai que a partir de então dominaria sua vida. No entanto, essa conclusão mesma não era obrigatória. Mas se reunirmos, como resultado da análise provisória, o que decorre do material fornecido pelo sonhador, disporemos talvez dos seguintes fragmentos para reconstrução:

Um acontecimento real — de uma época bem antiga — olhar — imobilidade — problemas sexuais — castração — o pai — algo terrível.

Um dia o paciente se pôs a continuar a interpretação do sonho. Segundo ele, a parte do sonho que diz "de

IV. O SONHO E A CENA PRIMÁRIA

repente a janela se abre sozinha" não é inteiramente esclarecida pela relação com a janela junto à qual está sentado o alfaiate e através da qual o lobo entra na sala. "Deve ter a seguinte significação: 'de repente os olhos se abrem'. Ou seja, eu estou dormindo e acordo de repente, e nisso vejo algo: a árvore com os lobos." Nisso não havia o que objetar, mas podia ser mais aproveitado. Ele tinha acordado e havia algo para ver. A observação atenta, que no sonho é atribuída aos lobos, deve ser deslocada para ele. Num ponto decisivo tivera lugar uma inversão, que além disso é indicada por outra inversão no conteúdo manifesto do sonho. Pois havia uma inversão no fato de os lobos sentarem na árvore, enquanto na história do avô se achavam embaixo, e não conseguiam trepar na árvore.

E se o outro elemento enfatizado pelo sonhador fosse também deformado por uma inversão ou transposição? Então, em vez de imobilidade (os lobos estão sentados quietos, olham para ele, mas não se mexem) seria: o mais forte movimento. Ou seja, ele acordou de repente e viu uma cena de forte movimentação à sua frente, a qual olhou tenso e com atenção. Num caso a deformação consistiria na troca de sujeito e objeto, atividade e passividade, ser olhado em vez de olhar; no outro caso numa transformação no contrário: repouso em vez de movimento.

Mais um progresso na compreensão do sonho foi trazido, em outra ocasião, por este pensamento que emergiu de repente: a árvore é a árvore-de-natal. Naquele instante ele soube que tivera o sonho pouco antes do Natal, na expectativa deste. Como o dia de Natal também era o seu dia de nascimento, pôde-se estabelecer com segurança a época do sonho e da transformação dele decorrente. Foi logo antes de seu quarto aniversário. Ele tinha adormecido na tensa expectativa do dia em que iria ganhar dois presentes. Sabemos que em tais circunstâncias a criança antecipa com facilidade a realização dos desejos no sonho. Então já era Natal no sonho, o conteúdo do sonho mostrava a distribuição dos brindes, da árvore pendiam os presentes a ele destinados. Mas em vez de presentes havia — lobos, e o sonho findava com ele sentindo medo de ser devorado pelo lobo (provavelmente pelo pai) e buscando refúgio com a babá. O conhecimento de sua evolução sexual antes do sonho nos torna possível preencher a lacuna do sonho e esclarecer a mudança da satisfação em medo. Entre os desejos formadores do sonho, deve ter sido estimulado o mais forte, o da satisfação sexual, que ele ansiava então obter do pai. A força desse desejo conseguiu refrescar a pista mnemônica, há muito esquecida, de uma cena que lhe podia mostrar como era a satisfação sexual com o pai, e o resultado foi pavor, horror ante a realização desse desejo, repressão do impulso que se apresentara por esse desejo, e por isso fuga do pai, em direção à babá não tão perigosa.

A importância dessa data de Natal fora conservada na pretendida lembrança de que o primeiro acesso de fúria se deu porque ele havia ficado insatisfeito com os presentes de Natal. A recordação juntava o que era cor-

IV. O SONHO E A CENA PRIMÁRIA

reto e falso, ela não podia estar certa sem alguma alteração, pois conforme repetidas afirmações dos pais a sua má conduta já chamava a atenção após o retorno deles no outono, não somente no Natal; mas o essencial da relação entre falta de amor satisfeito, fúria e época de Natal fora preservado na recordação.

Mas que imagem a ação noturna desse anseio sexual podia ter conjurado, capaz de provocar horror tão intenso da satisfação desejada? Segundo o material da análise, essa imagem tinha de preencher uma condição, tinha de ser adequada para fundamentar a convicção da existência da castração. O medo da castração tornou-se então o motor da transformação do afeto.

Neste ponto vejo-me obrigado a abandonar o apoio fornecido pelo curso da análise. Receio que também neste ponto a crença do leitor me abandone.

O que naquela noite foi ativado, a partir do caos de pistas mnemônicas inconscientes, foi a imagem de um coito entre os pais, em circunstâncias não muito comuns e bastante propícias à observação. Aos poucos foi possível obter respostas satisfatórias para todas as questões ligadas a essa cena, pois no decorrer da terapia o sonho se repetiu em inúmeras variantes e reedições, às quais a análise forneceu os esclarecimentos que se desejava. Primeiro se revelou a idade da criança no momento da observação, cerca de um ano e meio.[8] Nesse tempo ele sofria de malária, e um ataque

---

8 Também a idade de seis meses poderia ser considerada, com menor probabilidade, porém, e dificilmente defensável.

da doença se repetia diariamente em determinada hora.[9] A partir dos dez anos ele ficou periodicamente sujeito a depressões, que começavam à tarde e atingiam o apogeu às cinco horas. Esse sintoma ainda existia no tempo da análise. A depressão recorrente substituiu os acessos de febre ou abatimento de antes; as cinco horas eram o momento do auge da febre ou da observação do coito, se é que os dois não coincidem.[10] Devido justamente a essa enfermidade, ele se achava provavelmente no quarto dos pais. Essa doença, corroborada também pela tradição familiar, torna plausível transferir o evento para o verão, e assim supor para ele, nascido no dia de Natal, a idade de n + um ano e meio. Ele então dormia em sua caminha, no quarto dos pais, e acordou à tarde, digamos que devido à febre montante, às cinco horas talvez, a hora depois marcada pela depressão. Combina com nossa suposição de um dia quente de verão em que os pais tenham se retirado, semidespidos, para uma sesta vespertina. Quando ele acordou, foi testemunha de um coito *a tergo* [por trás] repetido três vezes,[11] pôde ver os genitais da mãe e o membro do

---

9 Cf. as posteriores transformações deste fator na neurose obsessiva. Nos sonhos tidos durante a terapia, substituição por um vento forte (*aria* = ar).
10 Relacionemos isso com o fato de que o paciente desenhou somente cinco lobos, embora o texto do sonho fale de seis ou sete.
11 Por que três vezes? Certo dia ele afirmou, subitamente, que eu chegara a esse detalhe por interpretação. Isso não procedia. Foi um pensamento surgido espontaneamente, que se subtrai à crítica posterior, e que ele imputou a mim, como era seu costume, e mediante essa projeção tornou digno de crédito.

IV. O SONHO E A CENA PRIMÁRIA

pai, e compreendeu tanto o fato como a sua significação.[12] Por fim, ele perturbou a relação dos pais, de uma maneira que será discutida depois.

No fundo não é nada extraordinário, nada que dê a impressão de um produto extravagante da fantasia, o fato de um casal jovem, casado apenas há alguns anos, ter uma relação amorosa depois da sesta vespertina, num dia quente de verão, nisso esquecendo do menino de um ano e meio que dorme em seu pequeno leito. Parece-me, isto sim, algo inteiramente banal, cotidiano, e mesmo a posição do coito que inferimos não pode mudar esse julgamento. Sobretudo por não resultar da evidência que o coito se tenha realizado por trás a cada vez. Uma só vez já bastaria para dar ao espectador a oportunidade para observações que numa outra posição dos amantes seriam dificultadas ou impedidas. Logo, o conteúdo desta cena não pode ser argumento contra a sua credibilidade. A objeção da improbabilidade será dirigida a três outros pontos: a que uma criança na tenra idade de um ano e meio seja capaz de acolher as percepções de um evento tão complicado e conservá-las tão fielmente em seu inconsciente; a que seja possível que uma elaboração das impressões assim recebidas chegue posteriormente à compreensão, aos quatro anos de idade; por fim, a que se consiga mediante algum procedimento

---

12 Quero dizer que ele o compreendeu à época do sonho, aos quatro anos, não à época da observação. Com um ano e meio ele recolheu impressões cuja compreensão posterior lhe foi possibilitada na época do sonho por seu desenvolvimento, sua excitação sexual e sua pesquisa sexual.

tornar consciente, de forma coesa e convincente, os detalhes de uma tal cena, vivenciada e compreendida em tais circunstâncias.[13]

Mais adiante examinarei cuidadosamente essas e outras objeções; asseguro ao leitor que não me coloco menos criticamente que ele ante a hipótese de uma tal observação por parte da criança, e peço a ele que se junte a mim na decisão de crer provisoriamente na realidade desta cena. De imediato vamos prosseguir com o estudo das relações desta "cena primária"* com o sonho, os sintomas e a biografia do paciente. Vamos acompanhar separadamente os efeitos resultantes do conteúdo essencial da cena e de uma de suas impressões visuais.

Refiro-me às posições que ele viu os pais adotarem, a posição erguida do homem e a curvada, como os animais, da mulher. Já ouvimos antes que no seu período de angústia a irmã tinha o costume de apavorá-lo com a imagem do livro de fadas em que um lobo era mostrado

---

13 A primeira dessas dificuldades não pode ser diminuída pela suposição de que na época da observação a criança seria provavelmente um ano mais velha, ou seja, teria dois anos e meio, idade em que poderia perfeitamente ser capaz de falar. No caso de meu paciente, esse deslocamento de datas estava praticamente excluído pelas circunstâncias menores. Considere-se, além disso, que não é nada raro que tais cenas de observação do coito dos pais sejam descobertas na análise.

* "Cena primária": no original, *Urszene*. O prefixo *ur* denota o mais antigo, o primeiro, sendo geralmente traduzido pelos adjetivos "primordial, primário, primitivo, primevo"; em outros substantivos que aparecem neste trabalho, como *Urzeit* e *Urgeschichte*, foi vertido por "primordial", qualificando *Zeit*, "tempo, período", e *Geschichte*, "história".

IV. O SONHO E A CENA PRIMÁRIA

erguido, com um pé à frente, as garras à mostra e as orelhas alertas. Durante o tratamento ele não se poupou o trabalho de esquadrinhar sebos de livros até encontrar o volume de histórias de sua infância, e reconheceu sua imagem apavorante numa ilustração da história do "Lobo e os sete cabritinhos". Achou que a posição do lobo nessa ilustração podia lhe ter lembrado a do pai na cena primária construída. Essa imagem veio a ser, de todo modo, o ponto de partida de outros efeitos angustiantes. Aos sete ou oito anos, quando recebeu a comunicação de que no dia seguinte chegaria um novo professor para ele, sonhou à noite com esse professor em forma de leão, que rugindo se aproximava de sua cama, na mesma posição do lobo daquela imagem, e acordou novamente angustiado. A fobia do lobo já estava superada na época, ele teve então a liberdade de escolher um novo animal angustiante, e nesse sonho tardio reconheceu o professor como substituto do pai. No período posterior de sua infância, cada professor desempenhou o mesmo papel de pai, e foi dotado da mesma influência paterna, para o bem e para o mal.

O destino o presenteou com uma singular ocasião de reviver sua fobia de lobos no tempo do ginásio, e de tornar a relação que lhe servia de base o ponto de partida de graves inibições. O professor que dava aulas de latim à sua turma se chamava *Wolf* [lobo]. Desde o início ele se sentiu intimidado por esse professor, uma vez sofreu grave censura dele, por um erro tolo cometido numa tradução do latim, e não se livrou mais de um medo paralisante dele, que logo se transferiu para outros professores. Mas o ensejo que o levou a tropeçar na tradução também não era insignificante. Ele tinha que verter a palavra *"filius"*, e a traduziu pelo francês *"fils"*, em vez da palavra correspondente na língua materna. De fato, o lobo continuava sendo o pai.[14]

O primeiro "sintoma passageiro"[15] que o paciente produziu na terapia remontava também à fobia de lobos e ao conto dos sete cabritinhos. No aposento em que se realizaram as primeiras sessões havia um grande relógio de caixa na parede oposta a ele, que ficava deitado sobre um divã, de costas para mim. Notei que de quando em quando ele virava o rosto para mim, olhava-me com expressão amável, como que me tranquilizando, e em seguida voltava o olhar para o relógio. Na época achei que era um sinal de sua ânsia em terminar a sessão. Muito tempo depois o paciente me lembrou desse jogo de gestos e me deu a explicação para ele, ao me lembrar que o mais jovem dos sete cabritinhos achava

---

14 Depois desse xingamento do Lobo-professor ele soube que, de acordo com a opinião geral dos colegas, para ser apaziguado o professor esperava dele… dinheiro. Retornaremos a isso depois. Posso imaginar como facilitaria uma visão racionalista de uma tal história [do desenvolvimento] de uma criança, se fosse lícito supor que todo o medo diante do lobo partia, na realidade, do professor de latim do mesmo nome, que tinha sido projetado de volta para a infância e, apoiando-se na ilustração do conto, tinha produzido a fantasia da cena primária.

15 S. Ferenczi, "Über passagere Symptombildungen während der Analyse" [Sobre formações de sintomas passageiros durante a análise], *Zentralblatt für Psychoanalyse* [Folha Central de Psicanálise], v. 2, 1912, pp. 588 ss.

IV. O SONHO E A CENA PRIMÁRIA

esconderijo na caixa do relógio, enquanto os seis irmãos eram devorados pelo lobo. Ele queria então dizer: "Seja bom comigo. Devo sentir medo de você? Você quer me devorar? Devo me esconder de você na caixa do relógio, como o cabritinho mais novo?".

O lobo do qual ele sentia medo era sem dúvida o pai, mas o medo do lobo estava ligado à condição da postura erguida. Sua recordação afirmava com grande certeza que a imagem de um lobo andando com as quatro patas ou deitado na cama, como no "Chapeuzinho Vermelho", nunca o apavorara. A posição que ele vira a mulher assumir, conforme a nossa construção da cena primária, não se revestia de significação menor; mas esta permanecia limitada à esfera sexual. O mais singular fenômeno de sua vida amorosa, após a maturidade, eram acessos de paixão sensual compulsiva, que surgiam e novamente desapareciam em misteriosa sequência, desencadeavam nele uma enorme energia, mesmo em épocas de inibição, e se subtraíam totalmente ao seu controle. Tenho que adiar a plena apreciação desses amores compulsivos, devido a alguns nexos especialmente valiosos, mas posso dizer que estavam ligados a uma condição determinada, que se ocultava à sua consciência e que se deu a conhecer apenas na terapia. A mulher tinha que adotar a posição que atribuímos à mãe na cena primária. Desde a puberdade ele sentia como a maior atração da mulher os traseiros grandes e salientes; um coito que não fosse por trás dificilmente lhe dava prazer. A ponderação crítica tem o direito de objetar que essa preferência sexual pelas partes traseiras do corpo é característica geral das pessoas que tendem à neurose obsessiva, e não autoriza que a derivemos de uma impressão especial da infância. Pertence ao quadro da disposição erótico-anal e é um dos traços arcaicos que distinguem tal constituição. A copulação por trás — *more ferarum* [à maneira dos animais] — pode mesmo ser vista como a forma filogeneticamente mais antiga. Também voltaremos a esse ponto numa discussão posterior, quando tivermos apresentado o material restante sobre a sua condição inconsciente para o amor.

Continuemos a nossa discussão dos vínculos entre o sonho e a cena primária. Conforme o que pudemos esperar até agora, o sonho deveria mostrar ao menino, que se alegrava com a realização de seus desejos no Natal, a imagem da satisfação sexual com o pai, tal como tinha visto naquela cena primária, como modelo da satisfação que ele próprio ansiava do pai. Em vez dessa imagem, porém, surgiu o material da história que o avô tinha narrado pouco antes: a árvore, os lobos, a ausência de cauda na forma da supercompensação, nas caudas espessas dos supostos lobos. Aqui nos falta um nexo, uma ponte associativa que conduza do teor da história primordial àquele da história dos lobos. Essa ligação é dada novamente pela postura, e apenas por ela. O lobo sem cauda convida aos demais, na narrativa do avô, a trepar sobre ele. A recordação da imagem da cena primária foi despertada por esse detalhe, por esse caminho o material da cena primária pôde ser representado pelo da história dos lobos, e ao mesmo tempo os dois pais puderam ser substituídos, da maneira desejada, por

IV. O SONHO E A CENA PRIMÁRIA

vários lobos. Outra mudança teve o conteúdo do sonho, na medida em que o material da história dos lobos adequou-se ao conteúdo do conto dos sete cabritinhos, dele retirando o número sete.[16]

A transformação do material: cena primária — história dos lobos — conto dos sete cabritinhos — reflete a progressão do pensamento durante a formação do sonho: anseio de satisfação sexual com o pai — inteligência da condição a ela relacionada, a castração — medo do pai. Penso que agora o sonho angustiado do menino de quatro anos foi inteiramente esclarecido.[17]

---

16 O sonho diz seis ou sete. Seis é o número dos filhotes devorados; o sétimo refugiou-se na caixa do relógio. É sempre uma lei rigorosa da interpretação dos sonhos que cada detalhe tenha uma explicação.
17 Agora que pudemos fazer uma síntese deste sonho, procurarei dar uma visão geral das relações do conteúdo onírico manifesto com os pensamentos oníricos latentes.

É noite, estou deitado em minha cama. Esta segunda parte é o começo da reprodução da cena primária. "É noite" é distorção de "eu tinha dormido". A observação que diz "Sei que era inverno quando sonhei, e era noite" refere-se à lembrança do sonho, não pertence a seu conteúdo. Ela está correta, era uma das noites antes do aniversário, ou seja, do Natal.

De repente a janela se abre sozinha. A ser traduzido por: "De repente acordei por mim mesmo"; lembrança da cena primária. A influência da história em que o lobo pula para dentro, através da janela, faz-se valer de maneira modificadora, transformando a expressão direta em plástica. Ao mesmo tempo, a introdução da janela serve para colocar no presente o seguinte conteúdo onírico. Na noite de Natal a porta se abre subitamente, e as pessoas veem a árvore com os presentes diante de si. Portanto, aqui se faz valer a influência da expectativa de fato em relação ao Natal, que inclui a satisfação sexual.

A grande nogueira. Representa a árvore-de-natal, é portanto factual; além disso é a árvore da história dos lobos, na qual o alfaiate perseguido busca refúgio, sob a qual os lobos espreitam. A árvore alta é também, como frequentemente pude constatar, um símbolo da observação, do voyeurismo. Quando alguém está em cima de uma árvore, pode ver tudo o que acontece embaixo sem ser visto. Cf. a conhecida história de Boccaccio e outras anedotas semelhantes.

Os lobos. O número deles: seis ou sete. Na história dos lobos é um bando sem número determinado. A indicação do número mostra a influência do conto dos sete cabritinhos, no qual seis são devorados. A substituição do número dois da cena primária por um número maior, que seria absurdo na cena primária, é algo bem-vindo à resistência enquanto meio de deformação. No desenho relativo ao sonho, o sonhador trouxe à luz o número cinco, provavelmente corrigindo a indicação de que era noite.

Eles estão sentados na árvore. Primeiramente eles substituem os presentes pendurados na árvore-de-natal. Mas também são transpostos para a árvore porque isso pode significar que observam. Na história do avô eles se postam embaixo, em volta da árvore. Sua relação com a árvore foi portanto invertida no sonho, do que se pode concluir que no conteúdo do sonho aparecem ainda outras inversões do material latente.

Eles olham para ele com tensa atenção. Este traço vem inteiramente da cena primária, e chegou ao sonho à custa de uma total inversão.

Eles são inteiramente brancos. Este traço, pouco essencial em si, e bastante enfatizado no relato do sonhador, deve sua intensidade a uma pródiga fusão de elementos de todas as camadas do material, e combina detalhes secundários das outras fontes do sonho com um fragmento mais significativo da cena primária. Este último elemento de sua determinação procederia do branco da roupa de cama e das vestes dos pais, e também do branco dos rebanhos de ovelhas, dos cães pastores, como alusão a suas pesquisas sexuais com os animais, do branco nas histórias [plural no original] dos sete cabritinhos, em que a mãe é reconhecida pelo branco de sua pata. Logo mais entenderemos a roupa branca como alusão à morte também.

IV. O SONHO E A CENA PRIMÁRIA

Eles estão sentados imóveis. Isso contradiz o conteúdo mais evidente da cena observada: a movimentação, que, devido à postura a que levou, constitui a ligação entre a cena primária e a história dos lobos.

Eles têm caudas como raposas. Isso deve contradizer uma conclusão obtida a partir da influência da cena primária sobre a história dos lobos e que se deve reconhecer como o mais importante resultado de sua pesquisa sexual: a de que existe realmente uma castração. O pavor com que é recebida essa conclusão do pensamento abre caminho no sonho, por fim, e produz o seu término.

O medo de ser comido pelos lobos. Para o sonhador, não parecia motivado pelo conteúdo do sonho. Ele disse: "Eu não deveria ter medo, pois os lobos pareciam mais raposas ou cães, eles não correram em minha direção como se fossem me morder, eram muito tranquilos e nada apavorantes". Reconhecemos que o trabalho do sonho se empenhou, por um momento, em tornar os conteúdos dolorosos inofensivos mediante a transformação no contrário. (Eles não se movem, eles têm mesmo as caudas mais belas.) Até que afinal esse expediente falha e o medo irrompe. Ele acha sua expressão com ajuda da história em que os filhotes cabritos são devorados pelo pai lobo. Possivelmente essa parte mesma do conto lembrou as ameaças brincalhonas do pai ao brincar com o menino, de modo que o medo de ser devorado pelo lobo poderia ser tanto reminiscência como substituição por deslocamento.

Os elementos de desejo deste sonho são palpáveis; ao desejo diurno superficial de que o Natal chegue logo, com os presentes (sonho de impaciência), junta-se o desejo mais profundo, então permanente, de satisfação sexual com o pai, que primeiramente é substituído pelo desejo de ver de novo o que na época fora tão atraente. O processo psíquico vai, portanto, da realização desse desejo na cena primária conjurada até a recusa agora inevitável do desejo e a repressão.

A amplitude e a minúcia desta exposição, a que fui obrigado pelo empenho de oferecer ao leitor um equivalente para a força demonstrativa de uma análise conduzida pessoalmente, talvez o desencorajem também de exigir a publicação de análises que se estenderam por vários anos.

Depois do que foi tratado até aqui, posso abordar brevemente o efeito patogênico da cena primária e a mudança que o seu despertar produziu no desenvolvimento sexual do paciente. Vamos acompanhar apenas o efeito a que o sonho deu expressão. Mais adiante haveremos de notar que da cena primária não partiu uma única corrente sexual, mas toda uma série delas, verdadeiramente uma fragmentação da libido. Depois levaremos em conta que a ativação desta cena (evito propositadamente a palavra "recordação") tem o mesmo efeito que teria se ela fosse uma vivência recente. A cena atua posteriormente, e nesse ínterim, no intervalo entre um ano e meio e quatro, nada perdeu do seu frescor. Talvez ainda encontremos motivo para pensar que ela produziu determinados efeitos já na época de sua percepção, isto é, a partir de um ano e meio.

Quando o paciente se aprofundou na situação da cena primária, ele trouxe à luz as seguintes percepções de si mesmo: antes ele havia suposto que o acontecimento observado fosse um ato violento, mas a expressão prazerosa no rosto de sua mãe não combinava com isso; ele teve de reconhecer que havia satisfação.[18] O dado essencial-

---

18 Talvez a melhor maneira de levar em conta a declaração do paciente seja supor que o objeto de sua observação foi primeiramente um coito em posição normal, que desperta a impressão de um ato sádico. Somente depois a posição teria sido trocada, de modo que ele teve oportunidade para outras observações e julgamentos. Porém essa suposição não foi confirmada, e tampouco me parece imprescindível. Não devemos perder de vista, mercê da abreviada exposição do texto, a situação real de que 25 anos depois o analisando empresta, às impressões e impulsos dos

IV. O SONHO E A CENA PRIMÁRIA

mente novo que a observação do enlace dos pais lhe trazia era a convicção da realidade da castração, cuja possibilidade já havia ocupado seus pensamentos. (A visão das duas garotas urinando, a ameaça da Nânia, a interpretação dada aos bastões de açúcar pela governanta, a lembrança de que o pai havia feito em pedaços uma cobra.) Pois naquele momento ele via com os próprios olhos a ferida de que havia falado a Nânia, e compreendia que a sua existência era uma condição para o enlace com o pai. Não podia mais confundi-la com o bumbum, como tinha feito ao observar as meninas pequenas.[19]

O desfecho do sonho foi a angústia, da qual ele se tranquilizou apenas ao ter a Nânia a seu lado. Portanto, ele se refugiou do pai junto a ela. A angústia era uma re-

---

seus quatro anos, palavras que naquele tempo não teria encontrado. Negligenciando-se tal advertência, pode facilmente parecer cômico e inverossímil que um garoto de quatro anos fosse capaz de tais juízos objetivos e pensamentos cultivados. Este é simplesmente um segundo caso de efeito a posteriori. Com um ano e meio a criança recebe uma impressão a que não pode reagir o bastante, só a compreende, só é comovida por ela na sua revivescência aos quatro anos, e somente na análise, duas décadas depois, pode apreender, com sua atividade mental consciente, o que ocorreu então dentro de si. O analisando ignora justificadamente as três fases temporais e coloca seu Eu atual na situação há muito acontecida. Nós o acompanhamos nisso, pois na auto-observação e interpretação correta o efeito há de ser como seria caso fosse possível negligenciar a distância entre a segunda e a terceira fase. E tampouco dispomos de outro meio para descrever os eventos da segunda fase.
19 Mais adiante, ao lidar com seu erotismo anal, saberemos como ele continuou a se ocupar dessa parte do problema.

cusa* do desejo de satisfação sexual com o pai, aspiração que lhe havia inspirado o sonho. Sua expressão, ser comido pelo lobo, era apenas uma transformação — regressiva, como veremos — do desejo de ser possuído sexualmente pelo pai, isto é, ser satisfeito do mesmo modo que a mãe. Sua última meta sexual, a atitude passiva para com o pai, havia sucumbido a uma repressão, e a angústia ante o pai havia tomado seu lugar na forma da fobia de lobos.

E a força motriz dessa repressão? Conforme o conjunto dos fatos, só poderia ser a libido genital narcísica, que, por preocupação com seu membro viril, rebelou-se contra uma satisfação que parecia impor a renúncia a este membro. Do narcisismo ameaçado ele extraiu a virilidade com que se defendeu da atitude passiva diante do pai.

Agora vemos que neste ponto da exposição teremos que mudar nossa terminologia. Durante o sonho ele atingiu uma nova fase de sua organização sexual. Até então os opostos sexuais haviam sido, para ele, *ativo* e *passivo*. Desde a sedução a sua meta sexual era passiva, ser tocado nos genitais, e transformou-se então, pela regressão ao estágio anterior da organização sádico-anal, em masoquista, ser castigado, golpeado. Era-lhe indiferente se esta meta seria alcançada com o homem ou com a mulher. Sem considerar a diferença de sexo ele havia passado da Nânia para o pai, havia solicitado da Nânia que tocasse no seu membro, e tinha desejado provocar o castigo do pai. Os genitais não eram levados em conta; era

---

* "Recusa": *Ablehnung* — nas versões consultadas: *repulsa, desautorización, ripudio, récusation, repudiation*.

IV. O SONHO E A CENA PRIMÁRIA

na fantasia de ser golpeado no pênis que ainda se expressava o nexo oculto pela regressão. Agora a ativação da cena primária no sonho o levava de volta à organização genital. Ele descobriu a vagina e a significação biológica de masculino e feminino. Compreendeu que ativo era igual a masculino, e passivo a feminino. Sua meta sexual passiva tinha agora que se transformar em feminina e adotar a expressão "ser possuído pelo pai", em vez de "ser golpeado por ele no órgão genital ou nas nádegas". Essa meta feminina sucumbia agora à repressão e era obrigada a ser substituída pela angústia diante do lobo.

Devemos interromper aqui a discussão de seu desenvolvimento sexual, até que dos estágios posteriores de sua história seja vertida uma nova luz sobre esses estágios anteriores. Quanto à fobia de lobos, acrescentemos ainda que ambos, o pai e a mãe, tornaram-se lobos. Pois a mãe tinha o papel do lobo castrado, que deixava os demais treparem sobre ele, e o pai, o do que trepava. Mas o seu medo se referia apenas, como o ouvimos assegurar, ao lobo erguido, isto é, ao pai. Também deve nos chamar a atenção que a angústia em que findava o sonho tinha um modelo na narrativa do avô. Nesta o lobo castrado, que deixa os demais treparem sobre ele, é acometido de angústia ao ser lembrado que não tem cauda. Parece, então, que durante o processo onírico ele se identificou com a mãe castrada e agora se rebelava contra isso. Em tradução que acreditamos adequada: "Se você quer ser satisfeito pelo pai, você deve aceitar a castração, como a mãe; mas isso eu não quero". Um claro protesto de sua masculinidade! Tenhamos claro, de resto, que o desenvolvimento sexual do caso que acompanhamos possui a grande desvantagem, para a nossa pesquisa, de não ter ocorrido sem perturbações. Primeiro foi influenciado decisivamente pela sedução, e depois desviado pela cena da observação do coito, que atuou a posteriori como uma segunda sedução.

V. ALGUMAS DISCUSSÕES

Baleia e urso-polar, dizem, não podem fazer guerra entre si, porque, cada um limitado a seu elemento, não chegam a se encontrar. É igualmente impossível, para mim, discutir com os que, trabalhando no campo da psicologia ou da neurologia, não reconhecem os pressupostos da psicanálise e consideram artificiais os seus resultados. Mas nos últimos anos desenvolveu-se uma outra oposição, de pessoas que se acham — ou ao menos acreditam se achar — no terreno da psicanálise, que não lhe questionam a técnica e os resultados, sentindo-se apenas autorizadas a extrair outras conclusões do mesmo material e submetê-lo a outras concepções.

A controvérsia teórica é geralmente infrutífera, porém. Tão logo começamos a nos afastar do material de que nos devemos nutrir, corremos o perigo de nos inebriar com as nossas afirmações e de afinal sustentar opiniões que qualquer observação teria refutado. Daí me parecer incomparavelmente mais adequado combater concepções divergentes por meio de seu exame em casos e problemas específicos.

V. ALGUMAS DISCUSSÕES

Declarei acima (p. 53) que certamente será tido por improvável "que uma criança na tenra idade de um ano e meio seja capaz de acolher as percepções de um processo tão complicado e conservá-las tão fielmente em seu inconsciente; em segundo lugar, que seja possível que uma elaboração desse material chegue posteriormente à compreensão, aos quatro anos de idade; por fim, que se consiga mediante algum procedimento tornar consciente, de forma coesa e convincente, os detalhes de uma tal cena, vivenciada e compreendida em tais circunstâncias".*

A última questão é puramente factual. Quem se der ao trabalho de conduzir a análise a essas profundezas, mediante a técnica prescrita, se convencerá de que tal coisa é bem possível; quem deixa de fazê-lo e interrompe a análise em alguma camada mais alta renunciou ao julgamento. Mas a concepção acerca do que se atingiu na análise de profundezas não está decidida com isso.

As duas outras dúvidas se baseiam numa subestimação das impressões da primeira infância, às quais não se creditam efeitos tão duradouros. Pretendem achar a causa das neuroses quase exclusivamente nos conflitos sérios da vida posterior, e supõem que a importância dos anos infantis é algo encenado à nossa frente, pela inclinação que têm os neuróticos de expressar seus atuais interesses em reminiscências e símbolos do passado mais antigo. Com tal avaliação do elemento infantil é

---

* Cotejando este trecho com o da p. 53, nota-se que, embora use aspas, Freud faz algumas pequenas alterações.

ignorada muita coisa que se inclui entre as mais íntimas peculiaridades da psicanálise, e também, não há dúvida, boa parte do que desperta resistências a ela e afasta a confiança dos que estão de fora.

A concepção que aqui oferecemos à discussão, portanto, é a de que tais cenas da primeira infância, tal como são fornecidas pela análise exaustiva das neuroses, do nosso caso, por exemplo, não seriam reproduções de acontecimentos reais, a que se poderia atribuir influência na configuração da vida posterior e na formação de sintomas, mas sim formações da fantasia que obtêm estímulo da época madura, destinadas a uma certa representação simbólica de desejos e interesses reais, e que devem sua origem a uma tendência regressiva, a um afastamento das tarefas do presente. Se for assim, podemos nos poupar naturalmente toda atribuição espantosa referente à vida psíquica e à realização intelectual de crianças da mais tenra idade.

Fatos diversos vêm ao encontro desta concepção, além do desejo de racionalização e simplificação da difícil tarefa, por todos nós partilhado. E de antemão é possível eliminar uma dúvida que poderia nascer precisamente no analista praticante. É preciso admitir que, se a mencionada concepção destas cenas infantis for a correta, de imediato nada mudaria no exercício da análise. Se o neurótico tem a má característica de afastar seu interesse do presente e ligá-lo a essas formações substitutas regressivas de sua fantasia, nada podemos fazer senão acompanhá-lo em seus caminhos e levar à sua consciência tais produções inconscientes, pois elas são, abstrain-

V. ALGUMAS DISCUSSÕES

do de sua ausência de valor real, altamente valiosas para nós, como portadoras e donas do interesse que queremos liberar, para dirigir às tarefas do presente. A análise teria que transcorrer exatamente como aquela que, ingenuamente confiante, toma tais fantasias por verdadeiras. A diferença viria apenas no final da análise, após o desvelamento dessas fantasias. Então diríamos ao doente: "Muito bem; sua neurose transcorreu como se na infância você tivesse recebido e continuado a tecer tais impressões. Você se dá conta de que isso não é possível. Eram produtos da atividade de sua fantasia, que o afastavam das tarefas reais que estavam à sua frente. Agora nos deixe investigar quais eram essas tarefas, e que vias de ligação existiam entre elas e as suas fantasias". Uma segunda parte do tratamento, voltada para a vida real, poderia começar após esse ajuste de contas com as fantasias infantis.

Um encurtamento desse caminho, ou seja, uma alteração na terapia analítica até agora praticada, seria tecnicamente inadmissível. Se não o tornamos consciente dessas fantasias em toda a sua amplitude, o doente não poderá ter sob seu comando o interesse a elas ligado. Se o desviamos delas, tão logo pressentimos a sua existência e contornos gerais, apenas apoiamos o trabalho da repressão, por meio do qual elas se tornaram inacessíveis a todos os esforços do doente. Se as desvalorizamos prematuramente a seus olhos, ao revelar, por exemplo, que não passam de fantasias sem nenhuma significação real, jamais obteremos sua colaboração para levá-las à consciência. Portanto, num procedimento correto, a técnica psicanalítica não poderia sofrer mudança alguma, não importando como se avaliem estas cenas infantis.

Mencionei que vários elementos factuais podem ser invocados em prol da concepção destas cenas como fantasias regressivas. Sobretudo um: o de que tais cenas infantis não são, no tratamento — até onde vai minha experiência —, reproduzidas como lembranças, são resultado da construção. Para alguns, a disputa já parecerá resolvida por esta confissão.

Não quero ser mal compreendido. Todo psicanalista sabe, já lhe aconteceu inúmeras vezes, que num tratamento bem-sucedido o paciente comunica muitas recordações espontâneas da sua infância, por cujo aparecimento — primeiro aparecimento, talvez — o médico não se sente responsável de modo algum, pois não tentou fazer construções que sugerissem ao doente semelhante conteúdo. Tais recordações, antes inconscientes, não precisam sequer ser verdadeiras; podem sê-lo, mas com frequência são distorcidas em relação à verdade, impregnadas de elementos de fantasia, exatamente como as chamadas lembranças encobridoras conservadas de modo espontâneo. Quero dizer que cenas como a de meu paciente, de um período tão antigo e com tal conteúdo, e que possuem tal importância para a história do caso, em geral não são reproduzidas como lembranças, mas têm de ser gradual e laboriosamente adivinhadas — construídas — a partir de uma soma de indícios. E bastaria para meu argumento admitir que tais cenas não se tornam conscientes como lembranças, nos casos de

V. ALGUMAS DISCUSSÕES

neurose obsessiva, ou limitar a afirmação a este caso em estudo.

Não sou de opinião que estas cenas tenham de ser fantasias necessariamente, porque não retornam como lembranças. Parece-me ser de absoluta equivalência à lembrança o fato de que elas — como em nosso caso — sejam substituídas por sonhos cuja análise leva regularmente à mesma cena, e que reproduzam cada fragmento de seu conteúdo em incansável remodelação. Sonhar é também recordar, embora sujeito às condições do período noturno e da formação do sonho. Esse retorno em sonhos explica, segundo creio, que nos pacientes mesmos se forme gradualmente uma firme convicção da realidade dessas cenas primárias, uma convicção que em nada fica atrás daquela baseada na recordação.[20]

Naturalmente, os opositores não devem abandonar o combate a esses argumentos como sendo algo improfícuo. Os sonhos são notoriamente influenciáveis.[21] E a convicção do analisando pode ser consequência da sugestão, para a qual ainda se procura um papel no jogo de forças do trata-

---

20 Uma passagem da primeira edição da minha *Interpretação dos sonhos* (1900) pode mostrar como me ocupei bem cedo desse problema. Ali se encontra, à p. 126, sobre a análise da fala que aparece num sonho: *Isso não se pode ter de novo*; esta fala vem de mim mesmo; alguns dias antes eu havia explicado à paciente que "as mais antigas vivências infantis *não podem ser tidas de novo* como tais, mas que são substituídas por 'transferências' e sonhos na análise" [*Gesammelte Werke* II/III, p. 190; capítulo V, seção A, o primeiro dos sonhos "inofensivos"].
21 O mecanismo do sonho não pode ser influenciado, mas o material do sonho pode ser parcialmente dirigido.

mento analítico.* Um psicoterapeuta da velha cepa iria sugerir ao paciente que ele está são, que superou suas inibições etc.; psicanalista, porém, que ele teve essa ou aquela vivência quando criança, a qual tem de recordar agora, para ficar são. Esta seria a diferença entre os dois.

Deixemos claro que essa tentativa de explicação dos opositores implica que as cenas infantis foram tratadas de modo bem mais radical do que no princípio se anunciava. Antes elas não seriam realidade, mas fantasias. Agora se argumenta: não fantasias do doente, mas do analista mesmo, que as impõe ao analisando a partir de complexos pessoais. Ao ouvir esta censura, é certo que o analista evocará, para tranquilizar a si mesmo, como se deu gradualmente a construção dessa fantasia que supostamente sugeriu, como em muitos pontos a sua configuração procedeu de modo independente do estímulo médico, como tudo parecia convergir para ela, a partir de uma certa fase do tratamento, e como depois, na síntese, dela irradiavam as consequências mais diversas e notáveis, como os grandes e pequenos problemas e peculiaridades da história clínica encontravam solução nessa hipótese, e alegará que não se atribui sagacidade bastante para urdir um acontecimento que satisfaça de uma vez a todas essas exigências. Mas essa argumentação também

---

* No original, essa oração diz: "[...] *für die immer noch eine Rolle im Kräftespiel der analytischen Behandlung gesucht wird*". Na edição *Standard* inglesa, Strachey a entende de modo um pouco diferente: "[...] *which is always having new parts assigned to it in the play of forces involved in analytic treatment*"; os demais tradutores concordam com a nossa leitura.

V. ALGUMAS DISCUSSÕES

não surtirá efeito sobre a outra parte, que não experimentou por si mesma a análise. Refinado engano de si mesmo, dirão de um lado; embotamento do juízo, dirão do outro; e não se alcançará uma decisão.

Voltemo-nos agora para um outro fator, que favorece a concepção oposta das cenas infantis reconstruídas. Ele é o seguinte. Todos os processos a que se recorreu para o esclarecimento dessas formações duvidosas como sendo fantasias existem de fato, e devem ser reconhecidos como importantes. O fato de o interesse se afastar das tarefas da vida real,[22] a existência de fantasias como formações substitutas para as ações não realizadas, a tendência regressiva que se exprime nessas criações — regressiva em mais de um sentido, na medida em que ocorrem simultaneamente um recuo diante da vida e um recurso ao passado —, tudo isso é correto e pode ser confirmado regularmente na análise. Seria de esperar que também bastasse para esclarecer as supostas reminiscências da primeira infância que se acham em discussão, e, conforme os princípios econômicos da ciência, essa explicação teria a preferência diante de uma outra, que não pode bastar sem hipóteses novas e estranhas.

Neste ponto, permitam-me chamar a atenção para o fato de que na atual literatura psicanalítica as controvérsias se fazem habitualmente segundo o princípio de *pars pro toto* [tomar a parte pelo todo]. De um conjunto altamente composto se retira uma parte dos fatores atuantes, proclama-se

---

22 Por bons motivos prefiro dizer: "O fato de a *libido* afastar dos *conflitos* atuais".

que é a verdade e em seu favor se contradiz a outra parte e o todo. Olhando mais atentamente a que grupo de fatores coube a preferência, vê-se que é aquele que contém o já conhecido de outra fonte, ou o que mais dele se aproxima. Em Jung é, então, a atualidade e a regressão, em Adler, os motivos egoístas. Mas é relegado e rejeitado como erro precisamente aquilo que é novo e peculiar na psicanálise. Desse modo são rechaçados mais facilmente os avanços revolucionários da incômoda psicanálise.

Vale destacar que nenhum dos fatores aduzidos pela concepção rival para a compreensão das cenas infantis necessitava ser apresentado por Jung como novidade. O conflito atual, o afastamento da realidade, a satisfação substituta na fantasia, a regressão ao material do passado, tudo isso, na mesma conjunção, talvez com pequena mudança de terminologia, constituiu desde sempre boa parte de minha teoria. Não era o todo, apenas a parte das causas que, partindo da realidade, atua na formação da neurose em direção regressiva. Ao lado disso, deixei lugar para uma outra influência progressiva, que atua desde as impressões infantis, que aponta o caminho à libido que se retrai ante a vida, e permite compreender a regressão à infância, de resto inexplicável. Segundo a minha concepção, os dois fatores atuam conjuntamente na formação de sintomas; mas uma atuação conjunta anterior me parece igualmente significativa. Sustento que *a influência da infância já se faz sentida na situação inicial da formação da neurose, na medida em que também determina, de modo decisivo, se e em que ponto o indivíduo fracassa ao lidar com os problemas reais da vida.*

V. ALGUMAS DISCUSSÕES

O que está em disputa, portanto, é a significação do fator infantil. A tarefa consiste em achar um caso que, sem nenhuma margem para a dúvida, demonstre essa importância. Um caso assim é o que tratamos minuciosamente aqui, que se caracteriza pelo fato de que a neurose da vida adulta é precedida por uma neurose na primeira infância. Justamente por isso escolhi este caso para comunicação. Se alguém o quiser rejeitar, porque a fobia de animais não lhe parece bastante séria para ser reconhecida como neurose autônoma, eu lhe responderei que à fobia sucederam, sem nenhum intervalo, um cerimonial obsessivo e pensamentos e atos obsessivos, dos quais falaremos nas seções seguintes deste trabalho.

Uma doença neurótica no quarto ou quinto ano da infância vem demonstrar, acima de tudo, que as vivências infantis são capazes por si só de produzir uma neurose, sem necessitar, para isso, da fuga ante uma tarefa imposta pela vida. Será feita a objeção de que também à criança se apresentam continuamente tarefas a que talvez preferisse escapar. Isto é certo, mas a vida de uma criança que ainda não frequenta a escola não é difícil de ser observada, e pode-se investigar se existe nela uma "tarefa" que determine a causação da neurose. Mas descobrem-se apenas impulsos instintuais, cuja satisfação é impossível para a criança e cujo domínio está fora de seu alcance, e as fontes das quais eles surgem.

Como era de esperar, a enorme diminuição do intervalo entre a irrupção da neurose e a época das vivências infantis em questão faz encolher ao máximo a parte regressiva da causação, e traz inteiramente à luz a parcela progressiva da mesma, a influência das primeiras impressões. Esta situação será ilustrada nitidamente, espero, pela presente história clínica. Mas há outras razões ainda por que a neurose infantil dá uma resposta decisiva à questão sobre a natureza das cenas primárias, ou vivências infantis mais antigas averiguadas na análise.

Se supomos, como premissa não contestada, que uma tal cena primária foi obtida de maneira tecnicamente correta, que é indispensável para a solução abrangente de todos os enigmas que nos propõem os sintomas da doença infantil, que dela emanam todos os efeitos, assim como a ela conduziram todos os fios da análise, então é impossível, considerando o seu conteúdo, que ela seja outra coisa que não a reprodução de uma realidade vivida pela criança. Pois a criança, tal como o adulto, só pode produzir fantasias com material adquirido em algum lugar; as vias para essa aquisição se acham em parte (leitura, por exemplo) interditadas à criança, o espaço de tempo disponível para a aquisição é curto e fácil de explorar na busca dessas fontes.

Em nosso caso, a cena primária contém a imagem da relação sexual entre os pais, numa posição particularmente propícia para certas observações. Não constituiria prova da realidade desta cena, se a encontrássemos num doente cujos sintomas, isto é, os efeitos da cena, tivessem aparecido em alguma ocasião de sua vida posterior. Tal pessoa poderia ter adquirido nos mais diversos momentos do longo intervalo as impressões, representações e conhecimentos que ela transforma numa imagem de fantasia, projeta de volta em sua infância e liga a seus pais.

V. ALGUMAS DISCUSSÕES

Mas se os efeitos de uma tal cena surgem no quarto ou quinto ano de vida, a criança deve tê-la presenciado numa época ainda anterior. Então permanecem de pé todas as conclusões desconcertantes que nos vieram da análise da neurose infantil. A menos que se suponha que o paciente não só fantasiou inconscientemente esta cena primária, mas também tramou sua mudança de caráter, seu medo dos lobos e sua compulsão religiosa, um expediente que estaria em contradição com sua natureza normalmente sóbria e a tradição imediata de sua família. Então a coisa deve ficar nisso — não vejo outra possibilidade: ou a análise que parte de sua neurose infantil é um desvario, ou tudo corresponde ao que descrevi acima.

Numa passagem anterior também estranhamos a seguinte ambiguidade: a preferência do paciente pelas nádegas da mulher e pelo coito na posição em que elas sobressaem parecia requerer uma derivação do coito observado entre os pais, ao mesmo tempo que tal predileção é um traço geral das constituições arcaicas predispostas à neurose obsessiva. Aqui se oferece o expediente simples de resolver a contradição vendo-a como sobredeterminação. A pessoa que ele observou nessa posição durante o coito era o seu pai carnal, do qual ele podia ter herdado também essa preferência constitucional. Nem a posterior doença do pai nem a história da família contrariam tal possibilidade; um irmão do pai morreu, como foi dito, num estado que deve ser apreendido como desfecho de uma séria enfermidade obsessiva.

A respeito disso lembramos que a irmã, ao seduzir o garoto de três anos e três meses, havia lançado, contra a velha e boa ama, a calúnia singular de que ela punha as pessoas de cabeça para baixo e lhes agarrava os genitais.[23] Foi inevitável que nos ocorresse a ideia de que talvez a irmã, em idade igualmente tenra, tivesse presenciado a mesma cena que o irmão veio a observar depois, e dali tirado o estímulo para o "pôr de cabeça para baixo" durante o ato sexual. Esta suposição nos indicaria também uma fonte de sua precocidade sexual.

[Originalmente* eu não tinha a intenção de prosseguir neste lugar a discussão sobre o valor de realidade das "cenas primárias", mas, como nesse meio-tempo fui levado a tratar do tema nas minhas *Conferências introdutórias à psicanálise*, em contexto mais amplo e sem propósito polêmico, poderia suscitar equívocos o fato de eu omitir a aplicação dos pontos de vista ali determinantes ao caso que aqui se apresenta. Então eu continuo, à guisa de complemento e retificação: Para a cena primária que está na base do sonho é possível uma outra concepção, que evita em larga medida a conclusão alcançada antes e nos dispensa de algumas dificuldades. É certo que a teoria que pretende rebaixar as cenas infantis a símbolos regressivos também nada ganhará com essa modificação; ela me parece mesmo definitivamente liquidada por essa análise — como seria por qualquer outra.

---

23 Cf. p. 29.
* Estes colchetes são do próprio autor, para indicar as passagens que acrescentou em 1918, quatro anos após a redação do texto (cf. o final de sua nota à p. 14). São apenas duas passagens: esta, que vai até o final deste capítulo, e outra no capítulo VIII, entre as pp. 127 e 130.

V. ALGUMAS DISCUSSÕES

Quero dizer que a questão pode ser disposta da seguinte maneira. Não podemos renunciar à hipótese de que a criança observou um coito, à vista do qual teve a convicção de que a castração podia ser mais que uma ameaça vazia; também a significação que depois adquirem as posições do homem e da mulher, para o desenvolvimento da angústia e como condição para o amor, não nos deixa outra escolha senão concluir que deve ter sido um *coitus a tergo, more ferarum* [coito por trás, à maneira dos animais]. Mas um outro elemento não é tão indispensável, e pode ser abandonado. Não foi talvez um coito dos pais, mas sim de animais, aquele que o menino observou e então atribuiu aos pais, como se tivesse deduzido que os pais também não faziam de outro modo.

Em favor desta concepção há sobretudo o fato de os lobos do sonho serem realmente cães pastores e como tais aparecerem no desenho. Pouco tempo antes do sonho, ele fora conduzido várias vezes aos rebanhos de ovelhas, onde pôde ver esses cachorros grandes e brancos e provavelmente observá-los no coito também. A isto eu relacionaria também o número três, que o sonhador introduziu sem nenhuma outra motivação, e suporia que ele conservou na memória que tinha feito três dessas observações nos cães pastores. O que então se juntou a isso, no estado de excitação plena de expectativa da noite de seu sonho, foi a transferência para seus pais, com *todos* os pormenores, da imagem mnemônica recém-adquirida, mediante a qual se tornaram possíveis aqueles poderosos efeitos emocionais. Nesse momento houve uma compreensão a posteriori daquelas impressões recebidas talvez algumas semanas ou meses antes, processo que cada um de nós talvez tenha experimentado em si mesmo. A transferência dos cães em cópula para os pais não se realizou por meio de um procedimento dedutivo ligado a palavras, mas buscando na recordação uma cena real em que os pais apareciam juntos, e que pôde se fundir com a situação do coito. Todos os detalhes da cena que foram estabelecidos na análise do sonho podem ter se reproduzido exatamente. Era de fato uma tarde de verão, o menino sofria de malária, os pais estavam ambos presentes, vestidos de branco, quando ele acordou de seu sono, mas — a cena era inofensiva. O restante fora acrescentado, com base nas suas experiências com os cães, pelo desejo posterior do menino ávido de saber, desejoso de espreitar também os pais em seu comércio amoroso, e então a cena assim fantasiada desdobrava todos os efeitos que lhe atribuímos, como se tivesse sido inteiramente real e não composta de duas partes coladas, uma anterior, indiferente, e uma posterior, muito impressionante.

Logo se vê o quanto diminuem as exigências feitas à nossa credulidade. Já não precisamos supor que os pais realizaram o coito na presença da criança, mesmo que fosse bem nova — uma ideia desagradável para muitos de nós. O efeito a posteriori tem seu intervalo bastante reduzido; agora diz respeito apenas a alguns meses do quarto ano de vida, e não remonta absolutamente aos primeiros anos obscuros da infância. Pouco existe de estranho na conduta da criança, ao fazer transferência dos cães para os pais e sentir medo do lobo, em vez do pai. Ela se acha na fase de desenvolvimento da sua visão de

V. ALGUMAS DISCUSSÕES

mundo que em *Totem e tabu* é caracterizada como o retorno do totemismo. A teoria que tenta esclarecer as cenas primárias das neuroses por um fantasiar retrospectivo a partir de tempos ulteriores parece encontrar um forte apoio em nossa observação, apesar da tenra idade de quatro anos do nosso neurótico. Sendo tão jovem, foi no entanto capaz de substituir uma impressão dos quatro anos por um trauma fantasiado com um ano e meio; mas essa regressão não parece enigmática nem tendenciosa. A cena a ser produzida tinha que preencher determinadas condições, que devido às circunstâncias da vida do sonhador se encontravam apenas nessa época primeira, por exemplo, a de estar numa cama no quarto dos pais.

Mas o que parecerá decisivo para a maioria dos leitores, no tocante à justeza da concepção aqui proposta, é o que posso juntar a partir dos resultados analíticos de outros casos. A cena de observar o comércio sexual entre os pais na infância remota — seja lembrança real ou fantasia — não é verdadeiramente uma raridade nas análises de humanos neuróticos. Talvez ela se ache com igual frequência nos que não se tornaram neuróticos. Talvez ela pertença ao acervo regular de seu tesouro — consciente ou inconsciente — de lembranças. Sempre que pude obter uma tal cena mediante a análise, porém, ela mostrou a mesma peculiaridade que nos desconcertou em nosso paciente, referia-se a um *coitus a tergo*, o único que permite ao espectador a inspeção dos genitais. Então já não cabe duvidar que se trata apenas de uma fantasia, talvez estimulada regularmente pela observação do ato sexual entre animais. Mais ainda: indiquei que a minha exposição da "cena primária" permaneceu incompleta, pois deixei para comunicar depois o modo como a criança perturba o ato dos pais. Agora devo acrescentar que também essa maneira de perturbar é a mesma em todos os casos.

Posso imaginar que agora me expus a graves suspeitas por parte do leitor. Se esses argumentos em favor de uma tal concepção da "cena primária" estavam à minha disposição, como pude assumir a responsabilidade de defender primeiro uma outra, que parecia tão absurda? Ou eu teria feito essas novas observações, que me obrigaram a modificar minha concepção inicial, no intervalo entre a primeira redação da história clínica e este acréscimo, e por algum motivo não quis confessá-lo? Mas confesso, em troca, uma outra coisa: que desta vez pretendo encerrar a discussão sobre o valor de realidade da cena primária com um *non liquet*.* Este caso clínico não chegou ao fim; mais adiante emergirá um fator que deve perturbar a certeza que acreditamos desfrutar neste momento. Então restará somente remeter o leitor às passagens de minhas *Conferências* em que tratei o problema das fantasias ou cenas primárias.]

VI. A NEUROSE OBSESSIVA

Pela terceira vez experimentava ele uma influência que mudou de maneira decisiva o seu desenvolvimento.

---

* *Non liquet*: "Não está claro" — sentença que se emite num julgamento, quando as provas não são concludentes.

VI. A NEUROSE OBSESSIVA

Quando tinha quatro anos e meio e seu estado de irritabilidade e angústia continuava sem melhora, a mãe decidiu fazer que conhecesse a história bíblica, na esperança de distraí-lo e edificá-lo. E conseguiu; essa introdução da religião pôs fim à fase anterior, mas acarretou a substituição dos sintomas de angústia por sintomas obsessivos. Até então ele não podia adormecer com facilidade, porque temia sonhar coisas ruins como naquela noite de Natal; agora tinha que beijar todas as imagens de santos do quarto antes de dormir, recitar as orações e fazer incontáveis sinais da cruz sobre si mesmo e sobre o leito.

Sua infância se mostra então claramente dividida nas épocas seguintes: primeiro, o tempo preliminar até a sedução (três anos e meio), em que ocorre a cena primária; em segundo lugar, o tempo da mudança de caráter, até o sonho angustiante (quatro anos); terceiro, o da fobia de animais, até a iniciação na religião (quatro anos e meio), e a partir daí o da neurose obsessiva, até os dez anos de idade. A transição imediata e pura de uma fase a outra não é da natureza dessas coisas, nem da de nosso paciente, que se caracteriza, ao contrário, pela conservação de tudo o que passou e a coexistência das mais diversas correntes. O comportamento malcriado não desapareceu quando sobreveio a angústia, e prosseguiu, diminuindo lentamente, até o período da devoção religiosa. Mas da fobia de lobos não há mais traço nessa última fase. A neurose obsessiva transcorreu de modo descontínuo; o primeiro acesso foi o mais longo e mais intenso, outros vieram quando ele tinha oito e dez anos, a cada vez ocasionados por circunstâncias que se ligavam visivelmente ao conteúdo da neurose. A mãe lhe contou ela mesma a História Sagrada, e além disso fez a Nânia ler em voz alta um livro sobre o tema, adornado de ilustrações. A ênfase principal da narrativa caiu naturalmente sobre a história da Paixão. A Nânia, que era bem devota e supersticiosa, dava explicações sobre o que lia, mas também tinha que escutar todas as objeções e dúvidas do pequeno crítico. Se os conflitos que começavam a agitá-lo terminaram por fim com a vitória da fé, a influência da Nânia não deixou de ter participação nisso.

O que ele me relatou como lembrança de suas reações à iniciação religiosa deparou de início com a minha completa descrença. Aqueles não podiam ser, era minha opinião, os pensamentos de um garoto de quatro anos e meio ou cinco; provavelmente ele transpunha para esse passado remoto o que se originava da reflexão do adulto de quase trinta anos.[24] O paciente não quis saber dessa correção, porém; e não foi possível convencê-lo, como fiz em muitas outras diferenças de juízo entre nós; por fim, a coerência entre os seus pensamentos lembrados e os sintomas relatados, e o modo como se encaixam no seu desenvolvimento sexual, me obrigaram a lhe dar crédito. Então disse a mim mesmo que justamente essa crítica às teorias da re-

---

24 Várias vezes tentei atrasar em ao menos um ano a história do paciente, isto é, situar a sedução aos quatro anos e meio, o sonho no quinto aniversário etc. No tocante aos intervalos não foi possível obter nada, o paciente ficou inflexível também nisso, sem poder eliminar minha dúvida. Quanto à impressão que produz a sua história, e todas as discussões e conclusões dela derivadas, um tal adiamento de um ano seria por certo indiferente.

VI. A NEUROSE OBSESSIVA

ligião, de que eu não julgava capaz a criança, é levada a efeito apenas por uma minoria ínfima de adultos.

Agora apresentarei o material de suas recordações, para depois buscar um caminho que leve à compreensão delas.

A impressão que ele teve da História Sagrada não foi inicialmente agradável, como ele relatou. Primeiro se revoltou com o caráter sofredor da pessoa de Cristo, depois com a sua história como um todo. Dirigiu contra Deus Pai sua insatisfação crítica. Se ele era todo-poderoso, era sua culpa que os homens fossem maus e atormentassem os outros, indo então para o Inferno. Ele deveria tê-los feito bons; ele mesmo era responsável por todo o mal e todo o tormento. Ficou aborrecido com o mandamento que diz para oferecer a outra face, quando se recebe uma bofetada, com o fato de Cristo desejar que afastassem dele o cálice, na cruz,* e também por não ter acontecido nenhum milagre demonstrando que ele era filho de Deus. Assim, sua perspicácia estava alerta e soube discernir com implacável rigor os pontos fracos da fábula santa.

Mas a essa crítica racionalista logo se juntaram dúvidas e ruminações, que deixam perceber a contribuição de impulsos secretos. Uma das primeiras perguntas que ele fez à Nânia foi se Cristo tinha também um traseiro. Ela respondeu que ele havia sido Deus e também homem.

---

* Como se sabe, este foi um episódio ocorrido no monte das Oliveiras, segundo a mitologia cristã. Freud informou aos tradutores da edição *Standard* inglesa que o engano era do próprio paciente.

Enquanto homem ele havia tido e feito tudo como os outros homens. Isso não o satisfez, mas ele soube consolar-se, dizendo que o traseiro era apenas a continuação das pernas. O medo de ter que rebaixar a pessoa divina, que mal acabava de ser mitigado, inflamou-se novamente quando lhe veio a questão de saber se Cristo também defecava. Ele não ousou colocá-la para a Nânia beata, e encontrou ele próprio uma saída, melhor do que qualquer outra que ela pudesse ter lhe achado. Como Cristo havia feito vinho a partir de nada, também podia transformar a comida em nada, e assim poupar-se a defecação.

Nós nos aproximaremos de uma compreensão dessas ruminações se retomarmos um elemento já mencionado de seu desenvolvimento sexual. Sabemos que, desde a rejeição pela Nânia e a consequente supressão da atividade genital incipiente, sua vida sexual havia se desenvolvido na direção do sadismo e do masoquismo. Ele atormentava e maltratava pequenos animais, fantasiava bater em cavalos e, por outro lado, que o herdeiro do trono era surrado.[25] No sadismo ele conservava a antiga identificação com o pai, no masoquismo ele o escolhia como objeto sexual. Encontrava-se inteiramente numa fase da organização pré-genital em que vejo a disposição para a neurose obsessiva. Pela ação daquele sonho, que o colocou sob a influência da cena primária, ele poderia ter avançado até a organização genital e transformado o seu masoquismo ante o pai em postura feminina diante dele, em homossexualidade. Porém o sonho não

25 Especialmente que lhe batiam no pênis. Ver p. 37.

VI. A NEUROSE OBSESSIVA

trouxe este avanço; ele terminou em angústia. A relação com o pai, que deveria conduzi-lo da meta sexual de ser castigado por ele à meta seguinte, ser possuído pelo pai como uma mulher, foi recuada a um estágio ainda mais primitivo, pela objeção de sua masculinidade narcisista, e, por deslocamento para um substituto do pai, cindida sob forma da angústia de ser devorado pelo lobo, mas de modo algum resolvida por esse meio. A esse estado de coisas aparentemente complicado talvez possamos fazer justiça apenas se nos ativermos à coexistência das três tendências dirigidas para o pai. A partir do sonho ele era homossexual no inconsciente, na neurose estava ao nível do canibalismo; e permaneceu predominante a antiga postura masoquista. Todas as três correntes tinham metas sexuais passivas; era o mesmo objeto, o mesmo impulso sexual, mas este havia experimentado uma cisão em três níveis diferentes.

O conhecimento da História Sagrada lhe dava agora a possibilidade de sublimar a postura masoquista que predominava diante do pai. Ele se tornou Cristo, o que lhe era facilitado pelo dia do nascimento. Com isso ele se tornava uma coisa grande, e também — algo que momentaneamente não se enfatizou bastante — um homem. Na dúvida de que Cristo tivesse um traseiro transparece a postura homossexual reprimida, pois esta ruminação não podia significar senão a pergunta se ele podia ser usado pelo pai como uma mulher, como a mãe na cena primária. Quando chegarmos à solução das outras ideias obsessivas confirmaremos essa interpretação. À repressão da homossexualidade passiva correspondia agora a preocupação de que era ultrajante estabelecer relação entre a pessoa divina e tais conjecturas. Nota-se que ele se empenha em manter sua nova sublimação livre do acréscimo que retirou das fontes do reprimido. Mas não conseguiu fazer isso.

Ainda não compreendemos por que agora se rebelava também contra o caráter passivo de Cristo e contra os maus-tratos do pai, começando assim a negar seu ideal masoquista até então, mesmo na sua sublimação. Podemos supor que este segundo conflito era particularmente propício à emergência dos pensamentos obsessivos humilhantes do primeiro conflito (entre a corrente masoquista dominante e a homossexual reprimida), pois é natural que num conflito psíquico se somem todas as tendências opostas, ainda que das fontes mais diversas. O motivo de sua rebelião e, portanto, da crítica feita à religião, nós o conheceremos a partir de novas informações.

Também sua pesquisa sexual havia tirado proveito das informações sobre a História Sagrada. Até então ele não tinha motivo para supor que as crianças vêm apenas da mulher. Pelo contrário, a Nânia o tinha feito acreditar que ele era filho do pai, e a irmã, da mãe, e esse vínculo mais próximo com o pai lhe tinha sido precioso. Agora ele ouvia que Maria era a genitora de Deus. Então as crianças vinham da mulher, e o que a Nânia havia dito não se sustentava. Além disso, os relatos o deixaram confuso quanto ao verdadeiro pai de Cristo. Estava inclinado a crer que era José, pois sabia que sempre viveram juntos, mas a Nânia disse que José apenas fazia de pai, o verdadeiro era Deus. Ele não soube o que achar

VI. A NEUROSE OBSESSIVA

disso. Compreendia apenas o seguinte: se era possível mesmo discutir a questão, a relação entre pai e filho não era tão íntima como ele havia sempre imaginado.

O garoto de certo modo intuiu a ambivalência afetiva para com o pai, subjacente a todas as religiões, e atacou sua religião devido ao afrouxamento desse vínculo com o pai. Naturalmente sua oposição logo deixou de ser uma dúvida quanto à verdade da doutrina e se voltou diretamente contra a pessoa de Deus. Deus havia tratado seu filho de maneira dura e cruel, mas tampouco era melhor para com os homens. Havia sacrificado seu filho e exigido que Abraão fizesse o mesmo. Ele começou a temer Deus.

Se ele era Cristo, então seu pai era Deus. Mas o Deus que a religião lhe impunha não era um verdadeiro substituto para o pai que ele havia amado, e que não queria deixar que lhe roubassem. O amor a esse pai lhe proporcionou a agudeza crítica. Ele se opôs a Deus para poder se apegar ao pai, nisso defendendo na verdade o velho pai contra o novo. Teve que dar um difícil passo no desligamento do pai.

Portanto, foi do velho amor a seu pai, tornado manifesto na época mais remota, que ele tirou a energia para o combate a Deus e a perspicácia para a crítica da religião. Mas, por outro lado, essa hostilidade ao novo Deus também não era um ato original, tinha por modelo um impulso hostil contra o pai, surgido sob a influência do sonho angustiante, e no fundo era apenas uma revivescência dele. Os dois impulsos afetivos opostos, que deveriam reger toda a sua vida posterior, encontravam-se aqui na luta ambivalente em torno da religião. O que dessa luta resultou como sintoma, as ideias blasfemas, a compulsão de associar Deus — excremento, Deus — porco, era portanto um verdadeiro compromisso, como veremos na análise dessas ideias em sua relação com o erotismo anal.

Alguns outros sintomas obsessivos de gênero menos típico levam com igual certeza ao pai, mas também permitem perceber a relação entre a neurose obsessiva e as ocorrências anteriores.

O mandamento de respirar de modo solene, em determinadas condições, fazia parte do cerimonial de devoção com que ele expiava por fim suas blasfêmias. A cada vez que fazia o sinal da cruz ele tinha que inspirar profundamente ou expelir o ar com força. Em sua linguagem, alento era igual a espírito. Então esse era o papel do Espírito Santo. Ele tinha que inspirar o Espírito Santo ou expirar os espíritos maus acerca dos quais tinha lido e ouvido falar.[26] A esses espíritos maus ele atribuía também os pensamentos sacrílegos que lhe impunham tantas penitências. Mas ele era obrigado a expirar quando via mendigos, aleijados, pessoas feias, velhas, miseráveis, e essa compulsão ele não sabia conciliar com os espíritos. A única justificação que dava a si mesmo era que o fazia para não ficar como eles.

Então a análise proporcionou, em ligação com um sonho, o esclarecimento de que a expiração ao ver gente

---

26 Este sintoma, como ainda veremos, tinha se desenvolvido aos seis anos, quando ele já era capaz de ler.

VI. A NEUROSE OBSESSIVA

lastimável tinha começado apenas após os seis anos, e se ligava ao pai. Fazia meses que ele não via o pai quando a mãe disse que iria à cidade com as crianças e lhes mostraria algo que muito as alegraria. Ela os levou então a um sanatório, onde viram novamente o pai; ele parecia mal, e despertou pena no filho. Logo, o pai era também o modelo original de todos os pobres, aleijados, mendigos diante dos quais ele tinha que expirar, assim como, em outros casos, é o modelo das caretas que são vistas em estados de angústia, e das caricaturas desenhadas por escárnio. Em outro lugar aprenderemos que essa atitude compassiva remonta a um detalhe particular da cena primária, que veio a atuar tardiamente na neurose obsessiva.

A resolução de não se tornar como eles, que motivou seu hábito de expirar diante dos aleijados, era portanto a velha identificação com o pai, transformada no negativo. Mas nisso ele copiava o pai também no sentido positivo, pois respirar fortemente era uma imitação do ruído que ele tinha escutado o pai emitir durante o coito.[27] O Espírito Santo devia a sua origem a este sinal de excitação sensual do homem. Através da repressão, o respirar tornou-se espírito mau, para o qual havia também uma outra genealogia, isto é, a malária, da qual ele sofria na época da cena primária.

A rejeição desses maus espíritos correspondia a um traço inconfundivelmente ascético, que se manifestou ainda em outras reações. Ao ouvir dizer que Cristo havia esconjurado maus espíritos, fazendo-os entrar em

---

27 Pressupondo a natureza real da cena primária!

porcos que se lançaram num abismo, ele pensou em como sua irmã, sendo muito pequena e antes que ele tivesse recordação, havia caído, rolando até a praia, do caminho entre as escarpas do porto. Também ela era um espírito mau e um porco; daí até o Deus-porco a distância era curta. O próprio pai se revelara igualmente dominado pela sensualidade. Quando ouviu a história do primeiro homem, chamou-lhe a atenção a similaridade entre o seu destino e o de Adão. Em conversa com a Nânia, admirou-se hipocritamente de que Adão se deixasse conduzir à desgraça por uma mulher, e prometeu à Nânia que jamais casaria. A hostilidade à mulher, devido à sedução pela irmã, encontrou forte expressão por esse tempo. Ela ainda perturbaria bastante a sua futura vida amorosa. A irmã se tornou para ele a personificação duradoura da tentação e do pecado. Quando confessava, achava-se puro e livre de pecado. Mas então lhe parecia que a irmã espreitava para novamente fazê-lo pecar, e antes que se desse conta havia provocado uma briga com ela, o que o tornava novamente pecador. Desse modo era obrigado a reproduzir sempre de novo o evento da sedução. Notemos de passagem que ele jamais confessou os pensamentos sacrílegos, por mais que o oprimissem.

Inadvertidamente chegamos ao conjunto de sintomas dos anos posteriores da neurose obsessiva, e assim, deixando de lado muito do que houve no meio-tempo, vamos relatar o seu desfecho. Já sabemos que, não considerando o seu estado permanente, ela experimentava intensificações ocasionais; certa vez, o que ainda não pode ser claro para nós, quando morreu um garoto da

VI. A NEUROSE OBSESSIVA

mesma rua, com o qual ele pôde se identificar. Aos dez anos de idade foi confiado a um preceptor alemão, que logo adquiriu grande influência sobre ele. É instrutivo que toda a sua grave devoção desaparecesse para nunca mais voltar, ao perceber, e depois ouvir em conversas esclarecedoras com o professor, que este substituto do pai não dava nenhum valor à devoção e não acreditava absolutamente na verdade da religião. A devoção decaiu com a dependência do pai, agora substituído por um pai novo, mais acessível. Isto não aconteceu, entretanto, sem uma última revivescência da neurose obsessiva, da qual lembrava especialmente a compulsão de pensar na Santíssima Trindade, toda vez que via na rua três montinhos de excremento. Pois ele nunca cedia a um estímulo sem fazer mais uma tentativa de manter o que fora desvalorizado. Quando o professor o dissuadiu das crueldades com pequenos animais, ele realmente pôs fim a esses malfeitos, mas não sem antes entregar-se uma vez mais ao despedaçamento de lagartas. No tratamento psicanalítico ele se comportava exatamente assim, ao desenvolver uma "reação negativa" passageira; depois de cada solução decisiva, ele procurava por um momento negar o seu efeito, mediante um agravamento do sintoma resolvido. Sabe-se que em geral as crianças se comportam dessa maneira diante das proibições. Se ouvem uma reprimenda, por causa de um barulho intolerável que fazem, por exemplo, repetem-no ainda uma vez após a proibição, antes de parar com ele. Assim demonstram haver parado por vontade própria e desafiado a proibição.

Sob influência do professor alemão originou-se uma nova e melhor sublimação do seu sadismo, que, correspondendo à puberdade próxima, veio a predominar sobre o masoquismo. Ele começou a se entusiasmar por coisas militares, por uniformes, armas e cavalos, e a partir delas alimentou constantes devaneios. Assim, sob a influência de um homem ele se livrou das atitudes passivas e se encontrou de início numa via razoavelmente normal. Um efeito posterior de seu apego ao mestre, que logo o abandonou, foi que em sua vida adulta ele preferia o elemento alemão (médicos, sanatórios, mulheres) àquele nativo (representando o pai), algo que facilitou bastante a transferência na terapia.

Do tempo da emancipação através do professor há um outro sonho, que menciono porque estava esquecido até a emergência durante a terapia. Ele se via montando a cavalo, perseguido por uma lagarta gigantesca. No sonho reconheceu uma alusão a outro, da época anterior ao professor, que muito tempo antes havíamos interpretado. Nesse sonho anterior ele via o diabo em vestes negras, e na postura erguida com que o lobo e o leão o haviam apavorado tanto. Com o dedo estendido, apontava para um enorme caracol. Logo percebeu que esse diabo era o demônio de um conhecido poema,* que o próprio sonho era a elaboração de uma imagem bem difundida, que representava o demônio numa cena amorosa com uma mulher. O caracol, no lugar da mulher, era um refinado símbolo sexual feminino. Guiados pelo gesto demonstra-

* "O demônio", do russo Mikhail Liérmontov (1814-1841).

VI. A NEUROSE OBSESSIVA

tivo do diabo, logo pudemos indicar, como sentido do sonho, que ele ansiava por alguém que lhe desse os ensinamentos que faltavam sobre os enigmas do ato sexual, tal como o pai lhe dera os primeiros na cena primária.

Acerca do outro sonho, em que o símbolo feminino era substituído pelo masculino, ele se lembrou de uma determinada experiência vivida pouco antes. Andando a cavalo pela fazenda, passou por um camponês que dormia, junto ao qual estava o filho. Este acordou o pai e lhe disse algo, ao que ele começou a xingar e a perseguir o cavaleiro, que se afastou rapidamente em seu cavalo. Teve também a recordação de que na mesma propriedade havia árvores que eram completamente brancas, inteiramente cobertas pelo fio das lagartas. Compreendemos que ele também fugia da realização da fantasia de que o filho dormisse com o pai, e que recorreu às árvores brancas para produzir uma alusão ao angustiante sonho dos lobos brancos na nogueira. Era então uma irrupção direta da angústia ante a postura feminina diante do homem, da qual ele primeiramente havia se protegido pela sublimação religiosa e da qual logo deveria se proteger, de modo ainda mais eficaz, pela sublimação militar.

Mas seria um grande erro supor que após a remoção dos sintomas obsessivos não teriam restado efeitos duradouros da neurose obsessiva. O processo tinha levado a uma vitória da fé beata sobre a revolta inquiridora e crítica, e havia tido como pressuposto a repressão da postura homossexual. Desvantagens permanentes resultaram de ambos os fatores. A atividade intelectual permaneceu gravemente prejudicada, a partir dessa primeira grande derrota. Não se desenvolveu nenhum afã de aprender, não mais se mostrou a perspicácia que na tenra idade de cinco anos havia dissecado as teorias da religião. A repressão da forte homossexualidade, sucedida durante aquele sonho angustiado, reservou para o inconsciente esse impulso importante, e assim o manteve dirigido para a meta original e o subtraiu a todas as sublimações a que ele normalmente se oferece. Por isso faltavam ao paciente todos os interesses sociais que dão conteúdo à vida. Somente quando, no tratamento analítico, se chegou à liberação dessa homossexualidade agrilhoada, esse estado de coisas pôde mudar para melhor, e foi notável presenciar como — sem exortação do médico — cada parcela liberada da libido homossexual buscava alguma aplicação na vida e alguma adesão aos grandes negócios comuns aos seres humanos.

VII. EROTISMO ANAL E COMPLEXO DA CASTRAÇÃO

Peço ao leitor para lembrar que essa história de uma neurose infantil me veio como produto secundário, por assim dizer, durante a análise de uma doença na idade madura. Então tive que juntá-la a partir de fragmentos ainda menores do que os que normalmente se oferecem para a síntese. Esse trabalho, que de resto não é difícil, depara com um limite natural, quando se trata de confinar uma for-

VII. EROTISMO ANAL E COMPLEXO DA CASTRAÇÃO

mação pluridimensional ao plano da descrição. Devo portanto me contentar em trazer pedaços avulsos, que o leitor poderá reunir em um todo vivente. A neurose obsessiva apresentada nasceu, como se enfatizou repetidamente, no solo de uma constituição sádico-anal. Mas até agora discutimos apenas um fator principal, o sadismo e suas transformações. Tudo referente ao erotismo anal foi propositadamente deixado de lado, para ser exposto aqui.

Os analistas há muito estão de acordo em que os diversos impulsos instintuais reunidos sob o nome de erotismo anal têm uma significação extraordinária, impossível de ser superestimada, na construção da vida sexual e da própria atividade psíquica. E igualmente que uma das mais relevantes manifestações do erotismo transformado procedente dessa fonte se acha no tratamento dispensado ao dinheiro, material precioso que no curso da vida atrai para si o interesse psíquico que originalmente cabia ao excremento, o produto da zona anal. Estamos acostumados a referir* ao prazer com excrementos o interesse por dinheiro, na medida em que seja de natureza libidinal e não racional, e a exigir da pessoa normal que mantenha sua relação com o dinheiro totalmente livre de influências libidinais, regulando-a segundo considerações da realidade.

Em nosso paciente essa relação estava, na época de sua doença ulterior, perturbada em medida particularmente grave, o que não desempenhava papel pequeno

---

* O verbo original é *zurückführen*, composto de *führen*, "conduzir", e do prefixo *zurück*, "de volta"; as versões consultadas apresentam: *referir, reconducir, ricondurre, ramener, to trace back*.

em sua falta de autonomia e incapacidade para a vida. Como herdeiro do pai e de um tio ele se tornara muito rico, ostensivamente dava muito valor a que o vissem como tal, e podia se ofender bastante, caso o subestimassem nesse aspecto. Mas não sabia quanto possuía, o que gastava e quanto restava. Era difícil dizer se deveria ser chamado de avarento ou de perdulário. Ora se comportava de um modo, ora de outro, nunca de maneira que indicasse uma intenção coerente. Por alguns traços evidentes que relatarei abaixo, ele poderia ser visto como um ricaço empedernido, que enxerga na riqueza a maior vantagem de sua pessoa e não permite que os interesses afetivos tenham lugar junto aos pecuniários. Mas ele não julgava os outros conforme a riqueza, e em muitas ocasiões mostrava-se modesto, solícito e compassivo. O dinheiro se subtraíra ao seu controle consciente, significando alguma coisa mais para ele.

Já mencionei (p. 33) que me pareceu estranho o modo como ele se consolou da perda da irmã, que havia se tornado sua mais próxima companhia nos últimos anos: refletiu que não mais precisava dividir a herança da família com ela. Talvez ainda mais notável foi a tranquilidade com que ele pôde relatar isso, como se não tivesse compreensão da crueza de sentimentos que revelava. É certo que a análise o reabilitou, ao mostrar que a dor pela irmã tinha sofrido apenas um deslocamento, mas então se tornou mesmo incompreensível que ele quisesse encontrar na riqueza um substituto para a irmã.

Sua conduta em outro caso pareceu enigmática a ele mesmo. Depois da morte do pai, a fortuna deixada foi

VII. EROTISMO ANAL E COMPLEXO DA CASTRAÇÃO

dividida entre ele e a mãe. Ela administrou esse legado e, como ele próprio admitiu, atendeu às suas exigências pecuniárias de modo irrepreensível e generoso. No entanto, cada conversa que tinham sobre questões de dinheiro costumava terminar com as mais violentas recriminações de sua parte: que ela não o amava, que pensava em poupar à custa dele, que provavelmente preferia vê-lo morto, para dispor sozinha do dinheiro. Então a mãe protestava chorando o seu desinteresse, ele sentia vergonha e podia assegurar, corretamente, que não pensava aquilo dela, mas estava seguro de que na próxima ocasião repetiria a mesma cena.

Que para ele as fezes tinham significação de dinheiro, muito antes da análise, é algo que ressalta de muitos incidentes, dos quais relatarei dois. Numa época em que o intestino ainda não contribuía para seu sofrimento, ele visitou certa vez, numa grande cidade, um primo pobre. Ao partir, recriminou a si mesmo por não ajudar com dinheiro esse parente, e imediatamente sentiu "talvez a mais forte necessidade de evacuar de sua vida". Dois anos depois, estabeleceu de fato uma pensão para esse primo. O outro caso: Aos dezoito anos, enquanto se preparava para os exames finais do secundário, visitou um colega e acertou com ele o que o medo comum de ser reprovado fazia parecer aconselhável.[28] Tinham re-

---

28 O paciente informou que em sua língua materna não se usa, como em alemão, a palavra *Durchfall* para designar as perturbações do intestino. [Freud se refere ao duplo sentido do termo alemão: "diarreia" ou "reprovação em exame"; o verbo *durchfallen* significa literalmente "cair através de".]

solvido subornar o bedel, e a parte dele na quantia a ser juntada era naturalmente a maior. No caminho de casa ele pensou que de boa vontade daria mais ainda se fosse aprovado, se nada lhe acontecesse no exame, e realmente lhe aconteceu outro infortúnio antes que ele chegasse à porta da casa.[29]

Já estamos preparados para saber que em sua doença da época adulta ele sofria de tenazes distúrbios da função intestinal, que no entanto oscilavam conforme as circunstâncias. Quando começou o tratamento comigo, ele havia se acostumado a lavagens que um acompanhante lhe fazia; evacuações espontâneas não sucediam durante meses, caso não interviesse uma repentina excitação de uma direção determinada, em consequência da qual podia se restabelecer por alguns dias a atividade normal do intestino. Sua principal queixa era que o mundo, para ele, estava envolto num véu, ou que ele estava separado do mundo por um véu. Esse véu se rompia somente no instante em que, após uma lavagem, o intestino era aliviado de seu conteúdo; então ele se sentia novamente sadio e normal.[30]

O colega ao qual enviei o paciente, a fim de opinar sobre sua condição intestinal, foi lúcido o bastante para defini-la como funcional, ou mesmo psiquicamente determinada, e abster-se de medicação ativa. Tampouco a

---

29 Na língua materna do paciente, essa expressão tem o mesmo sentido que em alemão. [Segundo Strachey, é um eufemismo para a defecação.]

30 Não havendo diferença se um outro fazia a lavagem ou se ele próprio cuidava disso.

VII. EROTISMO ANAL E COMPLEXO DA CASTRAÇÃO

dieta prescrita teve qualquer utilidade. Nos anos do tratamento analítico, não houve nenhuma evacuação espontânea (sem considerar aquelas influências repentinas). O doente se convenceu de que todo tratamento mais intensivo do órgão teimoso pioraria o seu estado, e satisfez-se com produzir uma evacuação ou duas por semana, por meio de lavagem ou laxativo.

Discutindo as desordens intestinais do paciente, dediquei mais espaço à condição patológica de sua idade adulta do que caberia no plano de um trabalho que se ocupa de sua neurose infantil. Duas razões foram determinantes nisso: primeiro, os sintomas do intestino haviam de fato prosseguido, com bem pouca mudança, da neurose infantil até aquela posterior; segundo, tiveram papel capital na finalização do tratamento.

Sabe-se que importância tem a dúvida para o médico que analisa uma neurose obsessiva. É a arma mais poderosa do doente, o meio predileto de sua resistência. Essa mesma dúvida permitiu também a nosso paciente, entrincheirado numa indiferença respeitosa, fazer que durante anos resvalassem por ele os esforços da terapia. Nada mudava, e não havia meio de convencê-lo. Por fim reconheci a importância do distúrbio intestinal para os meus propósitos; ele representava a porção de histeria que regularmente se encontra na base de uma neurose obsessiva. Prometi ao paciente a plena recuperação de sua atividade intestinal, e por meio dessa promessa tornei clara a sua descrença. Tive então a satisfação de ver desaparecer sua dúvida quando o intestino começou a "participar" do trabalho, como um órgão histericamente afetado, e no curso de poucas semanas reencontrou sua função normal, que havia muito se achava afetada.

Volto agora à infância do paciente, a um tempo em que era impossível que o excremento pudesse ter para ele a significação de dinheiro.

Desordens intestinais lhe surgiram bastante cedo, sobretudo a mais frequente e mais normal na criança, a incontinência. Mas sem dúvida teremos razão se recusarmos uma explicação patológica para essas primeiras ocorrências, e nelas enxergarmos apenas uma prova da sua intenção de não deixar que lhe perturbassem ou impedissem o prazer associado à função de evacuar. Nele se mantivera, até depois do começo da doença adulta, um intenso gosto por piadas e exibições anais, que aliás corresponde à rudeza natural de algumas classes sociais.

No tempo da governanta inglesa sucedeu repetidamente que ele e a Nânia tivessem que partilhar o quarto daquela pessoa odiada. A Nânia teve a perspicácia de constatar que justamente nessas noites ele fazia na cama, o que normalmente já não mais ocorria. Ele não se envergonhava nem um pouco disso; era uma manifestação de desafio à governanta.

Um ano depois (aos quatro e meio), no período de angústia, aconteceu-lhe sujar as calças durante o dia. Envergonhou-se terrivelmente e se lastimou, enquanto o limpavam, dizendo que "não podia mais viver assim". Portanto, algo havia mudado no meio-tempo, algo que encontramos ao seguir a pista de seu lamento. Verificou-se que as palavras "não podia mais viver as-

VII. EROTISMO ANAL E COMPLEXO DA CASTRAÇÃO

sim", ele as tinha escutado de outra pessoa. Certa vez[31] sua mãe o levara consigo, ao deixar na estação o médico que a tinha visitado. No caminho ela se lamentou de suas dores e hemorragias, usando as mesmas palavras: "Assim não posso mais viver", sem esperar que o menino que conduzia pela mão as conservasse na memória. O lamento, que aliás ele repetiria inúmeras vezes, em sua enfermidade adulta, significava então... uma identificação com a mãe.

Um elo intermediário entre os dois incidentes, que faltava cronologicamente e quanto ao conteúdo, logo se apresentou à sua lembrança. No início de seu período de angústia ocorreu que a mãe, preocupada, advertiu para que se protegessem as crianças da disenteria que aparecera nos arredores. Ele se informou sobre o que era aquilo e, ao ouvir que na disenteria se achava sangue nas fezes, ficou bastante angustiado e disse que também nas suas fezes havia sangue; sentiu medo de morrer de disenteria, mas convenceu-se, pelo exame, de que havia se enganado e nada tinha a temer. Compreendemos que nessa angústia queria se impor a identificação com a mãe, de cujas hemorragias ele ouvira falar na conversa com o médico. Em sua tentativa posterior de identificação (com quatro anos e meio) ele deixou de lado o sangue; não se compreendia mais, julgava ter vergonha de si mesmo e não sabia que fora abalado pela angústia da

---

[31] Não foi determinado mais precisamente quando, mas de todo modo antes do sonho angustiado aos quatro anos, provavelmente antes da viagem dos pais.

morte, que no entanto se revelou inequivocamente em seu lamento.

A mãe, que sofria do baixo-ventre, naquele tempo sentia angústia por si mesma e pelas crianças; é bem provável que a angústia dele se apoiasse, além de seus motivos próprios, na identificação com a mãe.

E o que deveria significar a identificação com a mãe?

Entre o uso atrevido da incontinência, aos três anos e meio, e o horror diante dela, aos quatro anos e meio, está o sonho com que principiou a época de angústia, que lhe deu compreensão retrospectiva da cena vivenciada com um ano e meio[32] e esclarecimento sobre o papel da mulher no ato sexual. Daí é um passo para ligar também a mudança no comportamento para com a defecação a essa grande alteração. Para ele, disenteria era sem dúvida o nome da doença de que tinha ouvido a mãe se queixar, com a qual não era possível viver; a doença da mãe, para ele, não era do ventre, mas do intestino. Sob influência da cena primária, revelou-se para ele o nexo segundo o qual a mãe tinha adoecido em razão daquilo que o pai lhe fizera,[33] e sua angústia de ter sangue nas fezes, de ser tão doente como a mãe, era o repúdio da identificação com a mãe naquela cena sexual, a mesma recusa com que ele despertara do sonho. Mas a angústia era também a prova de que na posterior elaboração da cena primária ele se pusera no lugar da mãe, invejando-lhe essa relação com o pai. O órgão em que se podia ma-

---

32 Ver acima, p. 62.
33 No que provavelmente ele não se enganava.

VII. EROTISMO ANAL E COMPLEXO DA CASTRAÇÃO

nifestar a identificação com a mulher, a atitude passiva homossexual diante do homem, era a zona anal. As perturbações na função dessa zona tinham agora o significado de impulsos de ternura femininos, e o conservaram também durante a doença posterior.

Neste lugar temos que ouvir uma objeção, cujo exame poderá contribuir muito para elucidar esta situação aparentemente confusa. Tivemos de supor que durante o sonho ele entendera que a mulher era castrada, que tinha no lugar do membro masculino uma ferida que servia para o ato sexual, que a castração era a condição para a feminilidade, e que devido à ameaça dessa perda ele reprimira a atitude feminina diante do homem e despertara com angústia do entusiasmo homossexual. Como harmonizar essa compreensão do ato sexual, esse reconhecimento da vagina, com a escolha do intestino para identificação com a mulher? Os sintomas intestinais não se baseiam na concepção provavelmente mais antiga, que contradiz inteiramente a angústia de castração, de que o ânus é o lugar da relação sexual?

Certamente existe essa contradição, e as duas concepções não se harmonizam em absoluto. A questão é apenas se elas necessitam se harmonizar. Nossa estranheza vem de que sempre nos inclinamos a tratar os processos anímicos inconscientes tal como os conscientes, e a esquecer as diferenças profundas entre os dois sistemas psíquicos.

Quando a excitada expectativa do sonho de Natal lhe fez surgir a imagem da relação sexual outrora observada (ou construída) entre os pais, certamente se apresentou primeiro a antiga concepção do ato, segundo a qual a parte do corpo da mulher que recebia o membro era o ânus. E que mais poderia ele supor, sendo espectador dessa cena com um ano e meio?[34] Mas então veio o novo acontecimento, aos quatro anos de idade. Suas experiências desde então, as referências à castração que ouvira, despertaram e lançaram dúvida sobre a "teoria da cloaca", aproximaram-no ao conhecimento da diferença entre os sexos e do papel sexual da mulher. Ele se comportou nisso como se comportam em geral as crianças, ao obter uma explicação indesejada — sexual ou de outro tipo. Rejeitou o que era novo — em nosso caso por motivo da angústia de castração — e apegou-se ao velho. Decidiu-se pelo intestino e contra a vagina, assim como, por motivos semelhantes, depois veio a tomar partido contra Deus e a favor do pai. A nova explicação foi afastada, a velha teoria mantida; esta deve ter fornecido o material para a identificação com a mulher, que depois surgiu como medo da morte por doença intestinal, e para os primeiros escrúpulos religiosos: de saber se Cristo tinha traseiro etc. Não que a nova percepção não tivesse efeito; muito pelo contrário, desencadeou um efeito extraordinariamente forte, ao se tornar o motivo para manter na repressão e excluir de posterior elaboração consciente todo o processo do sonho. Mas aí se esgotava o seu efeito; não tinha influência na decisão do problema sexual. Era por certo uma contradição que, a partir desse momento, pudessem coexistir angústia de

---

34 Ou enquanto não compreendia o coito entre os cães.

VII. EROTISMO ANAL E COMPLEXO DA CASTRAÇÃO

castração e identificação com a mulher mediante o intestino, mas era apenas uma contradição lógica, o que não quer dizer muito. Todo o processo é agora característico do modo como o inconsciente trabalha. Uma repressão é algo diferente de uma rejeição.*

Estudando a gênese da fobia de lobos, acompanhamos o efeito da nova percepção do ato sexual; mas, agora que investigamos as perturbações da atividade intestinal, achamo-nos no terreno da velha teoria da cloaca. Os dois pontos de vista permanecem separados por um estágio da repressão. A postura feminina diante do homem, descartada pelo ato de repressão, como que se retira para os sintomas intestinais, manifestando-se nas frequentes diarreias, constipações e dores intestinais da infância. As fantasias sexuais posteriores, que estão baseadas num correto conhecimento sexual, podem manifestar-se regressivamente como desordens intestinais. Mas não as compreendemos enquanto não descobrimos a mudança de significado que teve o excremento desde os primeiros dias da infância.[35]

Numa passagem anterior, dei a entender que foi deixado de lado um fragmento da cena primária, que agora posso apresentar. O menino interrompeu afinal a união dos pais por meio de uma evacuação, que lhe deu motivo para gritar. Tudo o que eu trouxe antes à discussão,

---

* "Rejeição": *Verwerfung* — nas versões consultadas: *repulsa, desestimación, ripudio cosciente, rejet, condemning judgement*; cf. capítulo sobre o termo e suas versões em *As palavras de Freud*, op. cit.
35 Cf. "Sobre transformações do instinto" etc. (1917).

a respeito do conteúdo restante da mesma cena, vale para a crítica desse complemento. O paciente aceitou esse ato final por mim construído, e pareceu confirmá-lo por uma "formação de sintoma passageiro". Um outro complemento que eu havia sugerido, de que o pai desafogara o seu descontentamento com a interrupção através de insultos, teve de ser abandonado. O material da análise não reagiu a ele.

O detalhe que agora acrescentei não pode, naturalmente, ser colocado na mesma linha que o conteúdo restante da cena. Nele não temos uma impressão de fora, cujo retorno se espera em muitos sinais posteriores, mas uma reação da própria criança. Nada mudaria na história toda se essa manifestação não tivesse ocorrido, ou se tivesse sido colocada no decurso da cena a partir de um instante posterior. Mas não há dúvida quanto ao modo de apreendê-la. Significa um estado de excitação da zona anal (no sentido mais amplo). Em outros casos semelhantes uma tal observação do ato sexual terminou com uma descarga de urina; em circunstâncias iguais, um homem adulto experimentaria uma ereção. O fato de nosso rapazinho evacuar o intestino, como sinal de sua excitação sexual, deve ser julgado como característica de sua constituição sexual congênita. Ele assume de imediato uma atitude passiva, revela mais inclinação a se identificar posteriormente com a mulher do que com o homem.

Ele utiliza o conteúdo do intestino como faz toda criança, em um de seus primeiros e mais primitivos significados. O excremento é o primeiro presente, a pri-

VII. EROTISMO ANAL E COMPLEXO DA CASTRAÇÃO

meira oferenda de ternura da criança, uma parte do próprio corpo de que ela se despoja, mas apenas para alguém que ama.[36] A utilização para o desafio, como fez nosso paciente aos três anos e meio contra a governanta, é apenas a versão negativa desse velho sentido de presente. O *grumus merdae* [monte de merda] que os assaltantes deixam no lugar do crime parece significar ambas as coisas: o escárnio e a reparação expressa de modo regressivo. Sempre que um estágio mais alto é atingido, o anterior ainda pode encontrar utilização em sentido negativo e rebaixado. A repressão acha expressão na antítese.[*][37]

Num estágio posterior do desenvolvimento sexual, as fezes adquirem o significado de *bebê*. Pois o bebê nasce pelo ânus, como as fezes. A significação do excre-

---

[36] Acredito ser fácil confirmar que os bebês lactantes sujam de fezes apenas as pessoas que conhecem e amam; para eles, os estranhos não são dignos dessa distinção. Nos *Três ensaios sobre a teoria da sexualidade* mencionei a primeiríssima utilização das fezes para a excitação autoerótica da mucosa intestinal; a isto acrescento, como um passo adiante, que para a defecação é decisivo tomar em consideração um objeto diante do qual a criança é obediente ou agradável. Esta relação tem continuidade, pois também a criança mais velha só admite ser posta no vaso sanitário, ou socorrida ao urinar, por algumas pessoas privilegiadas; mas nisso há outros propósitos de satisfação a levar em conta.

[*] "Antítese": tradução que aqui demos a *Gegensätzlichkeit*; as versões consultadas recorreram a: *antitese*, *relación de oposición*, *trasformazione nel contrario*, *relation d'opposition*, *The contrariety is a manifestation of repression* (a frase inteira).

[37] Sabe-se que no inconsciente não existe "não"; os opostos coexistem. A negação é introduzida apenas pelo processo da repressão.

mento como presente admite com facilidade essa transformação. A criança é designada como "um presente" na linguagem comum; diz-se com frequência que a mulher "deu um filho" ao homem, mas no uso do inconsciente é considerado igualmente, com justiça, o outro lado da relação: que a mulher "recebeu"* o filho como presente do homem.

A significação do excremento como dinheiro deriva do significado de presente, indo em outra direção.

A antiga lembrança encobridora de nosso doente, segundo a qual ele produziu o primeiro ataque de fúria porque não tinha recebido presentes bastantes no Natal, revela agora o seu sentido mais profundo. Aquilo de que ele sentia falta era a satisfação sexual, que apreendera como anal. Antes do sonho a sua pesquisa sexual estava preparada para saber, e no curso do sonho havia chegado a compreender, que o ato sexual resolvia o enigma da procedência dos bebês. Já antes do sonho ele não gostava de bebês. Certa vez encontrou um filhote de pássaro ainda sem penas, que caíra do ninho; tomou-o por um pequenino ser humano e se horrorizou com ele. A análise demonstrou que todos os pequenos bichos, insetos, lagartas, em que descarregava sua fúria, haviam tido o significado de bebês para ele.[38] Sua ligação com a irmã mais velha lhe dera oportunidade de

---

* O verbo original é *empfangen*; significa também "conceber" no sentido biológico; cf. *"die unbefleckte Empfängnis"*, "a imaculada concepção" (de Maria).

38 Igualmente os insetos nocivos, que em sonhos e fobias correspondem frequentemente aos bebês.

VII. EROTISMO ANAL E COMPLEXO DA CASTRAÇÃO

refletir muito sobre a relação das crianças mais velhas com as mais novas; quando a Nânia lhe disse uma vez que a mãe o amava tanto porque era o menor, teve um motivo palpável para desejar que nenhum filho mais novo o sucedesse. O medo desse novo bebê foi então reanimado sob a influência do sonho que a união sexual dos pais lhe apresentou.

Devemos então agregar uma nova corrente sexual às que já conhecemos, uma que, como as outras, nasce da cena primária reproduzida no sonho. Na identificação com a mulher (a mãe) ele está disposto a presentear o pai com um filho, e tem ciúme da mãe, que já fez isso e talvez o faça de novo.

Pelo rodeio através do ponto de confluência que é a significação de presente, o dinheiro pode revestir a significação de criança, e dessa forma tomar para si a expressão da satisfação feminina (homossexual). Esse processo efetuou-se em nosso paciente quando viu certa vez, num tempo em que os dois irmãos estavam numa casa de saúde alemã, o pai dar duas grandes notas de dinheiro à irmã. Em sua fantasia, ele sempre suspeitara do pai com a irmã; naquele instante seu ciúme despertou, ele precipitou-se sobre a irmã, quando estavam sós, e exigiu sua parte do dinheiro com tal arrebatamento e tais recriminações que ela lhe jogou tudo chorando. Não tinha sido apenas o dinheiro real que o irritara, mas antes de tudo a criança, a satisfação sexual anal pelo pai. Com esta ele pôde então se consolar, quando — o pai ainda vivo — morreu a irmã. Seu pensamento revoltante, à notícia da morte da irmã, não significava outra coisa senão: "Agora sou o único filho, agora o pai deve gostar apenas de mim". Esta reflexão, perfeitamente suscetível de chegar à consciência, tinha porém um fundo homossexual tão intolerável que o seu travestimento em sórdida avareza foi tornado possível como um grande alívio.

Algo parecido ocorreu depois da morte do pai, quando ele fez aquelas injustas recriminações à mãe: de que ela queria fraudar-lhe o dinheiro, de que amava mais ao dinheiro que a ele. O velho ciúme de ela ter amado outro filho além dele, a possibilidade de haver desejado outro filho depois dele, arrastavam-no a incriminações cuja impropriedade ele mesmo reconhecia.

Esta análise da significação das fezes nos torna claro, agora, que os pensamentos obsessivos que o levavam a estabelecer relação entre Deus e excremento significavam ainda outra coisa além da injúria que ele percebia neles. Eram autênticos produtos de compromisso, nos quais participavam tanto uma corrente terna, dedicada, como uma outra hostil, insultuosa. "Deus-fezes" [*Gott-Kot*] era provavelmente a abreviação de um oferecimento que também se ouve na vida diária, em forma não abreviada. "Cagar em Deus", "cagar uma coisa para Deus" [*auf Gott scheißen, Gott etwas scheißen*] significa também dar a Ele de presente um filho, fazer Ele dar de presente um filho. A velha significação de presente, negativamente rebaixada, e a significação de criança, depois desenvolvida a partir dela, se acham combinadas nos termos obsessivos. Na última se exprime uma ternura feminina, a disposição de renunciar à própria masculinidade, se em troca puder ser amado

VII. EROTISMO ANAL E COMPLEXO DA CASTRAÇÃO

como mulher. Ou seja, o mesmo sentimento em relação a Deus que é expresso em termos inequívocos no sistema delirante do paranoico desembargador Schreber.*

Quando eu relatar a última resolução de sintoma de meu paciente, mais uma vez se mostrará como o distúrbio no intestino havia se colocado a serviço da corrente homossexual e expressado a atitude feminina para com o pai. Um novo significado do excremento deve agora nos abrir o caminho para uma discussão do complexo ligado à castração.

Na medida em que estimula a mucosa intestinal erógena, a coluna de excremento tem o papel de um órgão ativo dentro dela, comporta-se como o pênis em relação à mucosa vaginal e torna-se como que a precursora dele no período da cloaca. A entrega do excremento em favor (por amor) de alguém se torna, por sua vez, o modelo da castração, é o primeiro caso da renúncia a um pedaço do próprio corpo,[39] para ganhar o favor de alguém que se ama. De modo que o amor ao próprio pênis, narcísico em outros aspectos, não dispensa uma contribuição do erotismo anal. O excremento, a criança e o pênis formam portanto uma unidade, um conceito inconsciente — *sit venia verbo* [com permissão da palavra] —, o do pequeno separável do corpo. Por essas vias de ligação podem se efetuar deslocamentos e intensificações do investimento libidinal, que têm importância para a patologia e que são desvendados pela análise.

---

* Cf. "O caso Schreber" (1911), final da seção I.
39 Assim o excremento é tratado pela criança.

Já nos é conhecida a atitude inicial do paciente para com o problema da castração. Ele a rejeitou e se ateve ao ponto de vista da união pelo ânus. Ao dizer que a rejeitou, o significado imediato da expressão é que não quis saber dela, no sentido de que a reprimiu.* Com isso não se pronunciava um juízo sobre a sua existência, mas era como se não existisse. Mas essa postura não podia ser a definitiva, nem mesmo no período de sua neurose infantil. Depois se encontram boas provas de que ele havia reconhecido a castração como um fato. Também nesse ponto ele se comportou como era peculiar à sua natureza, o que nos dificulta extraordinariamente a exposição e a empatia. Primeiro ele se rebelou e depois cedeu, mas uma reação não suprimiu a outra. Afinal coexistiam nele duas correntes opostas, das quais uma abominava a castração, e a outra se dispunha a aceitá-la e consolar-se com a feminilidade como substituto. A terceira, a mais antiga e profunda, que simplesmente rejeitara a castração, em que o juízo sobre a sua realidade não chegou à consideração, ainda podia certamente ser ativada. Desse mesmo paciente eu já comuniquei, em outro lugar,[40] uma alucinação que teve aos cinco anos de idade, à qual apenas aditarei aqui um breve comentário:

---

* "Que não quis saber dela, no sentido de que a reprimiu": no original, "*daß er von ihr nichts wissen wollte im Sinne der Verdrängung*" — uma discussão da possível ambiguidade do original se encontra em *As palavras de Freud*, op. cit., capítulo sobre *Verwerfung* ("rejeição").
40 "Sobre *fausse reconnaissance* ('*déjà raconté*') durante o trabalho psicanalítico" [1914].

VII. EROTISMO ANAL E COMPLEXO DA CASTRAÇÃO

"Quando eu tinha cinco anos de idade, brincava no jardim ao lado de minha babá e com meu canivete fazia um corte na casca de uma das nogueiras[41] que também aparecem no meu sonho.[42] De repente notei, com terror indizível, que havia cortado o dedo mínimo da mão (direita ou esquerda?), de forma que ele estava preso somente pela pele. Não sentia nenhuma dor, mas uma grande angústia. Não me atrevi a dizer nada à babá, que estava a poucos passos de distância; caí sobre o banco mais próximo e lá fiquei sentado, incapaz de olhar uma vez mais para o dedo. Finalmente me tranquilizei, dei uma olhada no dedo, e vi que estava ileso."

Sabemos que aos quatro anos e meio, após a instrução na História Sagrada, nele teve início aquele intenso trabalho de pensamento que resultou na devoção religiosa obsessiva. Podemos então supor que essa alucinação é do período em que ele se decidiu pelo reconhecimento da realidade da castração, e que ela talvez marcasse justamente esse passo. Também a pequena correção do paciente é de interesse. Se ele alucinou a mesma experiência apavorante que Tasso nos conta de seu herói Tancredo, em *Jerusalém libertada*, é justificável a interpretação de que também para meu pequeno paciente a árvore significava uma mulher. Nisso ele de-

---

[41] Correção num relato posterior: "Creio que não fiz corte na árvore. É uma confusão com outra lembrança, que também deve ter sido falsificada por alucinação, de ter feito um corte com a faca numa árvore e *sangue* ter saído então da árvore".
[42] Cf. "Sonhos com material de contos de fadas" [1913].

sempenhou então o papel do pai, e estabeleceu relação entre as hemorragias da mãe, que conhecia, e a castração das mulheres por ele reconhecida, a "ferida".

O estímulo para a alucinação do dedo cortado lhe foi dado, como ele relatou depois, pela história de um parente nascido com seis dedos no pé, que teve o membro excedente retirado com um machado. Então as mulheres não tinham pênis porque lhes era tirado ao nascer. Por esse caminho ele aceitou, na época da neurose obsessiva, o que já tinha aprendido no decorrer do sonho e ao mesmo tempo afastado pela repressão. Também a circuncisão ritual de Cristo, como dos judeus em geral, deve ter chegado ao seu conhecimento, durante a leitura da história sagrada e as conversas sobre ela.

É indubitável que por essa época o pai se tornou a figura aterradora que ameaça castrar. O Deus cruel com o qual lutava então, que deixa os homens se tornarem culpados para depois castigá-los, que sacrifica seu próprio filho e os filhos dos homens, projetava seu caráter de volta sobre o pai, que ele, por outro lado, buscava defender contra esse Deus. Nesse ponto o menino tem um esquema filogenético a cumprir, e chega a realizá-lo, ainda que suas vivências pessoais não harmonizem com ele. As ameaças ou alusões à castração que ele experimentou haviam partido de mulheres,[43] mas isso talvez não adiasse por muito tempo o resultado final. Foi mesmo do pai que ele temeu por fim a castração. Aqui a

---

43 Sabemos isso a respeito da Nânia, e ainda o ouviremos a respeito de outra mulher.

VII. EROTISMO ANAL E COMPLEXO DA CASTRAÇÃO

hereditariedade prevaleceu sobre as vivências acidentais; na pré-história da humanidade foi certamente o pai que praticou a castração como punição, e depois a mitigou, reduzindo-a à circuncisão. Quanto mais longe ele foi na repressão da sensualidade,[44] no curso do processo da neurose obsessiva, tanto mais natural deve ter se tornado para ele revestir o pai, o autêntico representante da atividade sensual, de tais intenções más.

A identificação do pai com o castrador[45] foi significativa como fonte de intensa hostilidade inconsciente a ele, elevada até o desejo de morte, e também dos sentimentos de culpa que a ela reagiam. Até aqui ele se comportava normalmente, isto é, como todo neurótico possuído de um complexo de Édipo positivo. O curioso é que também havia nele uma contracorrente, em que o pai era antes o castrado, e como tal provocava sua compaixão.

Na análise do cerimonial da respiração ao avistar mendigos, aleijados etc., pude mostrar que também esse sintoma remontava ao pai, do qual ele sentira pena, ao visitá-lo doente no sanatório. A análise permitiu acompanhar esse fio ainda mais longe. Num período bem cedo, provavelmente antes da sedução (aos três anos e

---

44 A evidência para isso está à p. 92.
45 Um dos sintomas mais aflitivos, e também mais grotescos, de sua vida adulta era a relação com qualquer alfaiate a quem encomendasse uma roupa, seu respeito e sua timidez ante essa pessoa elevada, suas tentativas de cativá-lo com desmesuradas gorjetas e seu desespero com o resultado do trabalho, não importando como saísse. [O termo alemão para "alfaiate" é *Schneider*, do verbo *schneiden*, "cortar", a partir do qual se formou também *beschneiden*, "circuncidar".]

meio), havia na propriedade um pobre diarista que tinha a tarefa de transportar a água para a casa. Ele não podia falar, supostamente porque lhe haviam cortado a língua. Era provavelmente um surdo-mudo. O pequeno gostava muito dele, e o lamentava de coração. Quando ele morreu, procurava-o no céu.[46] Esse foi, portanto, o primeiro aleijado do qual ele se compadeceu; segundo o contexto e o momento em que surgiu na análise, era sem dúvida um substituto do pai.

A análise associou a ele a recordação de outros serventes que eram simpáticos ao paciente, a respeito dos quais ele destacou que eram adoentados ou judeus (circuncisão!). Também o criado que o ajudou a se limpar depois do "infortúnio" aos quatro anos e meio era um judeu e tuberculoso, e gozava de sua compaixão. Todas essas pessoas pertencem à época anterior à visita ao pai no sanatório, ou seja, antes da formação do sintoma, que devia sobretudo, através da expiração, manter afastada a identificação com os que lamentava. A análise então recuou subitamente para a pré-história, em conexão com um sonho, e o fez produzir a afirmação de que no coito da cena primária havia observado o desaparecimento do pênis, se compadecido do pai por aquilo, e se alegrado com a reaparição do que acreditara perdido. Portanto, um novo impulso emocional, que mais uma vez partia dessa cena. A origem narcisista da compai-

---

46 Neste ponto me refiro a sonhos que ocorreram depois do sonho angustiado, mas ainda na primeira propriedade, e que representavam a cena do coito como um evento sucedido entre corpos celestes.

xão, que a própria palavra testemunha,* é aliás inconfundível nesse ponto.

VIII. COMPLEMENTOS AO PERÍODO PRIMORDIAL — SOLUÇÃO

Em muitas análises acontece, quando nos aproximamos do final, que repentinamente emerge um novo material de recordação, que até então foi mantido cuidadosamente oculto. Ou é feita uma observação singela, em tom indiferente, como se fosse algo supérfluo, à qual se junta, em outra ocasião, algo que faz o médico aguçar os ouvidos, e afinal se reconhece, naquela menosprezada migalha de recordação, a chave para os mais importantes segredos que a neurose do doente envolvia.

Já no início meu paciente havia contado uma lembrança do tempo em que sua conduta malcriada costumava reverter em angústia. Ele seguia uma borboleta bela e grande com listas amarelas, cujas grandes asas terminavam em apêndices pontudos — uma *Papilio machaon*, portanto. De repente o acometeu, quando a borboleta havia pousado numa flor, um medo aterrador do animal, e ele fugiu gritando.

Essa recordação voltava de tempos em tempos à análise e exigia uma explicação, o que por muito tempo não teve.

---

* A palavra *Mitleid* ("compaixão") é o substantivo do verbo *mitleiden*, que significa literalmente "sofrer com, compadecer".

No entanto, desde logo era de supor que tal pormenor não mantivera apenas por si um lugar na memória, mas como lembrança encobridora representava algo mais importante, com o qual se ligava de algum modo. Um dia ele falou que "borboleta", em sua língua, é "*bábuchka*", "velha mãezinha";* as borboletas lhe pareciam mulheres e meninas, e os besouros e lagartas, meninos. Logo, naquela cena angustiante devia ser despertada a recordação de um ser feminino. Não esconderei que sugeri então a possibilidade de que as listas amarelas da borboleta tivessem lembrado listas semelhantes de uma roupa vestida por uma mulher. Digo isso apenas para mostrar, mediante um exemplo, como em geral é insuficiente a iniciativa do médico para a solução das questões levantadas, como é injusto responsabilizar a fantasia e a sugestão do médico pelos resultados da análise.

Num contexto bem diferente, alguns meses depois, o paciente fez a observação de que o abrir e fechar das asas da borboleta, quando ela estava pousada, havia produzido nele a impressão inquietante. Tinha sido como uma mulher ao abrir as pernas, disse ele, as pernas fazendo a

---

* A palavra russa para "borboleta" é apenas semelhante à que designa "avó": *bábotchka* e *bábuchka*, respectivamente; "velha mãezinha" é tradução literal da expressão usada por Freud, *altes Mütterchen*. A grafia do termo *bábuchka* tem um *s* antes do *ch* no texto original, pois assim se faz, em alemão, a transliteração da letra russa correspondente. Mas em português se usa o *ch*, que tem o som do *sch* alemão (e do *ш* russo). Também por esse motivo, o nome da menina babá, que aparecerá em seguida, é "Gruscha" no original alemão, mas Grucha nesta tradução.

VIII. COMPLEMENTOS AO PERÍODO PRIMORDIAL

figura de um v romano, a hora em que, como sabemos, já no seu tempo de menino, mas ainda então, costumava sobrevir um entristecimento de seu ânimo.

Era uma ideia que eu jamais teria, mas que adquiria valor pela consideração de que o processo associativo que desnudava tinha um caráter bastante infantil. A atenção das crianças, já notei com frequência, é atraída muito mais por movimentos que por formas em repouso, e frequentemente elas produzem associações com base na semelhança de movimento, que nós, adultos, negligenciamos ou ignoramos.

Depois disso, o pequeno problema descansou por algum tempo. Quero mencionar também a fácil conjectura de que os apêndices das asas da borboleta, pontudos ou em forma de bastão, poderiam ter o significado de símbolos genitais.

Um dia emergiu, de modo vago e tímido, uma espécie de lembrança, de que bem cedo, ainda antes da babá, teria havido uma menina babá, que o amava muito. Ela tinha o mesmo nome que sua mãe. Certamente ele retribuía sua ternura. Um primeiro amor esquecido, portanto. Mas concordamos em que devia ter acontecido algo que depois teria importância.

Em outra ocasião ele corrigiu sua lembrança. Ela não podia ter o mesmo nome que a mãe, isso tinha sido um erro dele, que naturalmente mostrava que na sua recordação ela se fundira com a mãe. O nome certo lhe ocorreu por um rodeio. Subitamente teve de pensar num depósito que havia na primeira propriedade, em que eram conservadas as frutas colhidas, e numa determinada espécie de pera de extraordinário sabor, grandes peras com listas amarelas na casca. Em sua língua materna, "pera" se diz "*grucha*", e esse era também o nome da garota.

Então se tornou claro que por trás da lembrança encobridora da borboleta encontrada se escondia a memória da menina babá. As listas amarelas não estavam em seu vestido, porém, mas na pera que era seu nome. E de onde vinha a angústia na ativação da lembrança? A relação mais próxima, tosca, seria que nessa garota ele viu pela primeira vez, ainda quando bebê, os movimentos das pernas que guardou com o sinal do v romano, movimentos que permitem acesso aos genitais. Nós nos poupamos de fazer essa relação e esperamos por mais material.

Logo depois veio a lembrança de uma cena, incompleta, mas definida no que dela se conservava. Grucha estava no chão, junto a ela um balde e uma vassoura curta, de varetas atadas; ele estava presente, ela o provocava ou repreendia.

O que nela faltava podia ser facilmente introduzido de outros lugares. Nos primeiros meses da terapia ele havia relatado uma súbita paixão compulsiva por uma menina camponesa, da qual havia pegado, aos dezoito anos, o que viria a ocasionar sua doença. Naquele momento ele se recusou de modo ostensivo a comunicar o nome da garota. Foi uma resistência inteiramente isolada; fora isso, ele obedecia sem reservas à regra fundamental da análise. Mas afirmava ter vergonha de revelar esse nome, por ele ser bem camponês; uma garota mais distinta não o teria. O nome, que finalmente descobri, era *Matrona*. Tinha ressonância materna. A vergonha estava claramente fora de lugar. Ele se envergonhava apenas do nome, não do

VIII. COMPLEMENTOS AO PERÍODO PRIMORDIAL

fato de se apaixonar exclusivamente por garotas da mais baixa condição. Se a aventura com Matrona tivesse algo em comum com a cena de Grucha, então a vergonha devia ser transferida para esse episódio anterior.

Uma outra vez ele relatou que ao saber da história de João Huss ficara bastante comovido, e sua atenção se deteve nos feixes de lenha que as pessoas arrastavam para a fogueira. A simpatia por Huss nos desperta uma suspeita bem definida; encontrei-a com frequência em pacientes jovens, e sempre pude esclarecê-la da mesma forma. Um deles produziu até mesmo uma versão dramática do destino de Huss; começou a escrevê-la no dia em que perdeu o objeto da paixão que mantinha em segredo. Huss morreu no fogo; como outros nas mesmas condições, tornou-se o herói dos que já sofreram de enurese. O próprio paciente relacionou os feixes de lenha da fogueira de Huss com a vassoura (feixe de varetas) da babá.

Esse material se combinou de modo espontâneo para preencher as lacunas na lembrança da cena com Grucha. Ele havia urinado no chão, ao ver a garota fazendo a limpeza, e a isso ela respondera, certamente brincando, com uma ameaça de castração.[47]

---

[47] É muito curioso que a reação da vergonha esteja tão intimamente ligada à micção involuntária (tanto diurna como noturna), e não, como seria de esperar, à incontinência fecal igualmente. A experiência não deixa dúvida quanto a isso. Também o nexo regular entre o fogo e a incontinência urinária dá o que pensar. É possível que haja, nestas reações e relações, precipitados da história cultural da humanidade, que atingem maior profundeza do que tudo o que para nós se conservou deixando pistas no folclore e no mito.

Não sei se os leitores já adivinham por que relatei de modo tão detalhado esse episódio da primeira infância.[48] Ele estabelece uma importante ligação entre a cena primária e a posterior compulsão amorosa, que se tornou tão decisiva para o destino do paciente, e além disso introduz uma condição de amor que esclarece tal compulsão.

Ao ver a garota no chão, ocupada em lavá-lo, ajoelhada, as nádegas projetadas, o dorso em linha horizontal, ele encontrou nela a mesma posição que a mãe adotara na cena do coito. Ela se tornou para ele a mãe; foi tomado de excitação sexual pela ativação daquela imagem,[49] e comportou-se masculinamente para com ela, tal como o pai, cuja ação naquele tempo ele só podia entender como uma micção. Seu ato de urinar sobre o chão era na verdade uma tentativa de sedução, e a garota reagiu com uma ameaça de castração, como se o tivesse entendido.

A compulsão que partia da cena primária se transferiu para esta cena com Grucha e continuou agindo por meio dela. Mas a condição para o amor sofreu uma mudança, que testemunha a influência da segunda cena; ela se transferiu da posição da mulher para a sua atividade nessa posição. Isso ficou claro, por exemplo, na experiência com Matrona. Ele fazia um passeio na aldeia que pertencia à propriedade (a última), quando viu uma garota camponesa à beira do pequeno lago, ajoe-

---

48 Ele se situa em torno dos dois anos e meio, entre a suposta observação do coito e a sedução.
49 Antes do sonho!

VIII. COMPLEMENTOS AO PERÍODO PRIMORDIAL

lhada, lavando roupas. Apaixonou-se por ela instantaneamente e com irresistível impetuosidade, embora não pudesse ver ainda o seu rosto. Pela postura e ocupação, ela tomara o lugar de Grucha para ele. Agora entendemos como a vergonha que se referia ao conteúdo da cena com Grucha podia se ligar ao nome de Matrona.

Outro acesso de paixão, alguns anos antes, mostra ainda mais nitidamente a influência coerciva da cena de Grucha. Havia muito lhe agradava uma jovem camponesa que prestava serviços à casa, mas ele conseguia não se aproximar dela. Um dia foi arrebatado pela paixão, ao encontrá-la sozinha num cômodo. Deu com ela ajoelhada no chão, ocupada na limpeza, o balde e a vassoura ao lado, exatamente como a garota de sua infância.

Mesmo sua escolha de objeto definitiva, que se tornou tão importante para a sua vida, revela-se, pelas circunstâncias imediatas que não cabem aqui, dependente da mesma condição de amor, como um rebento da compulsão que desde a cena primária, e através da cena com Grucha, dominou sua escolha amorosa. Já observei, numa passagem anterior, que noto no paciente um empenho em rebaixar o objeto amoroso. Isso deve ser referido à reação contra a pressão da irmã que lhe era superior. Mas eu então prometi mostrar (p.32) que esse motivo de natureza soberana não foi o único decisivo, e que na verdade esconde uma determinação mais profunda, de motivos puramente eróticos. A lembrança da babá menina que limpava o chão, em posição rebaixada, sem dúvida, trouxe à luz essa motivação. Todos os objetos amorosos posteriores eram pessoas substitutas dela, que havia se tornado o primeiro substituto da mãe pelo acaso da situação. O primeiro pensamento que ocorreu ao paciente, sobre o problema da angústia ante a borboleta, pode ser facilmente reconhecido, a posteriori, como alusão remota à cena primária (a quinta hora). A relação entre a cena de Grucha e a ameaça de castração foi confirmada por um sonho particularmente rico de sentido, que ele mesmo soube traduzir. Ele disse: "Sonhei que *um homem arrancava as asas de uma* 'Espe'". "'*Espe*'?", perguntei, "o que você quer dizer com isso?" — "Ora, o inseto com listas amarelas no corpo, que pode picar. Deve ser uma alusão à *Grucha*, a pera de listas amarelas." — "'*Wespe*' [vespa], você quer dizer", corrigi. — "O nome é '*Wespe*'? Pensei que era '*Espe*'." (Como muitos outros, ele se aproveita do fato de falar uma língua estrangeira para cobrir atos sintomáticos.) "Mas '*Espe*' sou eu, S. P. (as iniciais de seu nome)." A "*Espe*" é naturalmente uma "*Wespe*" mutilada. O sonho diz claramente que ele se vingava de Grucha pela ameaça de castração.

A ação do menino de dois anos e meio, na cena com Grucha, é o primeiro efeito da cena primária que chegamos a conhecer; ela o apresenta como cópia do pai e nos permite reconhecer uma tendência a se desenvolver na direção que depois merecerá o nome de masculina. Pela sedução ele é empurrado a uma passividade que sem dúvida já é preparada por seu comportamento de espectador do enlace entre os pais.

Ainda devo destacar, na história do tratamento, que após a assimilação da cena de Grucha, da primeira vi-

VIII. COMPLEMENTOS AO PERÍODO PRIMORDIAL

vência de que ele podia realmente se lembrar, e da qual se lembrou sem minhas conjecturas e intervenções, tinha-se a impressão de que a tarefa da terapia estava cumprida. A partir de então não havia mais resistência, bastava apenas reunir e compor. A velha teoria do trauma, que afinal se baseava em impressões da prática psicanalítica, retornou subitamente à vigência. Por interesse crítico, ainda uma vez fiz a tentativa de impor ao paciente uma outra concepção de sua história, uma que fosse mais bem-vinda ao senso comum. Da cena com Grucha não haveria o que duvidar, mas em si ela nada significaria, e teria sido reforçada depois, por regressão, pelos eventos da sua escolha de objeto, que devido à tendência ao rebaixamento passara da irmã para as criadas. A observação do coito, porém, seria uma fantasia de seus anos adultos, cujo cerne histórico poderia ter sido a observação ou a vivência de uma inocente lavagem. Talvez alguns leitores achem que somente com essas hipóteses eu teria me aproximado de uma compreensão do caso; o paciente me olhou perplexo e um tanto desdenhoso quando lhe expus essa concepção, e nunca mais reagiu a ela. Meus próprios argumentos contra uma tal racionalização já os desenvolvi acima [no cap. v].

[A cena* de Grucha não contém apenas as condições de escolha do objeto decisivas para a vida do paciente, guardando-nos assim do erro de superestimar a significação da tendência ao rebaixamento da mulher. Ela

---

* Estes colchetes são do próprio autor; cf. o final de sua nota à p. 14 e a nota do tradutor à p. 78.

também pode me justificar, quando me recusei sem hesitação, a referir a cena primária a uma observação de animais feita pouco antes do sonho, como a única solução possível (p. 81). Ela emergiu na recordação do paciente de modo espontâneo e sem minha intervenção. A angústia ante a borboleta de listas amarelas, que a ela remontava, demonstrou que ela tivera um conteúdo significativo, ou que se tornara possível dotar retrospectivamente esse conteúdo de tal significação. Esse algo significativo, que faltava na recordação, podia seguramente ser obtido mediante os pensamentos espontâneos que com ela vinham e as conclusões que a ela se ligavam. Verificou-se então que o medo da borboleta era inteiramente análogo ao medo do lobo, em ambos os casos medo da castração, inicialmente relacionado à pessoa que primeiro havia proferido a ameaça, depois transferido para a outra, na qual tinha de se fixar de acordo com o modelo filogenético. A cena com Grucha ocorrera aos dois anos e meio, mas a vivência angustiante com a borboleta amarela, certamente depois do sonho angustiante. Era fácil entender que a compreensão posterior da possibilidade de castração desenvolvera a angústia a posteriori na cena com Grucha; mas a cena mesma não continha nada de chocante ou inverossímil, e sim pormenores absolutamente banais, de que não havia razões para duvidar. Nada convidava a referi-los a uma fantasia da criança; e tampouco isso parece possível.

Surge agora a questão de se estamos autorizados a ver uma prova da excitação sexual do menino no fato de

VIII. COMPLEMENTOS AO PERÍODO PRIMORDIAL

ele urinar estando de pé, enquanto a garota ajoelhada limpa o chão. Esta excitação testemunharia então a influência de uma impressão anterior, que tanto poderia ser efetivamente a cena primária como uma observação de animais anterior aos dois anos e meio. Ou aquela situação foi inteiramente inofensiva, a micção do menino puramente casual, e toda a cena foi sexualizada somente mais tarde na recordação, depois que situações semelhantes foram reconhecidas como plenas de sentido?

Não ouso tomar uma decisão neste ponto. Devo dizer que já tenho em alta conta a psicanálise por haver chegado a colocar essas questões. Mas não posso negar que a cena com Grucha, o papel que lhe coube na análise e os efeitos que dela procederam na vida explicam-se do modo mais natural e mais completo se admitirmos a cena primária, que em outros casos pode ser uma fantasia, como realidade neste caso. Ela nada afirma de impossível, no fundo; a suposição de sua realidade condiz inteiramente com a influência estimulante da observação de animais, indicada pelos cães pastores da imagem onírica.

Dessa conclusão insatisfatória passo para a questão que procurei tratar nas *Conferências introdutórias à psicanálise*.* Eu mesmo gostaria de saber se a cena primária de meu paciente era fantasia ou vivência real, mas, considerando outros casos análogos, é preciso dizer que na verdade não tem mais importância responder a isso. As cenas de observação do ato sexual entre os pais, de se-

---

* Na conferência XXIII (1917).

dução na infância e de ameaça de castração são indubitavelmente patrimônio herdado, herança filogenética, mas podem também ser aquisição da vivência individual. Em meu paciente, a sedução pela irmã mais velha era uma realidade indiscutível; por que não igualmente a observação do coito dos pais?

O que vemos na história primitiva da neurose é que a criança recorre a essa vivência filogenética quando sua própria vivência não basta. Ela preenche as lacunas da verdade individual com verdade pré-histórica, põe a experiência dos ancestrais no lugar da própria experiência. No reconhecimento dessa herança filogenética estou inteiramente de acordo com Jung (*A psicologia dos processos inconscientes*, de 1917; uma obra que já não podia influenciar as minhas *Conferências*); mas considero um erro de método recorrer a uma explicação da filogênese antes de esgotar as possibilidades da ontogênese; não vejo razão para obstinadamente negar à pré-história infantil a importância que de boa vontade se concede à pré-história ancestral; não posso ignorar que os motivos e produções filogenéticos carecem eles mesmos de elucidação, que em toda uma série de casos pode vir da infância individual, e por fim não me surpreendo se a manutenção das mesmas condições fizer ressurgir organicamente no indivíduo o que elas criaram em tempos pré-históricos e deixaram como predisposição para a reaquisição.]

No intervalo entre a cena primária e a sedução (um ano e meio — três anos e três meses) deve ser incluído o mudo carregador de água, que para ele foi um substituto do pai, tal como Grucha foi uma substituta da mãe.

VIII. COMPLEMENTOS AO PERÍODO PRIMORDIAL

Não creio ser justificado falar de uma tendência ao rebaixamento, ainda que ambos os pais se achem representados por serventes. A criança não faz caso das diferenças sociais, que ainda significam pouco para ela, e alinha pessoas de menor condição ao lado dos pais, quando lhe trazem amor de modo semelhante aos pais. Essa tendência tem igualmente pouca importância na substituição dos pais por animais, que estão longe de serem menosprezados por crianças. Sem consideração por esse rebaixamento, tios e tias são tomados como substitutos dos pais, como várias recordações testemunharam também a respeito de nosso paciente.

À mesma época pertence também a obscura notícia de uma fase em que ele queria comer apenas guloseimas, a tal ponto que se chegou a temer por sua sobrevivência. Contaram-lhe de um tio que também havia recusado a comida, e por isso morrera jovem, de consumição. Ele também soube que na idade de três meses havia estado tão doente (de uma infecção pulmonar?) que já tinham pronta a sua mortalha. Conseguiram amedrontá-lo de tal forma que ele voltou a comer; nos últimos anos da infância até exagerou essa obrigação, como que para proteger-se da morte ameaçada. O medo da morte, que lhe haviam despertado para sua proteção, mostrou-se novamente depois, quando a mãe advertiu quanto ao perigo de disenteria; ainda mais tarde, ele provocou um ataque de neurose obsessiva (p. 92). Tentaremos rastrear suas origens e seus significados mais adiante.

Quanto ao distúrbio alimentar, gostaria de reivindicar para ele o significado de uma primeiríssima neurose; de modo que desordem alimentar, fobia de lobos e devoção obsessiva formam a série completa das doenças infantis que trazem consigo a predisposição para a derrocada neurótica nos anos após a puberdade. Ouvirei a objeção de que poucas crianças escapam a perturbações como uma falta de apetite passageira ou uma fobia de animal. Mas esse argumento me é bem-vindo. Estou pronto para afirmar que toda neurose de um adulto se constrói sobre sua neurose infantil, mas esta nem sempre é intensa o bastante para se fazer notar e ser reconhecida como tal. A objeção vem apenas realçar a importância teórica das neuroses infantis para a apreensão das doenças que tratamos como neuroses e procuramos derivar somente das influências da vida adulta. Se o nosso paciente não juntasse, à desordem alimentar e à fobia de animal, também a devoção obsessiva, sua história não se distinguiria notavelmente da de outros mortais, e nós estaríamos privados de materiais valiosos que nos podem guardar de alguns erros naturais.

A análise seria insatisfatória se não levasse à compreensão do lamento com que o paciente resumia o seu sofrer. Dizia que para ele o mundo era oculto por um véu, e o treino psicanalítico afasta a expectativa de que essas palavras sejam destituídas de significado e escolhidas ao acaso. O véu se rompia — curiosamente — apenas numa situação: quando, após uma lavagem, as fezes passavam pelo ânus. Então ele se sentia bem de novo, e por um breve instante via claramente o mundo. A interpretação desse "véu" foi tão difícil como a da angústia diante da borboleta. Além disso, ele não se ape-

VIII. COMPLEMENTOS AO PERÍODO PRIMORDIAL

gou ao véu, este se volatizou depois em sentimento crepuscular, *"tenèbres"*, e outras coisas impalpáveis.

Apenas pouco antes de deixar o tratamento ele se recordou de haver escutado que nascera com uma "pelica" [*Glückshaube*]. Por isso ele se considerou sempre um menino de sorte [*Glückskind*], ao qual nada de ruim poderia suceder. Tal confiança o abandonou apenas quando teve de reconhecer na infecção gonorreica um sério dano ao seu corpo. Ante essa injúria ao seu narcisismo, ele desmoronou. Diremos que ele repetiu desse modo um mecanismo que nele já havia funcionado uma vez. Também a sua fobia de lobos irrompeu quando ele se achou ante o fato de que a castração era possível, e claramente situou a gonorreia na mesma linha da castração.

A pelica era então o véu que o ocultava ao mundo e o mundo a ele. Seu lamento é na verdade uma fantasia-desejo realizada, ela o mostra de retorno ao ventre materno, é certamente uma fantasia de fuga do mundo. Deve-se traduzi-la desta forma: "Sou tão infeliz na vida, tenho que voltar ao seio materno".

Mas o que pode significar o fato de esse véu simbólico, que uma vez foi real, romper-se no momento da evacuação após um clister, e de nessas condições a doença abandoná-lo? O contexto nos permite responder: se o véu de nascimento se rompe, ele enxerga o mundo e renasce. O excremento é a criança, e como tal ele nasce pela segunda vez, para uma vida mais feliz. Esta seria então a fantasia de renascimento, para a qual Jung chamou a atenção recentemente, e à qual atribuiu posição dominante na vida de desejos dos neuróticos.

Seria belo, se fosse tudo. Mas certos pormenores da situação, e a consideração dos necessários nexos com esta particular história de vida, nos obrigam a levar a interpretação mais à frente. A condição para o renascimento é que um homem lhe aplique o clíster (somente depois ele precisou tomar o lugar desse homem). Isso só pode significar que ele se identificou com a mãe, que o homem faz o papel do pai, o clíster repete o ato de acasalamento, como fruto do qual a criança-excremento — novamente ele — vem ao mundo. A fantasia de renascimento se acha, então, estreitamente ligada à condição da satisfação sexual pelo homem. Então a tradução agora seria: apenas se ele puder substituir a mulher, tomar o lugar da mãe, para se deixar satisfazer pelo pai e lhe gerar um filho, a sua doença o abandona. Portanto, a fantasia de renascimento era apenas a reprodução mutilada, censurada, da fantasia-desejo homossexual.

Se olharmos mais detidamente, haveremos de notar que o doente, nessa condição para sua cura, apenas repete a situação da chamada cena primária: naquele momento ele queria se pôr no lugar da mãe; a criança-excremento, como há muito supomos, ele mesmo a produziu naquela cena. Ele continua ainda fixado, como que enfeitiçado, na cena que se tornou decisiva para sua vida sexual, e cujo retorno naquela noite do sonho inaugurou sua doença. O romper do véu é análogo ao abrir dos olhos, ao escancarar das janelas. A cena primária foi remodelada em condição para a cura.

O que foi expresso no lamento, por um lado, e na única condição que o suprimia, por outro, pode-se fa-

VIII. COMPLEMENTOS AO PERÍODO PRIMORDIAL

cilmente juntar numa unidade, que revela então todo o seu sentido. Ele deseja estar de volta ao ventre materno, não para então renascer simplesmente, mas para ali dentro ser atingido pelo pai no coito, dele obter a satisfação, gerar um filho dele.

Ter nascido do pai, como inicialmente havia acreditado, ser sexualmente satisfeito por ele, dar-lhe um filho de presente, isso à custa de sua masculinidade, e expresso na linguagem do erotismo anal: com esses desejos completou-se o círculo da fixação no pai, com isso a homossexualidade encontrou sua mais alta e mais íntima expressão.[50]

Creio que esse exemplo lança também alguma luz sobre o sentido e a origem das fantasias do ventre materno e do renascimento. A primeira resulta frequentemente, como em nosso caso, da ligação com o pai. Deseja-se estar no corpo da mãe para substituí-la no coito, assumir o lugar dela junto ao pai. Quanto à fantasia de renascimento, é provável que seja via de regra uma atenuação, um eufemismo, por assim dizer, para a fantasia da união incestuosa com a mãe, uma abreviação *anagógica* da mesma, para usar a expressão de H. Silberer.[*] Deseja-se voltar à situação em que se estava nos genitais da mãe; nisso o homem se identifica com o pênis, faz-se repre-

---

50 Um possível significado secundário, de que o véu representaria o hímen que se parte no enlace com o homem, não se ajusta exatamente à condição para a cura e não tem relação com a vida do paciente, para quem a virgindade não tinha significação alguma.

* Cf. *A interpretação dos sonhos*, cap. VII, seção A (*Gesammelte Werke* II/III, p. 528).

sentar por ele. Então as duas fantasias se revelam como contrapartida uma da outra, exprimindo o desejo de união sexual com o pai ou a mãe, conforme a atitude feminina ou masculina da pessoa. Não se deve excluir a possibilidade de que no lamento e na condição de cura do nosso paciente se unam ambas as fantasias, e igualmente os dois desejos de incesto, portanto.

Farei ainda uma vez a tentativa de reinterpretar os últimos resultados da análise de acordo com o modelo adversário. O paciente lamenta a sua fuga do mundo em uma típica fantasia do ventre materno, só consegue divisar sua cura num renascimento tipicamente concebido. Este último ele exprime em sintomas anais, correspondendo à predisposição nele dominante. Segundo o modelo da fantasia anal de renascimento, ele compôs uma cena infantil que repete os seus desejos com meios de expressão arcaico-simbólicos. Seus sintomas então se encadeiam, como se partissem de uma tal cena primária. Ele teve que se decidir a refazer esse caminho de volta, porque deparou com uma tarefa vital que era demasiado preguiçoso para resolver, ou porque tinha todas as razões para desconfiar de suas inferioridades e com tais medidas acreditava se proteger melhor do menosprezo.

Isso tudo seria muito bom se aos quatro anos o infeliz já não tivesse tido um sonho que marcou o início de sua neurose, que foi incitado pela história do alfaiate e do lobo, contada pelo avô, e cuja interpretação faz necessária a suposição de uma tal cena primária. Ante esses fatos, pequeninos mas inatacáveis, fracassam in-

VIII. COMPLEMENTOS AO PERÍODO PRIMORDIAL

felizmente as mitigações que as teorias de Jung e Adler nos querem proporcionar. Tal como se dispõem as coisas, a fantasia de renascimento me parece antes um derivado da cena primária, do que esta, pelo contrário, um reflexo da fantasia de renascimento. E talvez nos seja permitido supor que naquele tempo, quatro anos depois de nascido, o paciente era ainda jovem demais para desejar um renascimento. Mas este último argumento eu devo retirar; pois minhas próprias observações vêm demonstrar que as crianças foram subestimadas, e que já não sabemos mais o que é possível esperar delas.[51]

---

[51] Admito que essa questão é a mais espinhosa de toda a teoria psicanalítica. Não necessitei das comunicações de Adler ou Jung para me ocupar criticamente da possibilidade de que as vivências infantis esquecidas — vividas numa infância improvavelmente precoce! —, cuja existência a psicanálise afirma, repousem na verdade em fantasias criadas em ocasiões posteriores, e de que se deva supor a manifestação de um fator constitucional ou de uma disposição conservada filogeneticamente, sempre que se acredite achar na análise o efeito de uma tal impressão infantil. Pelo contrário, nenhuma dúvida me solicitou mais, nenhuma outra incerteza me impediu mais resolutamente de publicar a respeito disso. Fui o primeiro, algo que nenhum de meus oponentes assinalou, a dar a conhecer tanto o papel das fantasias na formação de sintomas como o "fantasiar de volta" para a infância, a partir de incitações tardias, e a sexualização retrospectiva da mesma. (Ver *A interpretação dos sonhos*, cap. I, seção G, e "Observações sobre um caso de neurose obsessiva", 1909.) No entanto, se me ative à concepção mais difícil e mais improvável, isso ocorreu devido a argumentos como os que o caso aqui descrito, ou qualquer outra neurose infantil, impõem ao pesquisador, e que agora submeto aos leitores para a sua decisão.

IX. RESUMOS E PROBLEMAS

Não sei se o leitor deste relato de uma análise conseguiu formar uma imagem nítida da gênese e evolução da doença de meu paciente. Receio que isso não tenha ocorrido. Mas, ainda que não costume defender minha arte expositiva, desta vez quero alegar circunstâncias atenuantes. É uma tarefa que nunca se empreendeu até agora, introduzir na descrição fases tão antigas e camadas tão profundas da vida anímica, e é melhor resolvê-la mal do que encetar a fuga diante dela, o que, além disso, pode envolver certos perigos para o timorato. Então é preferível mostrar, de maneira ousada, que não nos deixamos deter pela consciência de nossas inferioridades.

O caso não era particularmente propício. O que possibilitou a riqueza de informações sobre a infância, o fato de que pudemos estudar a criança pela mediação do adulto, teve que ser obtido à custa de uma péssima fragmentação da análise e correspondentes defeitos de exposição. Particularidades pessoais, e um caráter nacional estranho ao nosso, tornaram mais trabalhosa a empatia. A distância entre a personalidade amável e afável do doente, sua aguda inteligência, nobre maneira de pensar, e sua vida instintual completamente indômita tornavam necessário um bem longo trabalho de educação e preparação, o que dificultou a visão do conjunto. Mas o paciente mesmo não teve nenhuma culpa da característica do caso que colocou os mais árduos problemas à descrição. Na psicologia do adulto chegamos fe-

IX. RESUMOS E PROBLEMAS

lizmente ao ponto de dividir os processos psíquicos em conscientes e inconscientes, descrevendo-os em palavras claras. Na criança, essa distinção não nos leva muito longe. Com frequência é embaraçoso dizer o que deveríamos qualificar de consciente e de inconsciente. Processos que se tornaram dominantes, e que segundo seu comportamento posterior teriam de ser equiparados aos conscientes, não chegaram a se tornar conscientes na criança, porém. Pode-se facilmente compreender por quê; na criança, o consciente ainda não ganhou todas as suas características, ainda está em desenvolvimento e não possui totalmente a capacidade de se converter em representações verbais. A confusão, da qual normalmente somos culpados, entre o fenômeno do surgimento na consciência como percepção e a pertinência a um sistema psíquico suposto, a que deveríamos dar um nome convencionado, mas que igualmente chamamos de consciência (sistema *Cs*), esta confusão é inofensiva na descrição psicológica do adulto, mas enganadora na da criança pequena. Também não ajudaria muito a introdução do "pré-consciente", pois tampouco o pré-consciente da criança corresponde necessariamente ao do adulto. Contentemo-nos então em reconhecer claramente a obscuridade.

É natural que um caso como este possa dar motivo para pôr em discussão todos os problemas e resultados da psicanálise. Seria um trabalho interminável e não justificado. É preciso admitir que não se pode saber tudo a partir de um único caso, tudo decidir através dele, e contentar-se, portanto, em aproveitá-lo naquilo que mostra mais nitidamente. Na psicanálise, a tarefa da explicação tem limites estreitos. Cabe explicar as formações sintomáticas notáveis, desvendando a sua gênese; os mecanismos psíquicos e processos instintuais a que assim chegamos, esses não cabe explicar, mas sim descrever. Para obter novas generalizações a partir das constatações sobre os dois últimos pontos são necessários muitos casos como este, analisados bem profundamente. Não é fácil tê-los, cada qual exige anos de trabalho. De modo que o progresso nesses domínios se efetua lentamente. Haverá, sem dúvida, a tentação de contentar-se em "arranhar" a superfície psíquica de um determinado número de pessoas e substituir o trabalho omitido por especulação, que então é colocada sob o patrocínio de alguma corrente filosófica. Pode-se também alegar necessidades práticas em favor desse comportamento, mas as necessidades da ciência não se satisfazem com sucedâneos.

Tentarei esboçar um panorama sintético do desenvolvimento sexual de meu paciente, começando com os primeiros indícios. A primeira coisa que ouvimos dele é o distúrbio do apetite, que, de acordo com outras experiências, mas com toda a reserva, eu apreenderia como resultado de um processo no âmbito sexual. Como primeira organização sexual reconhecível tive de considerar aquela denominada *canibal* ou *oral*, em que ainda domina a cena o fato de a excitação sexual apoiar-se originalmente no instinto de alimentação [*Eβtrieb*]. Não cabe esperar manifestações diretas dessa fase, mas apenas indícios, quando sobrevêm perturbações. O dano ao instinto de alimentação — que naturalmente pode

IX. RESUMOS E PROBLEMAS

ter outras causas — nos leva a atentar para o fato de que o organismo não conseguiu dominar a excitação sexual. A meta sexual dessa fase só poderia ser o canibalismo, a devoração; ela aparece em nosso paciente mediante a regressão de um estágio mais alto, no medo de ser devorado pelo lobo. Esse medo tivemos que traduzir assim: ser possuído sexualmente pelo pai. Sabe-se que em época bem mais adiantada, em meninas que estão na puberdade, há uma neurose que exprime a recusa sexual mediante a anorexia; é lícito estabelecer sua relação com essa fase oral da vida sexual. No auge do paroxismo amoroso ("se eu pudesse te comeria, de tanto amor") e no trato carinhoso com crianças pequenas, em que o próprio adulto tem gestos infantis, surge novamente a meta amorosa da organização oral. Em outra passagem formulei a conjectura de que o pai de nosso paciente teria usado o "insulto afetuoso", teria brincado de lobo ou de cão com o pequeno e ameaçado comê-lo de brincadeira (p. 46). Tal suposição foi confirmada pela singular conduta do paciente na transferência. Toda vez que, ante as dificuldades do tratamento, ele se refugiava na transferência, ameaçava com a devoração e depois com todos os maus-tratos possíveis, o que era apenas expressão de carinho.

A linguagem corrente guardou algumas marcas dessa fase sexual oral; ela fala de um objeto de amor "gostoso", chama de "doce" à amada. Recordamos que o nosso pequeno paciente só queria comer coisas doces. Nos sonhos, guloseimas e bombons representam habitualmente carícias, satisfações sexuais.

Parece que também a essa fase corresponde uma angústia (em caso de distúrbio, naturalmente) que aparece como angústia ante a morte, e pode se ligar a tudo o que é mostrado à criança como sendo apropriado. Em nosso paciente ela foi usada para conduzi-lo à superação de sua falta de apetite, e mesmo para a supercompensação desta. Chegaremos à possível fonte de seu distúrbio alimentar se nos lembrarmos — com base naquela discutida suposição — que a observação do coito, de que partiram tantos efeitos posteriores, aconteceu na idade de um ano e meio, seguramente antes da época das dificuldades alimentares. Talvez nos seja permitido supor que ela acelerou os processos de maturação sexual, e assim teve também efeitos diretos, embora pouco evidentes.

Naturalmente também sei que se podem explicar os sintomas desse período, o medo do lobo, o distúrbio alimentar, de maneira diferente, mais simples, sem referência à sexualidade e a um estágio de organização pré-genital. Quem negligencia de bom grado os sinais da neurose e o nexo dos fenômenos preferirá essa outra explicação, e eu não poderei impedi-lo de fazer isso. É difícil descobrir algo convincente a respeito dos primórdios da vida sexual, se não for pelos rodeios mencionados.

A cena com Grucha (por volta dos dois anos e meio) mostra o nosso pequeno no início de seu desenvolvimento, que merece a qualificação de normal, exceto talvez na precocidade: identificação com o pai, erotismo uretral representando a masculinidade. Encontra-se inteiramente sob o influxo da cena primária. A identifica-

IX. RESUMOS E PROBLEMAS

ção com o pai apreendemos até agora como narcísica; considerando o conteúdo da cena primária, não podemos descartar que ela já corresponde ao estágio da organização genital. O genital masculino começou a desempenhar seu papel, e dá prosseguimento a ele sob a influência da sedução pela irmã.

Mas temos a impressão de que a sedução não apenas promove o desenvolvimento, mas o perturba e desvia em grau ainda mais elevado. Proporciona uma meta sexual passiva, que é, no fundo, inconciliável com a ação do genital masculino. No primeiro obstáculo externo, a ameaça de castração da Nânia, desmorona (com três anos e meio) a organização genital ainda receosa, e regride ao estágio precedente, o da organização sádico-anal, que de outra forma talvez passasse com leves sinais, como em outras crianças.

Na organização sádico-anal se reconhece facilmente uma continuação e desenvolvimento da oral. A violenta atividade muscular sobre o objeto, que a distingue, tem seu lugar como ação preparatória para o comer, que deixa de existir como meta sexual. O ato preparatório se torna uma meta autônoma. A novidade em relação ao estágio anterior consiste essencialmente em que o órgão acolhedor passivo, separado da zona bucal, se desenvolve na zona anal. Aqui se insinuam paralelos biológicos, ou a concepção das organizações pré-genitais humanas como resíduos de estruturas que são mantidas em algumas classes de animais. É igualmente característica desse estágio a constituição do instinto de investigação [*Forschertrieb*] a partir de seus componentes.

O erotismo anal não se faz notar particularmente. Sob influência do sadismo, o excremento trocou sua significação carinhosa pela ofensiva. Na transformação do sadismo em masoquismo intervém um sentimento de culpa, que aponta para processos de desenvolvimento em outras esferas que não a sexual.

A sedução prolonga a sua influência, na medida em que mantém a passividade da meta sexual. Ela agora transforma uma boa porção do sadismo em sua contrapartida passiva, o masoquismo. É discutível que se possa imputar inteiramente à sedução a característica da passividade, pois a reação do bebê de um ano e meio à observação do coito já era predominantemente passiva. A coexcitação sexual manifestou-se numa evacuação, na qual, de todo modo, há que distinguir também uma participação ativa. Ao lado do masoquismo, que domina a sua tendência sexual e se manifesta em fantasias, também o sadismo continua a existir e se ocupa de pequenos animais. Sua pesquisa sexual começou a partir da sedução, atacando essencialmente dois problemas, a origem dos bebês e a possibilidade de perder o órgão genital, e entrelaçando-se às manifestações de seus impulsos instintuais. Ela dirige suas inclinações sádicas aos pequenos animais, como representantes das crianças pequenas.

Conduzimos a descrição até a proximidade do quarto aniversário, momento em que o sonho faz agir a posteriori a observação, feita com um ano e meio, do coito. Os processos que então ocorrem não podemos apreender totalmente nem descrever suficientemente. A ativa-

IX. RESUMOS E PROBLEMAS

ção da imagem, que devido ao maior desenvolvimento intelectual pode ser entendida, atua como um acontecimento fresco, mas também como um novo trauma, uma interferência alheia, análoga à sedução. A organização genital desmantelada é restabelecida de uma só vez, mas o progresso efetuado no sonho não pode ser mantido. Ocorre antes, por um processo que podemos equiparar somente a uma repressão, a rejeição da coisa nova e sua substituição por uma fobia.

Portanto, a organização sádico-anal subsiste também na fase de fobia de animal que então começa, mas fenômenos de angústia se acham a ela mesclados. A criança persiste nas ocupações sádicas e masoquistas, porém reage com angústia a uma parte delas; a conversão do sadismo em seu oposto provavelmente continua.

Da análise do sonho angustiante concluímos que a repressão está ligada ao conhecimento da castração. O novo é recusado, porque sua aceitação custaria o pênis. Uma reflexão mais cuidadosa permite reconhecer talvez o seguinte: o que é reprimido é a atitude homossexual no sentido genital, que se formara sob a influência do conhecimento. Mas ela permanece então conservada, constituída como uma camada mais profunda e interditada. O motor dessa repressão parece ser a masculinidade narcísica do genital, que entra num conflito, há muito preparado, com a passividade da meta sexual homossexual. A repressão é então consequência da masculinidade.

Nisso haveria a tentação de mudar uma parcela da teoria psicanalítica. Pois se tem como óbvio que é do conflito entre tendências masculinas e femininas, ou seja, da bissexualidade, que provêm a repressão e a formação de neuroses. Mas essa concepção tem lacunas. Das duas tendências sexuais conflitantes, uma é conforme ao Eu, a outra fere o interesse narcísico; por isso sucumbe à repressão. Nesse caso é também o Eu que desencadeia a repressão, em favor de uma das tendências sexuais. Em outros casos não existe um tal conflito entre masculinidade e feminilidade; há apenas uma tendência sexual que requer aceitação, mas vai de encontro a certos poderes do Eu, e por isso é ela mesma afastada.* Bem mais frequentes que conflitos no interior da sexualidade são os outros, os que ocorrem entre a sexualidade e as tendências morais do Eu. Um tal conflito moral não existe em nosso caso. Pôr a ênfase na bissexualidade como motivo da repressão seria muito estreito, portanto; pô-la no conflito entre Eu e tendências sexuais (libido) cobre todas as ocorrências.

À teoria do "protesto masculino", tal como Adler a desenvolveu, pode-se objetar que de modo algum a repressão toma sempre o partido da masculinidade e atinge a feminilidade; em categorias inteiras de casos é a masculinidade que tem de sofrer a repressão por parte do Eu.

Além disso, uma apreciação mais justa do processo de repressão, em nosso caso, retiraria à masculinidade narcísica a significação de motivo único. A atitude ho-

---

* Freud faz um jogo com os dois sentidos do verbo *vorstoßen*: "afastar de si, rechaçar" e "ir de encontro a, chocar-se com".

IX. RESUMOS E PROBLEMAS

mossexual que surge durante o sonho é tão intensa que o Eu da pequena criatura fracassa em dominá-la e dela se defende pelo processo de repressão. Para ajudá-lo nesse propósito é chamada a masculinidade narcísica do genital, que é oposta àquela atitude. Apenas para evitar mal-entendidos, deve-se dizer que todos os impulsos narcísicos atuam a partir do Eu e permanecem no Eu, e as repressões são dirigidas contra investimentos de objeto libidinais.

Passemos agora do processo de repressão, que talvez não tenhamos conseguido dominar por inteiro, para o estado que se produz no despertar do sonho. Se realmente a masculinidade tivesse triunfado sobre a homossexualidade (feminilidade) no processo do sonho, teríamos de encontrar dominante uma tendência sexual ativa de caráter marcadamente masculino. O que está fora de questão; o essencial da organização sexual não mudou, a fase sádico-anal prossegue, continuou dominante. A vitória da masculinidade se mostra apenas no fato de então ele reagir com angústia às metas sexuais passivas da organização dominante (que são masoquistas, mas não femininas). Não há um impulso sexual masculino vitorioso, mas apenas um impulso passivo e uma rebelião contra ele.

Posso imaginar que dificuldades reserva para o leitor a aguda separação, inusitada, mas indispensável, entre ativo-masculino e passivo-feminino, e portanto não evitarei repetições. O estado após o sonho pode então ser descrito da seguinte maneira. As tendências sexuais foram cindidas; no inconsciente alcançou-se o estágio da organização genital e constituiu-se uma intensa homossexualidade; por cima subsiste (virtualmente no consciente) a anterior corrente sexual sádica e predominantemente masoquista; o Eu modificou no conjunto a sua posição ante a sexualidade, encontra-se em plena rejeição sexual e rechaça com angústia as metas masoquistas dominantes, assim como reagiu às metas homossexuais mais profundas com a formação de uma fobia. O resultado do sonho não foi tanto a vitória de uma corrente masculina, mas a reação contra uma feminina e passiva. Seria demais atribuir caráter de masculinidade a essa reação. O Eu não tem tendências sexuais, mas apenas interesse em sua autopreservação e na conservação de seu narcisismo.

Agora vejamos a fobia. Ela nasceu no nível da organização genital, e nos mostra o mecanismo relativamente simples de uma histeria de angústia. Mediante o desenvolvimento da angústia, o Eu se protege do que avalia como um perigo muito poderoso, a satisfação homossexual. Mas o processo de repressão deixa um rastro que é impossível ignorar. O objeto a que se ligou a meta sexual temida tem de ser representado por um outro na consciência. Não o medo diante do pai, mas o medo diante do *lobo* se torna consciente. E na formação da fobia não se ficou apenas nesse conteúdo. Algum tempo depois o lobo é substituído pelo leão. Com os impulsos sádicos dirigidos aos pequenos animais compete uma fobia diante deles, como representantes dos rivais, os eventuais bebês. Particularmente interessante é a gênese da fobia de borboletas. É como uma repetição do mecanismo que pro-

IX. RESUMOS E PROBLEMAS

duziu no sonho a fobia de lobos. Por um estímulo casual é ativada uma antiga vivência, a cena com Grucha, cuja ameaça de castração tem efeito a posteriori, não tendo causado impressão no momento em que sucedeu.[52]

Pode-se dizer que a angústia que entra na formação dessas fobias é angústia de castração. Essa afirmação não contradiz a concepção de que a angústia tem origem na repressão da libido homossexual. Os dois modos de expressão se referem ao mesmo processo, de que o Eu retira libido do impulso de desejo homossexual,

---

[52] A cena de Grucha foi, como disse, um produto espontâneo da recordação do paciente, do qual não participou nenhuma construção ou estímulo do médico; a lacuna que havia nela foi preenchida pela análise de uma forma que se deve chamar de impecável, no caso de realmente se dar valor ao modo de trabalho da psicanálise. Uma explicação racionalista dessa fobia diria apenas que não é nada extraordinário que uma criança com predisposição a estados de angústia tenha um acesso de angústia diante de uma borboleta de listas amarelas, provavelmente devido a uma inclinação hereditária à angústia (cf. Stanley Hall, "A Synthetic Genetic Study of Fear". *American Journal of Psychology*, XXV, 1914). Na ignorância desta causa, ele buscaria um nexo infantil para essa angústia, utilizando o acaso da igualdade dos nomes e da recorrência das listas para construir a fantasia de uma aventura com a babá de que ainda se lembra. Mas, quando as coisas secundárias do acontecimento em si anódino, a limpeza, o balde, a vassoura, mostram possuir, na vida posterior do indivíduo, o poder de determinar de maneira duradoura e obsessiva a sua escolha de objeto, então a fobia da borboleta adquire uma significação incompreensível. A situação resulta ao menos tão singular como a que defendo, e desaparece o ganho que se teria da concepção racionalista desta cena. A cena de Grucha torna-se então particularmente valiosa para nós, pois com ela podemos preparar nosso juízo sobre a cena primária, em relação à qual há menos certeza.

que é então convertida em angústia livremente suspensa e pode se ligar a fobias. No primeiro modo de expressão designou-se também o motivo que impele o Eu.

Olhando-se mais de perto, vê-se que essa primeira doença de nosso paciente (não considerando o distúrbio alimentar) não é esgotada quando dela se extrai a fobia, mas tem de ser compreendida como autêntica histeria, a que correspondem, além de sintomas de angústia, fenômenos de conversão. Uma parte do impulso homossexual é mantida no órgão que dela participa; desde então, e também na época posterior, o intestino se comporta como um órgão histericamente afetado. A homossexualidade inconsciente, reprimida, retirou-se para o intestino. Justamente esse traço de histeria prestou o melhor serviço na solução da doença posterior.

Agora não nos deve também faltar ânimo para abordar as relações ainda mais complicadas da neurose obsessiva. Tenhamos presente a situação: uma corrente sexual dominante masoquista e uma reprimida homossexual, diante disso um Eu prisioneiro da recusa histérica; que processos transformam esse estado na neurose obsessiva?

A transformação não ocorre espontaneamente, por evolução interna, mas por influência alheia do exterior. Seu resultado visível é que a relação com o pai, que ocupa o primeiro plano, que até então encontrava expressão na fobia de lobos, manifesta-se agora em devoção obsessiva. Não posso deixar de assinalar que o processo que tem lugar no paciente oferece uma confirmação inequívoca do que afirmei em *Totem e tabu* sobre a rela-

IX. RESUMOS E PROBLEMAS

ção do animal totêmico para com a divindade.[53] Ali optei por sustentar que a representação do deus não é uma evolução do totem, mas que se eleva a partir da raiz comum a ambos para substituí-lo, de modo independente dele. O totem seria o primeiro substituto do pai, mas o deus, um substituto posterior, em que o pai readquire sua forma humana. O mesmo encontramos em nosso paciente. Na fobia dos lobos ele passa pelo estágio do sucedâneo totêmico do pai, que então se interrompe e é substituído por uma fase de devoção religiosa, em consequência de novas relações entre ele e o pai.

A influência que provoca essa mudança é o contato que através da mãe ele vem a ter com as teorias da religião e a história sagrada. O resultado é aquele desejado na educação. A organização sexual sadomasoquista chega lentamente ao fim, a fobia do lobo desaparece rapidamente, em lugar da recusa angustiada da sexualidade surge uma mais elevada forma de sua repressão. A devoção torna-se o poder dominante na vida da criança. Mas tais superações não ocorrem sem luta, de que são indícios os pensamentos blasfemos, e de que é consequência um exagero obsessivo do cerimonial religioso.

À parte esses fenômenos patológicos, podemos dizer que nesse caso a religião realizou tudo aquilo para o qual é introduzida na educação do indivíduo. Ela domou suas tendências sexuais, ao lhes proporcionar uma sublimação e firme ancoragem, desvalorizou suas relações familiares e com isso evitou o isolamento que o

53 *Totem e tabu* (1913).

ameaçava, na medida em que lhe abriu o acesso à grande comunidade humana. O menino indócil e angustiado se tornou sociável, comportado e educável.

O móvel principal da influência religiosa foi a identificação com a figura de Cristo, facilitada particularmente pelo acaso do dia de nascimento. Nisso o amor extraordinário ao pai, que fizera necessária a repressão, encontrou afinal saída numa sublimação ideal. Como Cristo, era-lhe permitido amar o pai, que então se chamava Deus, com um fervor que em vão buscara se descarregar, no caso do pai terreno. Os meios para dar testemunho desse amor já eram indicados pela religião, e a eles não se prendia o sentimento de culpa inseparável das tendências amorosas individuais. Desse modo, se ainda podia ser drenada a corrente sexual mais profunda, já precipitada como homossexualidade inconsciente, a tendência masoquista mais superficial encontrou, sem grande renúncia, uma incomparável sublimação na história da paixão de Cristo, que se deixou maltratar e sacrificar por ordem e para honra do pai divino. Assim a religião fez sua obra no pequeno transviado, pela mistura de satisfação, sublimação, desvio do sensual para processos puramente espirituais, e pela abertura de vínculos sociais que proporciona ao crente.

A rebelião inicial de meu paciente contra a religião tinha três pontos de partida diferentes. O primeiro era sua característica, da qual já vimos exemplos, de afastar todas as novidades. Ele defendia cada posição da libido uma vez ocupada, com medo de perdê-la se a abandonasse, e desconfiando da possibilidade de uma completa

IX. RESUMOS E PROBLEMAS

substituição por uma nova. Eis uma particularidade psicológica importante e fundamental, que nos três ensaios de uma teoria da sexualidade eu classifiquei como capacidade de *fixação*. Jung pretendeu fazer dela, com o nome de "inércia" psíquica, a causa principal de todos os fracassos dos neuróticos. Injustamente, acredito eu, pois seu alcance é bem maior e ela tem papel significativo também na vida dos não nervosos. A fácil mobilidade ou difícil fluidez dos investimentos de energia libidinais, e igualmente dos de outro tipo, é uma característica especial, própria de muitos normais e nem sequer de todos os nervosos, e que até agora não foi posta em relação com outras, algo assim como um número primo, não mais passível de divisão. Sabemos apenas uma coisa, que o atributo da mobilidade de investimentos psíquicos diminui notavelmente com a idade. Isso nos forneceu uma das indicações dos limites da influência psicanalítica. Mas existem pessoas em que essa plasticidade psíquica vai muito além do limite habitual de idade, e outras em que ela é perdida bem prematuramente. Sendo neuróticas, com pesar descobrimos que em condições aparentemente iguais é impossível desfazer nelas mudanças que noutras foram dominadas facilmente. Portanto, também nas conversões de processos psíquicos cabe considerar o conceito de *entropia*, cuja medida se opõe à involução do acontecido.

Um segundo ponto de ataque lhe foi dado pelo fato de que a própria doutrina da religião não tem por fundamento uma relação inequívoca com Deus-pai, mas é permeada de indícios da atitude ambivalente que presidiu à sua gênese. Essa ambivalência foi por ele sentida com a sua própria, que era altamente desenvolvida, e ligou-se à crítica tão aguda que não podia deixar de nos surpreender numa criança de quatro anos e meio. O mais significativo, porém, foi um terceiro fator, a cuja ação podemos remontar os resultados patológicos de sua luta com a religião. A corrente que o impelia para o homem, que devia ser sublimada pela religião, já não estava livre, mas parcialmente isolada pela repressão e deste modo subtraída à sublimação, ligada à sua meta sexual original. Em virtude desse nexo, a parte reprimida se empenhou em abrir caminho para a parte sublimada ou em trazê-la abaixo para si. As primeiras ruminações em torno da pessoa de Cristo já continham a questão de saber se aquele filho sublime também podia levar a cabo o relacionamento sexual com o pai que era mantido no inconsciente. A rejeição desse empenho não teve como resultado senão fazer surgir pensamentos obsessivos aparentemente blasfemos, em que a ternura física por Deus se impunha na forma de sua degradação. Uma forte luta defensiva contra essas formações de compromisso tinha então de levar ao exagero obsessivo de todas as atividades em que a devoção, o puro amor a Deus, encontrava a sua saída prefigurada. A religião triunfou afinal, mas seu fundamento instintual se revelou incomparavelmente mais sólido que a garantia dos produtos de sua sublimação. Tão logo a vida trouxe um novo substituto do pai, cuja influência se dirigiu contra a religião, ela foi abandonada e substituída por outra coisa. Pensemos ainda na interessante complicação de que a religiosidade se originou sob influência de mulheres (mãe e babá), enquanto a influência masculina tornou possível a libertação dela.

O surgimento da neurose obsessiva no terreno da organização sexual sádico-anal confirma, no conjunto, o que apresentei num outro lugar acerca da "predisposição à neurose obsessiva".[54] Mas a existência anterior de uma forte histeria faz o nosso caso mais obscuro nesse aspecto. Quero encerrar o panorama do desenvolvimento sexual de nosso doente lançando uma breve luz sobre as suas mudanças posteriores. Com a puberdade apareceu nele a corrente a ser chamada de normal: fortemente sensual, masculina, com a meta sexual da organização genital, e cujas vicissitudes preenchem o período até a enfermidade posterior. Ela se ligou diretamente à cena com Grucha, dela tomou a característica da paixão compulsiva, que surge e desaparece como um acesso, e teve de lutar com as inibições que derivavam dos resíduos da neurose infantil. Com uma violenta irrupção em direção à mulher, ele atingiu afinal a plena masculinidade; esse objeto sexual foi desde então mantido, mas ele não se alegrou com sua posse, pois uma forte inclinação para o homem, agora totalmente inconsciente, que juntava em si todas as forças das fases anteriores, desviava-o constantemente do objeto feminino e o obrigava a exagerar a dependência da mulher nos intervalos. No tratamento ele se queixava de que não podia conviver com uma mulher, e todo o trabalho se orien-

---

54 *Internationale Zeitschrift für ärztliche Psychoanalyse*, v. 1, 1913, pp. 525 ss.

tou para lhe desvendar a relação inconsciente com o homem. Sua infância se caracterizara, para resumir numa fórmula, pela oscilação entre atividade e passividade, sua puberdade pela luta pela masculinidade, e o período a partir do adoecimento pelo combate em torno do objeto da tendência masculina. Aquilo que precipitou sua doença não se inclui entre os "tipos neuróticos de adoecimento", que pude agrupar como casos especiais de "frustração",[55] e aponta assim para uma lacuna nesta classificação. Ele sucumbiu quando uma afecção orgânica do genital reavivou sua angústia de castração, causou dano a seu narcisismo e o obrigou a renunciar à expectativa de ser privilegiado pelo destino. Portanto, ele adoeceu de uma "frustração" narcísica. Essa grande intensidade do seu narcisismo concordava inteiramente com os outros indícios de um desenvolvimento sexual inibido: que a sua escolha heterossexual de objeto concentrou em si, não obstante toda a energia, bem poucas tendências psíquicas, e que a atitude homossexual, tão mais próxima do narcisismo, nele se afirmou com tal tenacidade como poder inconsciente. Naturalmente a terapia psicanalítica não pode, em perturbações como essa, produzir uma reviravolta momentânea e algo equivalente a um desenvolvimento normal, mas apenas eliminar os obstáculos e aplanar os caminhos, para que os influxos da vida possam obter um desenvolvimento em melhor direção.

---

55 *Zentralblatt für Psychoanalyse*, v. 2, n. 6, 1912. ["Tipos de adoecimento neurótico".]

IX. RESUMOS E PROBLEMAS

Como particularidades de sua natureza psíquica, que foram descobertas, mas não muito esclarecidas no tratamento psicanalítico, e por isso não puderam ser diretamente influenciadas, eu reuniria as seguintes: a tenacidade da fixação, já discutida, o extraordinário crescimento do pendor à ambivalência e, como terceiro traço de uma constituição que chamaria de arcaica, a capacidade de manter, um ao lado do outro e em condições de funcionamento, os mais diversos e contraditórios investimentos libidinais. O constante oscilar entre eles, em virtude do qual a resolução e o progresso pareceram por tanto tempo excluídos, dominou o quadro clínico da época adulta, que pude apenas tangenciar aqui. Sem dúvida alguma era esse um traço característico do inconsciente, que nele continuou nos processos tornados conscientes; mas se mostrava apenas nos resultados dos impulsos afetivos, nos âmbitos puramente lógicos ele revelava uma especial destreza em detectar contradições e inconsistências. De modo que se tinha, de sua vida anímica, uma impressão igual à da velha religião egípcia, que nos é tão inconcebível por conservar os estágios do desenvolvimento junto aos produtos finais, prosseguir com os deuses e atributos divinos mais antigos ao lado dos mais novos, estender numa superfície o que em outros desenvolvimentos se torna uma figura em profundidade.

Agora cheguei ao fim do que desejava comunicar sobre esse caso clínico. Dos numerosos problemas que ele sugere, dois ainda me parecem dignos de um relevo especial. O primeiro diz respeito aos esquemas filogeneticamente herdados, que, à maneira de "categorias" filosóficas, tratam da colocação das impressões recebidas na vida. Inclino-me a sustentar a concepção de que constituem precipitados da história da cultura humana. O complexo de Édipo, que compreende a relação da criança com os pais, está incluído entre eles, é mesmo o exemplo mais conhecido dessa espécie. Quando as vivências não se encaixam no esquema hereditário, sucede uma remodelação delas na fantasia, cuja obra seria certamente útil acompanhar em detalhe. Precisamente esses casos são adequados para nos demonstrar a existência autônoma do esquema. Com frequência pode-se notar que o esquema triunfa sobre a vivência individual, como em nosso caso, em que o pai se torna o castrador que ameaça a sexualidade infantil, não obstante um complexo de Édipo aliás invertido. Um outro efeito se dá quando a ama de leite toma o lugar da mãe ou se funde com ela. As discrepâncias entre a vivência e o esquema parecem abastecer de material abundante os conflitos infantis.

O segundo problema não se acha distante desse, mas é bem mais importante. Se considerarmos a conduta do menino de quatro anos diante da cena primária reativada,[56] e mesmo se pensarmos apenas nas reações bem mais simples do bebê de um ano e meio a vivenciar a cena, é difícil afastar a concepção de que uma espécie de saber dificilmente definível, algo como uma prepara-

---

56 Não é preciso levar em conta o fato de que só duas décadas depois esse comportamento pôde ser colocado em palavras, pois todos os efeitos que derivamos da cena já se manifestaram na infância e muito antes da análise, em forma de sintomas, compulsões etc. É indiferente se preferimos vê-la como cena primária ou como fantasia primária.

IX. RESUMOS E PROBLEMAS

ção à compreensão, também age na criança.[57] Em que pode consistir isso é algo que escapa à imaginação; dispomos apenas de uma única e excelente analogia, aquela com o vasto saber *instintivo* [*instinktiv*] dos animais.

Havendo um tal patrimônio instintivo também no homem, não seria de espantar se ele atingisse particularmente os processos da vida sexual, embora não possa de maneira alguma limitar-se a eles. Esse elemento instintivo seria o âmago do inconsciente, uma primitiva atividade do espírito, que posteriormente é destronada e recoberta pela razão humana que se vem a adquirir, mas com muita frequência, talvez sempre, mantém a força para fazer baixar até si os processos anímicos mais elevados. A repressão seria o retorno a esse estágio instintivo, e desse modo o homem pagaria com sua capacidade para a neurose a sua grande aquisição, e com a possibilidade da neurose testemunharia a existência do estágio preliminar anterior, de tipo instintivo. A significação dos traumas da primeira infância estaria em que abastecem esse inconsciente de um material que o protege da consumição pelo desenvolvimento ulterior.

Sei que pensamentos similares, que acentuam na vida psíquica o fator hereditário, adquirido filogeneticamente, já foram manifestados em diversas ocasiões, e creio que houve uma disposição muito fácil em lhes conceder lugar na avaliação e na estima da psicanálise. Eles me parecem admissíveis apenas quando a psicanálise, obedecendo à ordem correta das instâncias, depara com as pistas do

---

[57] Devo novamente enfatizar que estas reflexões seriam supérfluas caso o sonho e a neurose não pertencessem ao período da infância.

que foi herdado após penetrar pelos estratos do que foi adquirido individualmente.[58]

58 [Acréscimo de 1923:] Ofereço mais uma vez a cronologia dos eventos mencionados nesta história:
Nascimento no dia de Natal.
Um ano e meio: Malária. Observação do coito dos pais ou de um momento em que estavam juntos, em que depois ele introduziu a fantasia do coito.
Pouco antes de dois anos e meio: Cena com Grucha.
Dois e meio: Lembrança encobridora da partida dos pais com a irmã. Ela o mostra sozinho com a Nânia, e nega assim a Grucha e a irmã.
Antes de três anos e três meses: Lamento da mãe ao médico.
Três anos e três meses: Início da sedução pela irmã, logo depois ameaça de castração da Nânia.
Três anos e meio: Governanta inglesa, início da mudança de caráter.
Quatro anos: Sonho dos lobos, origem da fobia.
Quatro anos e meio: Influência da história bíblica. Surgimento dos sintomas obsessivos.
Pouco antes dos cinco anos: Alucinação da perda do dedo.
Cinco anos: Mudança da primeira propriedade.
Depois dos seis anos: Visita ao pai doente.
Oito anos/ dez anos: Últimas irrupções da neurose obsessiva.
Minha exposição permitiu adivinhar que o paciente era russo. Eu lhe dei alta, curado, a meu ver, poucas semanas antes da inesperada irrupção da Guerra Mundial, e só o vi novamente quando, com as vicissitudes da guerra, as Potências Centrais tiveram acesso à Rússia meridional. Ele veio então a Viena, e contou que imediatamente após o fim do tratamento foi tomado do empenho de se livrar da influência do médico. Em alguns meses de trabalho ele dominou uma parcela da transferência ainda não superada; desde então o paciente, ao qual a guerra havia roubado a pátria, a riqueza e todas as relações familiares, sentiu-se normal e comportou-se impecavelmente. Talvez precisamente a sua miséria, ao satisfazer o seu sentimento de culpa, tenha contribuído para firmar seu restabelecimento.

ALÉM DO PRINCÍPIO DO PRAZER (1920)

TÍTULO ORIGINAL: *JENSEITS DES LUSTPRINZIPS*. PUBLICADO PRIMEIRAMENTE EM VOLUME AUTÔNOMO: LEIPZIG, VIENA E ZURIQUE: INTERNATIONALER PSYCHOANALYTISCHER VERLAG [EDITORA PSICANALÍTICA INTERNACIONAL], 1920, 60 PP. TRADUZIDO DE *GESAMMELTE WERKE* XIII, PP. 3-69; TAMBÉM SE ACHA EM *STUDIENAUSGABE* III, PP. 213-72.

I

Na teoria psicanalítica, não hesitamos em supor que o curso dos processos psíquicos é regulado automaticamente pelo princípio do prazer; isto é, acreditamos que ele é sempre incitado por uma tensão desprazerosa e toma uma direção tal que o seu resultado final coincide com um abaixamento dessa tensão, ou seja, com uma evitação do desprazer ou geração do prazer. Se atentamos para esse curso, ao considerar os processos psíquicos que estudamos, introduzimos o ponto de vista econômico em nosso trabalho. Uma descrição que, junto ao fator topológico e ao dinâmico, procure levar em conta esse fator econômico, parece-nos ser a mais completa que hoje podemos imaginar, merecendo a designação de *metapsicológica*.

Não é de nosso interesse investigar em que medida, estabelecendo o princípio do prazer, nos aproximamos ou afiliamos a um sistema filosófico particular, historicamente assentado. Chegamos a tais especulações na tentativa de descrever e dar conta dos fatos que diariamente observamos em nossa área. Prioridade e originalidade não se incluem entre as metas do trabalho psicanalítico, e as impressões em que se baseia o estabelecimento de tal princípio são tão claras que é praticamente impossível ignorá-las. Por outro lado, com prazer manifestaríamos gratidão a uma teoria filosófica ou psicológica que nos pudesse informar sobre o significado das sensações de prazer e desprazer, que tão imperativamente agem sobre nós. Mas, infelizmente, nada de útil nos é oferecido nesse ponto. É o mais obscuro e inacessível âmbito da vida psíquica e, se não podemos evitá-lo, creio que a melhor hipótese, no que a ele diz respeito, será aquela mais frouxa. Decidimos relacionar prazer e desprazer com a quantidade de excitação — não ligada de nenhuma maneira — existente na vida psíquica, de tal modo que o desprazer corresponde a um aumento, e o prazer, a uma diminuição dessa quantidade. Nisso não pensamos numa relação simples entre a força das sensações e as modificações a elas correspondentes; tampouco — após tudo o que nos ensinou a psicofisiologia — numa proporção direta; provavelmente o fator decisivo para a sensação é a medida de diminuição ou aumento num dado período de tempo. A experimentação talvez contribuísse em algo neste ponto, mas para nós, psicanalistas, não é aconselhável adentrarmos esses problemas, enquanto observações bem definidas não nos possam guiar.

Não pode nos deixar indiferentes, entretanto, o fato de um pesquisador arguto como G. T. Fechner sustentar uma concepção de prazer e desprazer que coincide essencialmente com a que nos impôs o trabalho psicanalítico. A afirmação de Fechner está no seu breve escrito *Einige Ideen zur Schöpfungs- und Entwicklungsgeschichte der Organismen* [Algumas ideias sobre a história da criação e do desenvolvimento dos organismos], de 1873 (parte XI, suplemento, p. 94), e diz o seguinte:

"Na medida em que os impulsos conscientes sempre se acham em relação com o prazer ou desprazer, pode-se também pensar o prazer ou desprazer em relação psicofísica com situações de estabilidade e instabilidade, podendo fundamentar-se nisso a hipótese, que desenvolverei mais minuciosamente em outro lugar, de que todo movimento psicofísico que supera o limiar da consciência é acompanhado de prazer enquanto, além de certo limite, aproxima-se da plena estabilidade, e de desprazer enquanto, além de certo limite, afasta-se dela, havendo entre os dois limites, que podem ser designados como limiares qualitativos do prazer e do desprazer, uma certa margem de indiferença estética [...]."

Os fatos que nos levaram a crer que o princípio do prazer predomina na psique também acham expressão na hipótese de que o aparelho psíquico se empenha em conservar a quantidade de excitação nele existente o mais baixa possível, ou ao menos constante. É a mesma coisa, apenas em outra formulação, pois, se o trabalho do aparelho psíquico se dirige para manter baixa a quantidade de excitação, tudo o que tem a propriedade de aumentá-la será percebido como disfuncional, ou seja, como desprazeroso. O princípio do prazer deriva do princípio da constância; na realidade o princípio da constância foi deduzido dos fatos que nos impuseram a hipótese do princípio do prazer. E, ao aprofundar a discussão, veremos que esse empenho do aparelho psíquico, que nós supomos, subordina-se, como caso especial, ao princípio fechneriano da *tendência à estabilidade*, ao qual ele, Fechner, relacionou as sensações de prazer-desprazer.

Mas devemos assinalar que, a rigor, não é correto dizer que o princípio do prazer domina o curso dos processos psíquicos. Se assim fosse, a grande maioria de nossos processos mentais teria de ser acompanhada de prazer ou conduzir ao prazer, quando a experiência geral contradiz energicamente essa ilação. O que pode então suceder é que haja na psique uma forte tendência ao princípio do prazer, à qual se opõem determinadas forças ou constelações, de modo que o resultado final nem sempre corresponde à tendência ao prazer. Veja-se esta observação de Fechner, motivada por algo semelhante (idem, p. 90): "Mas como a tendência ao objetivo não significa o alcance do objetivo, e este é alcançável apenas em aproximações [...]". Se agora nos voltamos para a questão de quais circunstâncias podem impedir o prevalecimento do princípio do prazer, pisamos novamente um chão seguro e conhecido, e para respondê-la dispomos, em larga medida, de nossas experiências analíticas.

O primeiro caso de uma tal inibição do princípio do prazer nos é familiar, apresentando-se com regularidade. Sabemos que o princípio do prazer é próprio de um modo de funcionamento primário do aparelho psíquico, e que, para a autoafirmação do organismo em meio às dificuldades do mundo externo, já de início é inutilizável e mesmo perigoso em alto grau. Por influência dos instintos de autoconservação do Eu é substituído pelo *princípio da realidade*, que, sem abandonar a intenção de obter afinal o prazer, exige e consegue o adiamento da satisfação, a renúncia a várias possibilidades desta e a temporária aceitação do desprazer, num longo rodeio para chegar ao prazer. Por muito tempo o princípio do prazer continua como o modo de funcionamento dos instintos sexuais, que são difíceis de "educar", e volta e meia sucede que, a partir desses instintos ou no próprio Eu, ele sobrepuja o princípio da realidade, em detrimento de todo o organismo.

É indubitável, porém, que a substituição do princípio do prazer pelo princípio da realidade pode ser responsável tão somente por uma pequena parte, de modo algum a mais intensa, das experiências de desprazer. Uma outra fonte de origem do desprazer, não menos regular, acha-se nos conflitos e cisões dentro do aparelho psíquico, enquanto o Eu perfaz seu desenvolvimento rumo a organizações mais complexas. Quase toda a energia que preenche o aparelho vem dos impulsos instintuais inatos, mas estes não são todos admitidos nas mesmas fases de desenvolvimento. No meio do caminho sempre volta a suceder que determinados instintos ou partes de instintos resultem incompatíveis, nas suas metas ou exigências, com os restantes, capazes de unir-se na abrangente unidade do Eu. Então eles são segregados dessa unidade por meio do processo da repressão, mantidos em graus inferiores do desenvolvimento psíquico e têm cortadas, de início, as possibilidades de satisfação. Se depois conseguem, mediante desvios, obter uma satisfação direta ou substitutiva, algo que ocorre facilmente com os instintos sexuais reprimidos, tal sucesso, que de outro modo teria sido uma ocasião de prazer, é sentido como desprazer pelo Eu. Em consequência do velho conflito que resultou em repressão, o princípio do prazer experimentou nova ruptura, justamente quando certos instintos laboravam, conforme o princípio, para obter novo prazer. Os detalhes do processo pelo qual a repressão transforma uma possibilidade de prazer numa fonte de desprazer ainda não são bem compreendidos ou não podem ser claramente expressos, mas certamente todo desprazer neurótico é desse tipo, é prazer que não pode ser sentido como tal.[1]

As duas fontes do desprazer aqui mencionadas estão longe de cobrir a maioria de nossas vivências desprazerosas, mas, quanto ao resto, parece haver bons motivos para afirmar que a sua existência não contradiz o domínio do princípio do prazer. A maior parte do desprazer que sentimos é desprazer de percepção, seja percepção da premência de instintos insatisfeitos ou percepção externa, que é penosa em si ou que provoca expectativas desprazerosas no aparelho psíquico, sendo por ele reconhecida como "perigo". A reação a tais reivindicações dos instintos e ameaças de perigo, na qual se manifesta propriamente a atividade do aparelho psíquico, pode então ser dirigida, de maneira correta, pelo princípio do prazer ou pelo princípio da realidade, que o modifica. Com isso não parece necessário admitir uma maior limitação do princípio do prazer, mas justamente a investigação da reação psíquica ao perigo externo pode fornecer novo material e novas colocações ao problema de que aqui tratamos.

---

[1] O essencial é, provavelmente, que prazer e desprazer, como sensações conscientes, acham-se ligados ao Eu.

II

Há muito se conhece um estado que sobrevém após sérias comoções mecânicas, desastres ferroviários e outros acidentes com risco de vida, ao qual se deu o nome de "neurose traumática". A terrível guerra que há pouco terminou fez surgir um grande número dessas doenças, e ao menos pôs fim à tentação de atribuí-las a uma lesão orgânica do sistema nervoso, ocasionada por força mecânica.[2] O quadro da neurose traumática avizinha-se ao da histeria por sua riqueza de sintomas motores semelhantes, mas supera-o normalmente nos sinais bastante desenvolvidos de sofrimento subjetivo, como numa hipocondria ou melancolia, e nas evidências de um mais amplo enfraquecimento e transtorno das funções psíquicas. Até agora não se obteve plena compreensão nem das neuroses de guerra nem das neuroses traumáticas do período de paz. No caso das neuroses de guerra, o fato de o mesmo quadro clínico surgir ocasionalmente sem o concurso de uma dura força mecânica teve efeito esclarecedor e, ao mesmo tempo, desconcertante; nas neuroses traumáticas comuns ressaltam duas características, que podem ser pontos de partida para a reflexão; em primeiro lugar, pareciam causadas principalmente pelo fator da surpresa, do terror; em segundo, uma ferida ou contusão sofrida simultaneamente atuava, em geral, contra o sur-

---

[2] Cf. *Zur Psychoanalyse der Kriegsneurosen* [Psicanálise das neuroses de guerra], com contribuições de Ferenczi, Abraham, Simmel e E. Jones, volume I da Biblioteca Psicanalítica Internacional, 1919.

gimento da neurose. "Terror", "medo" e "angústia"* são empregados erradamente como sinônimos; mas podem se diferenciar de modo claro na sua relação com o perigo. "Angústia" designa um estado como de expectativa do perigo e preparação para ele, ainda que seja desconhecido; "medo" requer um determinado objeto, ante o qual nos amedrontamos; mas "terror" se denomina o estado em que ficamos ao correr um perigo sem estarmos para ele preparados, enfatiza o fator da surpresa. Não creio que a angústia possa produzir uma neurose traumática; na angústia há algo que protege do terror e também da neurose de terror. Retornaremos depois a essa questão.

Podemos considerar o estudo dos sonhos o caminho mais seguro para a investigação dos processos psíquicos profundos. Ora, os sonhos que ocorrem numa neurose traumática têm a característica de que o doente sempre retorna à situação do acidente, da qual desperta com renovado terror. As pessoas não se surpreendem o bastante com isso. Acham que é justamente uma prova de como foi forte a impressão deixada pela vivência traumática, que até no sonho volta a se impor ao doente. Este se acha, então, psiquicamente fixado ao trauma, por assim dizer. Tais fixações à vivência que desencadeou a enfermidade nos são conhecidas há muito tempo, no caso da histeria. Breuer e Freud afirmaram, em 1893, que "os histéricos sofrem principalmente de reminis-

---

* No original: *Schreck, Furcht, Angst*. Freud já procurava diferenciar *Furcht* e *Angst* na segunda parte da "Análise da fobia de um garoto de cinco anos", de 1909.

cências". Também nas neuroses de guerra observadores como Ferenczi e Simmel puderam explicar vários sintomas motores pela fixação ao momento do trauma.

Mas não é do meu conhecimento que os que sofrem de neurose traumática se ocupem muito da lembrança do acidente quando se acham acordados. Talvez procurem antes não pensar nele. Aceitar como óbvio que o sonho noturno os devolve à situação causadora da doença é compreender mal a natureza dos sonhos. Seria mais próprio dela que o doente visse imagens do tempo em que era são ou da cura pela qual anseia. Para que os sonhos dos neuróticos traumáticos não nos façam duvidar da tendência realizadora de desejos do sonho, resta-nos a saída de que nesse estado a função do sonho, como tantas outras coisas, também é abalada ou desviada de seus propósitos, ou teríamos que lembrar as enigmáticas tendências masoquistas do Eu.

Agora proponho deixar o obscuro e sombrio tema da neurose traumática e estudar o modo como trabalha o aparelho psíquico numa de suas primeiras ocupações normais. Refiro-me às brincadeiras das crianças.*

Recentemente as diversas teorias sobre o jogo infantil foram resumidas e apreciadas psicanaliticamente por

---

* Não há espaço de uma linha vazia entre esse parágrafo e o anterior na edição alemã utilizada, *Gesammelte Werke*. Mas, considerando que faz sentido um espaço nesse ponto e que ele se acha numa edição alemã mais recente (*Studienausgabe*), resolvemos incorporá-lo, aqui e em alguns outros lugares.

S. Pfeifer na *Imago*;* um trabalho que aqui posso indicar. Essas teorias se empenham em descobrir os motivos do jogo das crianças, mas sem destacar o ponto de vista econômico, a consideração pelo ganho de prazer. Não pretendendo abarcar todas essas manifestações, apenas aproveitei uma oportunidade que se me ofereceu, a fim de elucidar o primeiro jogo de invenção própria de um menino de um ano e meio. Foi mais que uma observação ligeira, pois durante algumas semanas estive com a criança e os seus pais sob o mesmo teto, e levou um certo tempo até que se revelasse para mim o significado daquela ação misteriosa e sempre repetida.

O garoto não era precoce no desenvolvimento intelectual; com dezoito meses de idade, falava apenas algumas palavras compreensíveis e dispunha também de vários sons significativos, entendidos pelas pessoas ao seu redor. Mas tinha um bom relacionamento com os pais e a única empregada, e recebia elogios por ser "comportado". Não incomodava os pais durante a noite, obedecia conscienciosamente às proibições de tocar em certos objetos e entrar em certos lugares e, principalmente, nunca chorava quando a mãe o deixava durante horas, embora fosse muito apegado a ela, que não só o amamentara como dele cuidara sem ajuda de outras pessoas. Esse bom menino tinha o hábito, ocasionalmente importuno, de jogar todos os pequenos objetos que alcançava para longe de si, a um canto do aposento,

---

* S. Pfeifer, "Äußerungen infantil-erotischer Triebe im Spiele" [Manifestações de instintos infantil-eróticos no jogo], *Imago*, v. 5, 1919.

debaixo da cama etc., de modo que reunir os seus brinquedos não era coisa fácil. Ao fazer isso ele proferia, com expressão de interesse e satisfação, um forte e prolongado *o—o—o—o*, que, no julgamento da mãe e no deste observador, não era uma interjeição e significava "*fort*" ["foi embora"]. Afinal percebi que era um jogo e que o menino apenas usava todos os seus brinquedos para jogar "ir embora". Um dia pude fazer a observação que confirmou minha opinião. Ele tinha um carretel de madeira, em que estava enrolado um cordão. Nunca lhe ocorria, por exemplo, puxá-lo atrás de si pelo chão, brincar de carro com ele; em vez disso, com habilidade lançava o carretel, seguro pelo cordão, para dentro do berço, através de seu cortinado, de modo que ele desaparecia, nisso falando o significativo *o—o—o—o*, e depois o puxava novamente para fora do berço, saudando o aparecimento dele com um alegre "*da*" ["está aqui"]. Então era essa a brincadeira completa, desaparecimento e reaparição, de que geralmente via-se apenas o primeiro ato, que era repetido incansavelmente como um jogo em si, embora sem dúvida o prazer maior estivesse no segundo ato.[3]

---

[3] Esta interpretação foi confirmada inteiramente depois, mediante uma outra observação. Num dia em que sua mãe estivera ausente por várias horas, foi recebida, na sua volta, com a saudação: *Bebi o—o—o—o!*, que primeiramente foi incompreensível. Logo se revelou, porém, que durante o longo período em que ficou só ele encontrara um modo de fazer desaparecer a si próprio. Havia descoberto sua imagem no espelho que vinha quase até o chão e se acocorado, de maneira que a imagem "foi embora".

A interpretação do jogo foi simples, então. Ele estava relacionado à grande conquista cultural do menino, à renúncia instintual (renúncia à satisfação instintual) por ele realizada, ao permitir a ausência da mãe sem protestar. Compensava a si mesmo, digamos, ao encenar o desaparecimento e a reaparição com os objetos que estavam ao seu alcance. Claro que não faz diferença, para a avaliação afetiva desse jogo, se o menino inventou-o ele mesmo ou apropriou-se dele em consequência de um estímulo. Voltaremos nosso interesse para um outro ponto. É impossível que a ausência da mãe fosse agradável ou mesmo indiferente para essa criança. Como pode então harmonizar-se com o princípio do prazer o fato de ela repetir tal vivência dolorosa como brincadeira? Talvez se responda que a ausência tinha de ser encenada, como precondição para o agradável reaparecimento, que seria o verdadeiro propósito do jogo. Isso seria contrariado pela observação de que o primeiro ato, a ausência, era encenado como brincadeira em si mesmo, e muito mais frequentemente que a apresentação completa, com seu final prazeroso.

A análise de um caso assim isolado não leva a um juízo seguro; numa reflexão não preconcebida, tem-se a impressão de que o menino transformou a vivência em jogo por um outro motivo. Ele se achava numa situação passiva, foi atingido pela vivência e, ao repeti-la como jogo, embora fosse desprazerosa, assumiu um papel ativo. Tal empenho poderíamos atribuir a um impulso de apoderamento,* que passou a não depender de que a recordação

---

* "Impulso de apoderamento": no original, *Bemächtigungstrieb*.

em si fosse ou não prazerosa. Mas podemos tentar uma outra interpretação. O lançamento do objeto, de modo que desapareça, poderia constituir a satisfação de um impulso, suprimido na vida, de vingar-se da mãe por ter desaparecido para ele, tendo então o sentido desafiador: "Sim, vá embora, não preciso de você, eu mesmo a mando embora". Essa mesma criança que observei com um ano e meio de idade, em sua primeira brincadeira, um ano depois costumava lançar ao chão um brinquedo que o aborrecia, com as palavras: "Vá para a gue(rr)a!". Haviam-lhe dito que seu pai estava na guerra e ele não sentia falta do pai, dando claros indícios de que não queria ser perturbado na posse exclusiva da mãe.[4] Sabemos de outras crianças que exprimem semelhantes impulsos hostis arremessando objetos em lugar das pessoas.[5] Vem-nos então a dúvida de saber se a tendência a elaborar psiquicamente algo impressionante e dele apropriar-se inteiramente pode se manifestar de modo primário e independente do princípio do prazer. No caso discutido, o garoto só podia repetir brincando uma impressão desagradável porque a essa repetição está ligada uma obtenção de prazer de outro tipo, porém direta.

Nem um maior estudo das brincadeiras infantis nos ajudará nessa hesitação entre duas concepções. Vê-se

---

[4] Quando ele tinha cinco anos e nove meses, faleceu sua mãe. Agora que ela realmente fora "embora" (*o—o—o*), o menino não demonstrou luto por ela. É certo que naquele intervalo nascera uma outra criança, que havia despertado nele um forte ciúme.
[5] Cf. "Uma recordação de infância em *Poesia e verdade*", *Imago*, v. 5, 1917.

que as crianças repetem, brincando, o que lhes produziu uma forte impressão na vida, que nisso reagem e diminuem* a intensidade da impressão e tornam-se, por assim dizer, donos da situação. Mas é claro, por outro lado, que toda a sua brincadeira é influenciada pelo desejo que domina esse seu tempo: o desejo de ser grande e poder agir como as pessoas grandes. Observa-se também que o caráter desprazeroso da vivência não a torna sempre inadequada para o brinquedo. Se o doutor examina a garganta da criança ou realiza nesta uma pequena cirurgia, não há dúvida de que essa aterradora experiência será o tema da brincadeira seguinte, mas não se pode ignorar, com isso, o prazer obtido de outra fonte. Quando passa da passividade da experiência à atividade do jogo, a criança inflige a um companheiro de jogos o que lhe sucedera de desagradável, vingando-se, assim, na pessoa desse substituto.

Em todo caso, dessa discussão resulta que é desnecessário supor, como motivo para o jogo, um particular instinto de imitação. Lembremos ainda que o jogo e a imitação artísticos dos adultos, que, diferentemente do que fazem as crianças, dirigem-se à pessoa do espectador, não poupam a este as mais dolorosas impressões — na tragédia, por exemplo —, e, no entanto, são por ele percebidos como elevada fruição. Assim nos convencemos de que também sob o domínio do princípio do prazer há meios e caminhos para tornar objeto de recorda-

---

* Aqui foram empregados dois verbos para traduzir um só do original (*abreagieren*), embora já se admita a forma "ab-reagir".

ção e elaboração psíquica o que é em si desprazeroso. Uma estética que considere a economia [psíquica] pode lidar com esses casos e situações que terminam na obtenção final do prazer; para os nossos propósitos eles não servem, pois pressupõem a existência e o domínio do princípio do prazer, não atestam a operação de tendências além do princípio do prazer, isto é, que seriam mais primitivas que ele e independentes dele.

III

Vinte e cinco anos de trabalho intenso fizeram com que os objetivos imediatos da técnica psicanalítica sejam agora muito diferentes do que eram no início. Antes o médico praticante da psicanálise não podia senão procurar descobrir, reunir e comunicar no momento certo o inconsciente oculto para o doente. A psicanálise era sobretudo uma arte da interpretação. Como a tarefa terapêutica não se concluía dessa forma, logo surgiu mais uma intenção, a de instar o paciente a confirmar a construção por meio de sua própria lembrança. Naquele esforço, a ênfase principal era nas resistências do paciente; depois a arte consistiu em desvendá-las o mais rapidamente possível, mostrá-las ao paciente e, através da influência pessoal (eis o lugar da sugestão atuando como "transferência"), induzi-lo a abandonar as resistências.

Tornou-se cada vez mais claro, porém, que a meta proposta, de tornar consciente o que era inconsciente, também não era inteiramente exequível por esse caminho. O doente não pode lembrar-se de tudo o que nele está reprimido, talvez precisamente do essencial, não se convencendo da justeza da construção que lhe é informada. Ele é antes levado a *repetir* o reprimido como vivência atual, em vez de, como preferiria o médico, *recordá-lo* como parte do passado.[6] Essa reprodução, que surge com uma fidelidade que não fora desejada, sempre tem por conteúdo algo da vida sexual infantil, ou seja, do complexo de Édipo e seus derivados, e invariavelmente se dá no âmbito da transferência, isto é, da relação com o médico. Se o tratamento chega a esse ponto, pode-se dizer que a antiga neurose foi substituída por uma nova "neurose de transferência". O médico se empenhou em restringir o campo dessa neurose de transferência, em empurrar o máximo possível para a recordação e deixar o mínimo para a repetição. A proporção que se estabelece entre a recordação e a reprodução varia em cada caso. Via de regra, o médico não pode poupar ao analisando essa fase do tratamento; ele tem de fazê-lo reviver certa parte da vida esquecida e cuidar também para que seja mantido algum grau de superioridade,[*] em virtude do qual a aparente realidade

---

6 Cf. "Recordar, repetir e elaborar: novas recomendações sobre a técnica da psicanálise II".
[*] "Superioridade": versão literal para *Überlegenheit*, como consta no original; nas versões estrangeiras consultadas (a espanhola da Biblioteca Nueva, a argentina da Amorrortu, a italiana da Boringhieri, a *Standard* inglesa e a holandesa da Boom): *superioridad, reflexión, razionale distacco, aloofness, superioriteit*.

seja sempre reconhecida, afinal, como reflexo de um passado esquecido. Isso alcançado, chega-se ao convencimento do paciente e ao sucesso terapêutico que dele depende.

A fim de compreender melhor essa *"compulsão à repetição"*, que se manifesta no tratamento psicanalítico dos neuróticos, devemos sobretudo nos livrar do equívoco de que, ao combater as resistências, lidamos com a resistência do "inconsciente". O inconsciente, ou seja, o "reprimido", não promove qualquer resistência aos esforços da terapia, ele mesmo não procura senão, apesar da pressão que sobre ele pesa, abrir caminho rumo à consciência ou à descarga através da ação real. A resistência no tratamento procede dos mesmos elevados sistemas e camadas da psique que anteriormente efetuaram a repressão. Mas como os motivos das resistências e estas mesmas, segundo a experiência, são, no início, inconscientes na terapia, somos instados a corrigir uma inadequação de nossa maneira de expressão. Evitaremos a falta de clareza se colocarmos em oposição não o consciente e o inconsciente, mas sim o Eu coerente e aquilo que é *reprimido*. Não há dúvida de que muito do Eu é em si mesmo inconsciente, justamente o que se pode chamar de âmago do Eu; apenas uma pequena parte dele é coberta pelo termo *"pré-consciente"*. Após substituir uma forma de expressão puramente descritiva por uma sistemática ou dinâmica, podemos dizer que a resistência do analisando vem de seu Eu, e logo percebemos que a compulsão à repetição deve ser atribuída ao reprimido inconsciente. Ela provavelmente não podia manifestar-se até que o trabalho terapêutico, vindo-lhe ao encontro, afrouxou a repressão.[7]

Sem dúvida, a resistência do Eu consciente e pré--consciente está a serviço do princípio do prazer, pois ele quer evitar o desprazer que seria gerado pela liberação do reprimido, e nós nos esforçamos, apelando ao princípio da realidade, para conseguir a admissão desse desprazer. Mas em que relação com o princípio do prazer se acha a compulsão de repetição, a manifestação de força do reprimido? É claro que a maior parte do que a compulsão de repetição faz reviver causa necessariamente desprazer ao Eu, pois traz à luz atividades de impulsos instintuais reprimidos, mas é um desprazer que já consideramos, que não contraria o princípio do prazer, é desprazer para um sistema e, ao mesmo tempo, satisfação para o outro. Mas o fato novo e digno de nota, que agora temos que descrever, é que a compulsão à repetição também traz de volta experiências do passado que não possibilitam prazer, que também naquele tempo não podem ter sido satisfações; mesmo de impulsos desde então reprimidos.

O primeiro florescimento da vida sexual infantil estava fadado ao declínio graças à incompatibilidade entre os seus desejos e a realidade e à insuficiência do estágio infantil de desenvolvimento. Ele terminou em circunstâncias penosas e com sensações profundamente doloro-

---

[7] Eu argumento em outro lugar ["Observações sobre a teoria e a prática da interpretação dos sonhos", 1923], que é o "efeito de sugestão" da terapia que aí vem ajudar a compulsão à repetição, isto é, a docilidade para com o médico, profundamente arraigada no complexo parental inconsciente. [Nota acrescentada em 1923.]

sas. A perda do amor e o fracasso deixaram atrás de si um dano permanente na autoestima, em forma de ferida narcísica, que é, segundo minha experiência e também os estudos de Marcinowski,[8] a mais forte contribuição ao "sentimento de inferioridade", frequente nos neuróticos. A pesquisa sexual, à qual o desenvolvimento físico da criança impõe limites, não levou a uma conclusão satisfatória; daí o lamento posterior: "Não consigo realizar nada, nada dá certo para mim". O laço amoroso, geralmente com o genitor do sexo oposto, sucumbiu à desilusão, à inútil espera por satisfação, ao ciúme quando nasceu mais uma criança, algo que demonstrou inequivocamente a infidelidade do(a) amado(a); sua própria tentativa de fazer um filho, empreendida com trágica seriedade, fracassou vergonhosamente; a diminuição do afeto que lhe mostravam, a maior exigência da educação, palavras sérias e um eventual castigo lhe revelaram enfim todo o *desdém* de que era alvo. Eis umas poucas formas, sempre recorrentes, de como chega ao fim o típico amor desse período da infância.

Todas essas situações não desejadas e emoções dolorosas são repetidas pelo neurótico na transferência e revividas com grande habilidade. Eles procuram interromper o tratamento incompleto, sabem criar de novo a impressão de desdém, forçar o médico a dizer-lhes palavras duras e conduzir-se friamente com eles, encontram objetos

---

8 Marcinowski, "Die erotischen Quellen der Minderwertigkeitsgefühle" [As fontes eróticas dos sentimentos de inferioridade], *Zeitschrift für Sexualwissenschaft*, v. 4, 1918.

adequados para o seu ciúme, substituem o filho ardentemente desejado dos primeiros tempos pela intenção ou a promessa de um enorme presente, que geralmente é tão pouco real como aquele. Nenhuma dessas coisas podia proporcionar prazer naquele tempo; seria de crer que hoje produziriam menor desprazer se emergissem como lembranças ou em sonhos, em vez de se configurarem como novas experiências. Trata-se, naturalmente, da ação de instintos que deveriam levar à satisfação, mas não trouxe frutos a lição de que também naquela época eles produziram somente desprazer. A ação é repetida, apesar de tudo; uma compulsão impele a isso.

O que a psicanálise aponta nos fenômenos de transferência dos neuróticos é encontrado igualmente na vida de pessoas não neuróticas. Nelas dá-se a impressão de um destino que as persegue, de um traço demoníaco* em seu viver, e a psicanálise sempre viu tal destino como, em boa parte, preparado por elas mesmas e determinado por influências da primeira infância. A compulsão que aí se manifesta não é diferente da compulsão à repetição dos neuróticos, embora essas pessoas nunca tenham apresentado sinais de que lidaram com um conflito neurótico produzindo sintomas. De modo que conhecemos pessoas para as quais toda relação humana tem igual desfecho: benfeitores que, após algum tempo, são rancorosamente abandonados por cada um de seus protegi-

---

* "Demoníaco": *dämonisch* — aqui no sentido grego, em que "demônio" (*daimon*) designa um poder superior, não no sentido cristão de "diabólico"; por isso alguns tradutores o puseram entre aspas.

dos, por mais diferentes que estes sejam entre si, e que, portanto, parecem fadados a fruir toda a amargura da ingratidão; homens para os quais o desfecho de toda amizade é serem traídos pelo amigo; outros que repetidamente, no curso da vida, elevam outra pessoa à condição de grande autoridade para si mesmos ou para a opinião pública, e após um certo tempo derrubam eles próprios essa autoridade, para substituí-la por uma nova; amantes cuja relação amorosa com uma mulher percorre sempre as mesmas fases e conduz ao mesmo fim etc. Esse "eterno retorno do mesmo" não nos surpreende muito, quando se trata de um comportamento ativo da pessoa em questão e nós descobrimos o traço de caráter permanente de seu ser, que tem de manifestar-se na repetição das mesmas vivências. Impressão bem mais forte nos produzem os casos em que o indivíduo parece vivenciar passivamente algo que está fora de sua influência, quando ele apenas vivencia, de fato, a repetição do mesmo destino. Recorde-se, por exemplo, a história da mulher que se casou, três vezes seguidas, com homens que em pouco tempo adoeciam e requeriam os seus cuidados no leito de morte.[9] A mais comovente expressão poética desse traço de caráter foi feita por Tasso, na epopeia romântica *Jerusalém libertada*. Tancredo, o herói, matou sua amada Clorinda sem o saber, pois ela o combateu vestindo a armadura de

---

9 Cf. as pertinentes observações de C. G. Jung a respeito disso, no ensaio "Die Bedeutung des Vaters für das Schicksal des Einzelnes" [A significação — ou importância — do pai para o destino do indivíduo], *Jahrbuch für Psychoanalyse*, v. 1, 1909.

um cavaleiro inimigo. Após o enterro, ele entra numa sinistra floresta mágica, que apavora o exército dos Cruzados. Ali ele golpeia uma grande árvore com sua espada, mas da ferida da árvore corre sangue e ouve-se a voz de Clorinda, cuja alma fora aprisionada naquela árvore, acusando-o de novamente haver golpeado a sua amada.

Em vista dessas observações, extraídas da conduta na transferência e do destino das pessoas, sentimo-nos encorajados a supor que na vida psíquica há realmente uma compulsão à repetição, que sobrepuja o princípio do prazer. Também nos inclinaremos a ligar a essa compulsão os sonhos das vítimas de neurose traumática e o impulso que leva as crianças a brincar. É preciso dizer, no entanto, que em raras ocasiões podemos notar somente os efeitos da compulsão à repetição, sem o concurso de outros motivos. Quanto às brincadeiras infantis, já destacamos outras interpretações que a sua gênese admite. Compulsão à repetição e direta satisfação prazerosa do instinto parecem aí entrelaçadas em íntima comunhão. Os fenômenos da transferência acham-se claramente a serviço da resistência por parte do Eu, que persevera na repressão; a compulsão à repetição, de que o tratamento pretendia se valer, é como que puxada para o lado do Eu, que se apega ao princípio do prazer. Naquilo que poderíamos chamar de compulsão do destino, muita coisa nos parece compreensível mediante a ponderação racional, de modo que não se vê como necessário estabelecer um novo e misterioso motivo. O mais insuspeito, talvez, é o caso dos sonhos traumáticos, mas uma reflexão mais atenta nos faz admitir que também nos outros exemplos a ação dos motivos que conhecemos não responde pelo fato. O que ainda resta é bastante para justificar a hipótese da compulsão de repetição, e esta quer nos parecer mais primordial, mais elementar, mais instintual do que o princípio do prazer, por ela posto de lado. Se houver na psique uma tal compulsão à repetição, porém, então gostaríamos de saber algo sobre ela, a qual função corresponde, em que condições pode evidenciar-se, e que relação tem com o princípio do prazer, ao qual até agora, afinal, confiamos o domínio sobre o curso dos processos de excitação na vida mental.

IV

O que se segue é especulação, às vezes especulação extremada, que cada um pode apreciar ou dispensar, conforme a atitude que lhe for própria. É, além do mais, uma tentativa de explorar consequentemente uma ideia, por curiosidade de ver aonde levará.

A especulação psicanalítica parte da impressão, recebida na investigação dos processos inconscientes, de que a consciência pode não ser a característica geral dos processos psíquicos, mas apenas uma função particular deles. Em termos metapsicológicos, ela afirma que a consciência é realização de um sistema especial, que denomina *Cs*. Dado que a consciência fornece, essencialmente, percepções de excitações vindas do mundo externo e sensações de prazer e desprazer que podem se originar apenas do interior do aparelho psíquico, pode-se atribuir ao sistema *P-Cs* uma localização espacial. Ele deve estar na fronteira entre exterior e interior, voltado para o mundo externo e envolvendo os outros sistemas psíquicos. Notamos que com essas hipóteses não arriscamos algo novo, mas acompanhamos a anatomia cerebral, que situa a "sede" da consciência no córtex, a camada mais exterior do cérebro, que envolve as demais. A anatomia cerebral não precisa ocupar-se da razão pela qual — anatomicamente falando — a consciência está alojada justamente na superfície do cérebro, em vez de bem abrigada em algum íntimo recôndito seu. Talvez consigamos ir mais longe, na busca de explicação para esse local em nosso sistema *P-Cs*.

A consciência não é a única peculiaridade que nós conferimos aos processos que têm lugar nesse sistema. Apoiados nas impressões de nossa experiência psicanalítica, supomos que todas as ocorrências excitatórias dos outros sistemas deixam neles, como fundamento da memória, traços duradouros, vestígios de lembranças, portanto, que nada têm a ver com o processo de tornar-se consciente. Eles são, com frequência, mais fortes e mais permanentes quando o evento que os deixa nunca atinge a consciência. Mas achamos difícil crer que tais marcas duradouras de excitação também se produzam no sistema *P-Cs*. Logo elas restringiriam a aptidão do sistema para acolher novas excitações,[10] caso sempre permane-

---

10 Conforme a discussão de J. Breuer na parte teórica dos *Estudos sobre a histeria*, 1895.

cessem conscientes; de outro modo, tornando-se inconscientes nos poriam diante da tarefa de explicar a existência de processos inconscientes num sistema cujo funcionamento é, em todo o resto, acompanhado do fenômeno da consciência. Não teríamos modificado nem ganhado nada, por assim dizer, com a hipótese de relegar o tornar-se consciente para um sistema especial. Embora esta não seja absolutamente uma consideração decisiva, pode nos levar à conjectura de que tornar-se consciente e deixar traço de lembrança são incompatíveis dentro do mesmo sistema. Assim poderíamos dizer que no sistema *Cs* o evento excitatório torna-se consciente, mas não deixa marca duradoura; todas as suas marcas, nas quais se apoia a recordação, seriam produzidas nos sistemas adjacentes internos, ao transmitir-se para eles a excitação. Nesse sentido foi esboçado o esquema que inseri na parte especulativa de minha *Interpretação dos sonhos*, em 1900. Ao considerar quão pouco sabemos por outras fontes sobre a origem da consciência, terá de ser concedida, à tese de que *a consciência surge no lugar do traço de lembrança*, pelo menos a importância de uma afirmação que de algum modo é precisa.

O que distinguiria o sistema *Cs*, portanto, seria a peculiaridade de que nele, diferentemente de todos os demais sistemas psíquicos, o processo de excitação não deixa uma permanente mudança dos elementos, mas como que se exaure no fenômeno do tornar-se consciente. Um tal desvio da norma geral pede explicação mediante um fator que entra em consideração apenas para esse sistema, e esse fator, que faltaria nos demais sistemas, bem poderia ser a localização exposta do sistema *Cs*, sua imediata vizinhança com o mundo exterior.

Imaginemos o organismo vivo, na sua maior simplificação, como uma indiferenciada vesícula de substância excitável; a sua superfície voltada para o mundo externo é então diferenciada pela própria localização, servindo como órgão receptor de estímulos. A embriologia, enquanto repetição da história evolutiva, mostra realmente que o sistema nervoso central provém do ectoderma, e que o cinzento córtex cerebral é ainda um derivado da superfície primitiva e poderia ter herdado características essenciais desta. Seria concebível, então, que o incessante choque dos estímulos externos na superfície da vesícula alterasse a sua substância até uma certa profundidade, de modo que o processo de excitação desta transcorresse diferentemente do que sucederia nas camadas mais profundas. Assim se formaria uma casca, afinal tão curtida pela ação dos estímulos, que apresentaria as mais favoráveis condições para a recepção de estímulos e não seria capaz de outras modificações. Transposto para o sistema *Cs*, isso significa que os seus elementos não poderiam mais admitir mudança permanente na passagem da excitação, porque nesse sentido já estariam modificados ao extremo. Mas então se achariam capacitados a fazer surgir a consciência. Sobre a natureza dessa modificação da substância e do processo de excitação no interior dela podemos formar concepções diversas, que no momento se furtam à verificação. Pode-se supor que, ao passar de um elemento para o outro, a excitação tenha de superar uma resistência e essa diminuição da resistência produza o traço permanente da excitação (a facilitação); no sistema *Cs* não existiria mais, portanto, uma tal resistência à transição de um elemento para o outro. Tal concepção pode ser relacionada à distinção, feita por Breuer, entre energia de investimento parada (ligada) e livremente móvel, nos elementos dos sistemas psíquicos;[11] então os elementos do sistema *Cs* não conduziriam energia ligada, apenas energia capaz de livre descarga. Mas por enquanto creio ser melhor expressar-me de forma um tanto imprecisa sobre essa questão. De todo modo, com essa especulação enredaríamos, em alguma medida, a gênese da consciência com a localização do sistema *Cs* e as peculiaridades do processo excitatório que lhe devem ser atribuídas.

Ainda temos algo a observar sobre a vesícula vivente e sua camada cortical receptiva a estímulos. Esse pequeno pedaço de substância viva flutua num mundo externo carregado de fortes energias, e seria liquidado pela ação dos estímulos que vêm dele se não fosse dotado de uma *proteção contra estímulos*. Ele a adquire da forma seguinte: sua superfície mais exterior perde a estrutura própria do que vive, torna-se inorgânica em certa medida, e funciona como um invólucro ou membrana especial que detém estímulos, isto é, faz com que as energias do mundo exterior possam penetrar com uma fração de sua intensidade nas camadas adjacentes, que permaneceram vivas. Essas podem então, por trás da proteção, dedicar-se à recepção das quantidades de estí-

---

[11] J. Breuer e S. Freud, *Estudos sobre a histeria*, 4ª edição, 1922.

mulos que passaram. Mas a camada externa, com sua morte, preservou do mesmo destino aquelas mais profundas, pelo menos enquanto não chegam estímulos de força tal que furem a proteção. Para o organismo vivo, a proteção contra estímulos é tarefa quase mais importante do que a recepção de estímulos; ele* está equipado com uma reserva própria de energia, e tem de empenhar-se sobretudo em preservar as formas especiais de transformação de energia, que nele ocorrem, da influência niveladora, e portanto destruidora, das imensas energias que operam do lado de fora. A recepção de estímulos serve antes de tudo ao propósito de saber a direção e a espécie dos estímulos externos, e para isso basta retirar pequenas amostras do mundo externo, prová-lo em quantidades mínimas. Nos organismos altamente desenvolvidos, a camada cortical receptora de estímulos da ex-vesícula retirou-se há muito para as profundezas do interior do corpo, mas porções dela ficaram na superfície, imediatamente abaixo da proteção geral contra estímulos. São os órgãos dos sentidos, que contêm, no essencial, dispositivos para a recepção de estímulos específicos, mas também mecanismos espe-

---

* "Ele": *er*, no original; referindo-se ao organismo vivo, é o que entendemos. Mas o termo alemão que traduzimos por "proteção contra estímulos", *Reizschutz*, é também masculino. Isso levou James Strachey a entender que o pronome diz respeito a *Reizschutz*, e na *Standard* inglesa ele usou "*the protective shield*" ("o escudo protetor", sua versão para o vocábulo alemão) nesta passagem. Com exceção da italiana, que nisso acompanha Strachey (como em muitas outras ocasiões), as versões consultadas fazem a mesma leitura nossa.

ciais para ainda proteger contra excessivos montantes de estímulos e deter espécies inadequadas de estímulos. É característico deles o fato de elaborarem quantidades muito pequenas do estímulo externo, de apenas tomarem mostras casuais do mundo exterior; talvez possamos compará-los a antenas que tateiam o mundo externo e sempre se retiram novamente dele.

Neste ponto me permitirei abordar brevemente uma questão que mereceria tratamento aprofundado. A tese de Kant, segundo a qual o tempo e o espaço são formas necessárias de nosso pensamento, pode hoje ser submetida a uma discussão, devido a certos conhecimentos psicanalíticos. Vimos que os processos psíquicos inconscientes são "atemporais" em si. Isto significa, em primeiro lugar, que não são ordenados temporalmente, que neles o tempo nada muda, que a ideia de tempo não lhes pode ser aplicada. São características negativas, que apenas se fazem compreensíveis quando comparadas aos processos psíquicos conscientes. Nossa abstrata ideia de tempo parece derivar inteiramente do modo de trabalho do sistema *P-Cs*, correspondendo a uma autopercepção dele. Com esse modo de funcionamento do sistema poderia ser tomado um outro caminho para a proteção contra estímulos. Sei que tais afirmações soam obscuras, mas tenho que me limitar a indicações desse tipo.

Expusemos como a vesícula viva é dotada de uma barreira contra estímulos do mundo externo. Antes verificamos que a camada cortical vizinha desta tem que ser diferenciada como órgão para a recepção de estímulos de fora. Mas essa camada sensível, que se tornará o sistema *Cs*, também recebe excitações vindas de dentro; a posição do sistema, que fica entre o exterior e o interior, e a diversidade das condições para que haja influência de um ou de outro lado tornam-se decisivas para a operação do sistema e de todo o aparelho psíquico. Contra o exterior existe uma proteção, as quantidades de excitação que chegam terão um efeito reduzido; em relação ao interior é impossível a proteção, as excitações das camadas mais profundas se propagam de forma direta e não atenuada no sistema, na medida em que determinadas características de seu curso produzem a série das sensações de prazer-desprazer. Sem dúvida, as excitações vindas de dentro serão, por sua intensidade e por características outras, qualitativas (e eventualmente por sua amplitude), mais adequadas ao modo de funcionamento do sistema do que os estímulos provenientes do mundo exterior. Mas duas coisas são decididas por tal situação: em primeiro lugar, a prevalência das sensações de prazer e desprazer, que são um índice para o que ocorre no interior do aparelho, sobre todos os estímulos externos; em segundo lugar, a adoção de uma conduta ante as excitações internas que provocam um excessivo aumento do desprazer. Haverá a tendência de tratá-las como se agissem a partir de fora e não de dentro, para poder usar contra elas os meios defensivos da proteção contra estímulos. Essa é a origem da *projeção*, destinada a ter um papel importante na causação dos processos patológicos.

Tenho a impressão de que essas últimas reflexões nos fizeram compreender melhor a dominação do princípio do prazer; mas não pudemos esclarecer os casos que a ele se opõem. Vamos dar um passo adiante, então. Às excitações externas que são fortes o suficiente para romper a proteção nós denominamos *traumáticas*. Acho que o conceito de trauma exige essa referência a uma defesa contra estímulos que normalmente é eficaz. Um evento como o trauma externo vai gerar uma enorme perturbação no gerenciamento de energia do organismo e pôr em movimento todos os meios de defesa. Mas o princípio do prazer é inicialmente posto fora de ação. Já não se pode evitar que o aparelho psíquico seja inundado por grandes quantidades de estímulo; surge, isto sim, outra tarefa, a de controlar o estímulo, de ligar psicologicamente as quantidades de estímulo que irromperam, para conduzi-las à eliminação.

O desprazer específico da dor física resulta, provavelmente, de que a barreira contra estímulos foi rompida numa área limitada. Desse lugar na periferia, então, afluem para o aparelho psíquico excitações contínuas, que normalmente podiam vir apenas do interior do aparelho.[12] E como podemos esperar que a psique reaja a essa irrupção? De todos os lados é convocada energia de investimento, a fim de criar, em torno do local da irrupção, investimentos de energia correspondentemente elevados. Produz-se um enorme "contrainvestimento", em favor do qual todos os demais sistemas psíquicos empobrecem, de modo que há uma extensa

---

12 Cf. "Os instintos e seus destinos" [1915].

paralisação ou redução do funcionamento psíquico restante. Nós buscamos aprender com tais exemplos, baseando nossas conjecturas metapsicológicas em tais modelos. Desse comportamento, então, inferimos que um sistema altamente investido é capaz de acolher a nova energia que para ele aflui e transformá-la em investimento parado, ou seja, "ligá-la" psiquicamente. Quanto mais alto o investimento parado, tanto maior a sua força ligadora; de maneira contrária, quanto mais baixo for o investimento do sistema, tanto menos estará capacitado para receber a energia afluente, tanto mais violentas serão as consequências de uma tal ruptura da proteção. Não seria justo objetar a essa concepção que a elevação do investimento em torno do local da irrupção se explicaria mais facilmente pela direta transmissão das quantidades de energia que chegam. Se assim fosse, o aparelho psíquico experimentaria tão só um acréscimo de seus investimentos de energia, continuando inexplicados o caráter paralisante da dor e o empobrecimento dos demais sistemas. Os impetuosos efeitos de descarga produzidos pela dor também não contrariam nossa explicação, pois se dão de maneira reflexa, isto é, ocorrem sem a intermediação do aparelho psíquico. A vagueza de todas essas nossas discussões, que chamamos de metapsicológicas, vem naturalmente do fato de nada sabermos sobre a natureza do processo excitatório que há nos elementos dos sistemas psíquicos e de não nos sentirmos autorizados a fazer qualquer suposição acerca disso. Então operamos sempre com um grande "x", que transportamos para toda nova fórmula. Bem podemos esperar que este processo se realize com energias quantitativamente variadas, e também nos parece provável que ele tenha mais de uma qualidade (como uma amplitude, por exemplo); como algo novo examinamos a colocação de Breuer, segundo a qual há duas formas de preenchimento de energia, de modo que se deve distinguir entre um investimento que flui livremente, pressionando por descarga, e um investimento parado dos sistemas psíquicos (ou de seus elementos). E talvez possamos conjecturar que o "ligamento" da energia que flui para o aparelho psíquico consiste na passagem do estado de livre fluência para o estado de imobilidade.

Creio que podemos nos arriscar a ver a neurose traumática ordinária como a consequência de uma vasta ruptura da proteção contra estímulos. Assim estaria reabilitada a velha e ingênua teoria do choque, em aparente contraste com uma posterior e psicologicamente mais ambiciosa, que não atribui significação etiológica ao efeito da violência mecânica, mas ao terror e à ameaça para a vida. Esses opostos não são inconciliáveis, porém, e a concepção psicanalítica da neurose traumática não é idêntica à teoria do choque em sua forma crua. Para esta a essência do choque estaria no dano direto da estrutura molecular, ou mesmo da estrutura histológica dos elementos do sistema nervoso, enquanto nós procuramos explicar seu efeito pela ruptura da proteção [contra estímulos] para o órgão psíquico e pelas tarefas que daí resultam. O susto mantém sua importância também para nós. A condição para ele é a ausência de preparação para a angústia,* que implica o sobreinvestimento dos sistemas que primeiro recebem o estímulo. Devido a esse menor investimento, os sistemas não se acham em boas condições de ligar as quantidades de excitação que chegam, e as consequências da ruptura da proteção se verificam mais facilmente. Vemos, assim, que a preparação para a angústia, com o sobreinvestimento dos sistemas receptores, representa a última linha da barreira contra estímulos. Em toda uma série de traumas, a diferença entre os sistemas não preparados e aqueles preparados pelo sobreinvestimento pode ser o fator decisivo para o resultado final; ela provavelmente não terá peso a partir de uma certa intensidade do trauma. Se os sonhos dos neuróticos que sofreram acidentes fazem os doentes voltarem regularmente à situação do acidente, então eles não se acham a serviço da realização de desejos, cuja satisfação alucinatória tornou-se, sob o domínio do princípio do prazer, função dos sonhos. Mas podemos supor que desse modo eles contribuem para outra tarefa, que deve ser resolvida antes que o princípio do prazer possa começar seu domínio. Tais sonhos buscam lidar retrospectivamente com o estímulo, mediante o desenvolvimento da angústia, cuja omissão tornara-se a causa da neurose traumática. Assim nos

---

* "Preparação para a angústia": *Angstbereitschaft*, no original — nas versões consultadas: *disposición para la angustia* [segue o termo alemão entre parênteses], *apronte angustiado*, *preparazione* [*al pericolo*] *propria dell'angoscia*, *preparedness for anxiety* (com nota de rodapé, remetendo à nota que aqui transcrevemos na parte II), *angstvaardigkeid*.

permitem vislumbrar uma função do aparelho psíquico, que, sem contrariar o princípio do prazer, é independente dele e parece mais primitiva que a intenção de obter prazer e evitar desprazer.

Aqui seria, então, o lugar de admitir pela primeira vez uma exceção à tese de que o sonho é uma realização de desejo. Os sonhos de angústia não constituem exceções tais, como já demonstrei repetidamente e em detalhe, e tampouco os "sonhos de castigo", pois apenas substituem a realização proibida do desejo pelo castigo que lhe é apropriado, sendo, portanto, a realização de desejo da consciência de culpa que reage ao instinto repudiado. Mas os supramencionados sonhos dos neuróticos traumáticos já não se incluem na perspectiva da realização de desejo, nem os sonhos, ocorrentes nas psicanálises, que nos trazem à memória os traumas psíquicos da infância. Eles obedecem antes à compulsão de repetição, que na análise, de fato, é favorecida pelo desejo (encorajado pela "sugestão") de evocar o que foi esquecido e reprimido. Assim, também a função do sonho, de eliminar motivos para a interrupção do sono por meio da realização de desejos, não seria a sua função original; ele a teria assumido apenas depois que toda a vida psíquica aceitou o domínio do princípio do prazer. Se existe um "além do princípio do prazer", é coerente admitir que também houve uma época anterior à tendência dos sonhos a realizar desejos. Com isso não é contrariada a sua função posterior. Mas surge, uma vez rompida essa tendência, uma outra questão: Tais sonhos que obedecem à compulsão de repetição, no interesse do ligamento psíquico de impressões traumáticas, não serão possíveis também fora da análise? A resposta é certamente afirmativa.

Acerca das "neuroses de guerra", na medida em que essa expressão denote mais do que as circunstâncias em que surgiu a doença, já expus, em outro lugar, que elas bem poderiam ser neuroses traumáticas que foram facilitadas por um conflito do Eu.[13] O fato que mencionei acima [parte II], de que uma séria ferida causada simultaneamente pelo trauma diminui as chances para o surgimento de uma neurose, deixa de ser incompreensível se lembramos duas das condições enfatizadas pela pesquisa psicanalítica. Primeiro, que o estremecimento mecânico deve ser reconhecido como uma das fontes de excitação sexual (cf. as observações sobre o efeito de balançar-se e de andar de trem, em *Três ensaios sobre a teoria da sexualidade* [1905]); segundo, que uma doença dolorosa e febril tem, enquanto dura, poderosa influência na distribuição da libido. Assim, a violência mecânica do trauma liberaria o *quantum* de excitação sexual que, devido à falta de preparação para a angústia, tem efeito traumático, mas o simultâneo ferimento físico, ao solicitar um sobreinvestimento narcísico do órgão ofendido, ligaria o excesso de excitação (ver "Introdução ao narcisismo" [1914]). É também conhecido, embora não suficientemente utilizado na teoria da libido, que severos distúrbios na distribuição da libido, como o da melanco-

---

13 Introdução a *Psicanálise das neuroses de guerra*, Internationale Psychoanalytische Bibliothek, n. 1, 1919.

lia, são temporariamente eliminados por uma doença orgânica intercorrente, e mesmo um estado plenamente desenvolvido de *dementia praecox* é capaz de remissão, em igual circunstância.

V

A falta de uma barreira contra excitações que venham do interior, na camada cortical receptora de estímulos, terá a consequência de que tais transmissões de estímulos adquirem a maior importância econômica e frequentemente dão enseja a distúrbios econômicos equiparáveis a neuroses traumáticas. As mais ricas fontes de tal excitação interior são os chamados instintos do organismo, os representantes de todas as forças procedentes do interior do corpo e transmitidas ao aparelho psíquico, que constituem o elemento mais importante e mais obscuro da pesquisa psicológica.

Talvez não seja muito arriscado supor que os impulsos que partem dos instintos não obedecem ao tipo de processo nervoso "ligado", mas àquele livremente móvel, que pressiona por descarga. Nosso melhor conhecimento sobre tais processos vem do estudo do trabalho do sonho. Ali descobrimos que os processos que ocorrem nos sistemas inconscientes são fundamentalmente diversos daqueles dos (pré-)conscientes, que no inconsciente os investimentos podem ser transferidos, deslocados, condensados inteiramente, algo que poderia ter apenas resultados defeituosos, se acontecesse com material pré-consciente, e que por isso também resulta nas conhecidas peculiaridades do sonho manifesto, depois que os vestígios diurnos pré-conscientes sofreram elaboração conforme as leis do inconsciente. Denominei esse tipo de processo no inconsciente de processo psíquico "primário", para distingui-lo do processo secundário que vigora em nossa vida normal, desperta. Como todos os impulsos instintuais afetam os sistemas inconscientes, não é propriamente uma novidade afirmar que eles seguem o processo primário e, por outro lado, não é preciso muito para identificar o processo psíquico primário com o investimento livremente móvel, e o processo secundário com as mudanças no investimento ligado ou tônico de Breuer.[14] Então seria tarefa das camadas elevadas do aparelho psíquico ligar a excitação dos instintos que atinge o processo primário. O malogro desse ligamento provocaria um distúrbio análogo à neurose traumática; somente após a sua realização o domínio do princípio do prazer (e de sua modificação, o princípio da realidade) poderia ocorrer sem estorvos. Até então, porém, a outra tarefa do aparelho psíquico, controlar ou ligar a excitação, teria precedência, não em oposição ao princípio do prazer, é certo, mas de forma independente dele e sem consideração por ele, em parte.

As manifestações de uma compulsão à repetição, que descrevemos nas primeiras atividades da vida psíquica infantil e também nas vivências da terapia analítica, exi-

---

14 Cf. *A interpretação dos sonhos*, cap. VII, "Psicologia dos processos oníricos".

bem em alto grau um caráter impulsivo* e, quando se acham em oposição ao princípio do prazer, um caráter demoníaco.** No caso do jogo infantil, acreditamos perceber que a criança também repete a vivência desprazerosa porque sua atividade lhe permite lidar com a forte impressão de maneira mais completa do que se apenas a sofresse passivamente. Cada nova repetição parece melhorar o controle que ela busca ter sobre a impressão, e também nas vivências prazerosas a criança não é saciada pelas repetições, insistindo implacavelmente para que a impressão seja igual. Esse traço do caráter desaparecerá com o tempo. Uma piada ouvida pela segunda vez quase não terá efeito, uma representação teatral nunca obterá, na segunda vez, a impressão que deixou na primeira; e dificilmente um adulto será persuadido a reler de imediato um livro que o agradou bastante. A novidade sempre será a condição para se fruir algo. Mas a criança não se cansará de exigir do adulto a repetição de uma brincadeira que este lhe mostrou ou realizou com ela, até que ele se recuse a fazê-lo, exausto; e, ao lhe contarem uma bela história, quer sempre ouvir de novo aquela mesma,

---

* "Impulsivo": tradução que aqui damos ao adjetivo *triebhaft*; as versões estrangeiras consultadas usam: *instintivo*, *pulsional*, *pulsionalità*, *instinctual*, *driftmatig* — sendo que na versão do argentino Etcheverry (a segunda) e na inglesa de Strachey (a penúltima) há uma nota lembrando que a palavra *Trieb* tem também uma conotação de ímpeto, de impulsividade, que falta à palavra "instinto", como admite Strachey (e também à palavra *pulsión*, acrescentemos); por isso adotamos "impulsivo" nesse contexto.
** Cf. nota da p. 181.

em vez de outra, insiste em que a repetição seja idêntica e corrige qualquer alteração perpetrada pelo narrador, com a qual ele talvez esperasse algum êxito. Nisso não é contrariado o princípio do prazer; obviamente a repetição, o reencontro do idêntico, é em si mesma fonte de prazer. Já no analisando se torna claro que a compulsão de repetir na transferência episódios de sua infância desconsidera *de todo modo* o princípio do prazer. O doente se comporta infantilmente, mostrando-nos que os traços de lembrança reprimidos de suas experiências primevas não se acham nele presentes em estado ligado, e mesmo não são capazes, em certa medida, de obedecer ao processo secundário. A esse não ligamento devem eles também sua capacidade de formar, apegando-se aos vestígios diurnos, uma fantasia-desejo que se apresenta no sonho.* A mesma compulsão à repetição nos aparece frequentemente como obstáculo terapêutico, quando queremos promover a completa separação do médico por parte do paciente, no final do tratamento, e é de supor que o obscuro medo que sentem os não familiarizados com a psicanálise, de despertar algo que em sua opinião deveria ficar dormindo, representa, no fundo, o receio de que surja tal compulsão demoníaca.

Mas de que modo se relacionam o caráter impulsivo e a compulsão à repetição? Aqui se nos impõe a ideia de

---

* "Fantasia-desejo": tradução comodamente literal que aqui se dá a *Wunschphantasie* — nas versões consultadas: *fantasía* [...] *optativa*, *fantasía del deseo*, *fantasia di desiderio*, *wishful phantasy*, *wensfantasie*.

que viemos a deparar com uma característica geral dos instintos, talvez de toda a vida orgânica, que até agora não foi claramente reconhecida ou, pelo menos, explicitamente enfatizada. *Um instinto seria um impulso, presente em todo organismo vivo, tendente à restauração de um estado anterior*, que esse ser vivo teve de abandonar por influência de perturbadoras forças externas, uma espécie de elasticidade orgânica ou, se quiserem, a expressão da inércia da vida orgânica.[15]

Tal concepção do instinto soa estranha, pois já nos habituamos a ver nele o fator que impele à mudança e ao desenvolvimento, e devemos agora reconhecer ali a expressão da natureza *conservadora* do vivente. Por outro lado, logo nos vêm ao espírito exemplos da vida animal que parecem confirmar que os instintos são historicamente condicionados. Quando certos peixes empreendem árduas migrações na época da desova, para depositar os ovos em águas bem distantes de seus lugares habituais, eles apenas procuram, na interpretação de muitos biólogos, os antigos locais de habitação de sua espécie, que no decorrer do tempo trocaram por outros. O mesmo se aplicaria aos voos das aves migratórias, logo somos desobrigados da busca por novos exemplos, ao lembrar que nos fenômenos da hereditariedade e nos fatos da embriologia estão as provas mais formidáveis de uma orgânica compulsão a repetir. Vemos que o germe de um animal vivo é obrigado a

---

[15] Não duvido que conjecturas semelhantes sobre a natureza dos "instintos" já tenham sido formuladas em repetidas ocasiões.

repetir em seu desenvolvimento — de maneira fugaz e abreviada, certamente — as estruturas de todas as formas de que ele procede, em vez de tomar a via mais curta para a sua configuração definitiva, e apenas em grau mínimo podemos explicar mecanicamente essa conduta, não podendo deixar de lado a explicação histórica. Do mesmo modo vai bem alto, na hierarquia do reino animal, a capacidade reprodutiva que substitui um órgão perdido mediante a formação de um novo, exatamente igual a ele.

A objeção natural de que pode haver, além dos instintos conservadores que obrigam à repetição, também outros, que impelem à criação de novas formas e ao progresso, não pode ser desconsiderada; mais adiante ela será incluída em nossas ponderações. No momento somos tentados a levar às suas últimas consequências a hipótese de que todos os instintos querem restabelecer algo anterior. Se o que daí resultar parecer "profundo" ou causar impressão mística, sabemos que não nos podem fazer a censura de que buscamos esse efeito. Nós procuramos os sóbrios resultados da pesquisa ou da reflexão nela baseada, e não desejamos que eles possuam outra característica senão a da certeza.[16]

Portanto, se todos os instintos orgânicos são conservadores, historicamente adquiridos e orientados para a

---

16 Não se ignore o fato de que o que vem em seguida é o desenvolvimento de uma linha extrema de pensamento, que mais tarde, quando os instintos sexuais forem levados em conta, sofrerá limitação e justificação.

regressão, o restabelecimento de algo anterior, temos de pôr os êxitos do desenvolvimento orgânico na conta de influências externas, perturbadoras e desviantes. O ser vivo elementar não pretenderia mudar desde o seu início; permanecendo iguais as condições, ele repetiria sempre o mesmo curso de vida. Mas, em última instância, a história do desenvolvimento da terra e de sua relação com o sol é que deixaria sua marca no desenvolvimento dos organismos. Os instintos orgânicos conservadores acolheram cada uma dessas mudanças impostas ao curso da vida e as preservaram para a repetição, e assim produzem a enganadora impressão de forças que aspiram à transformação e ao progresso, quando apenas tratam de alcançar uma antiga meta por vias antigas e novas. Também essa meta final de todo esforço orgânico pode ser indicada. Seria contrário à natureza conservadora dos instintos que o objetivo da vida fosse um estado nunca antes alcançado. Terá de ser, isto sim, um velho estado inicial, que o vivente abandonou certa vez e ao qual ele se esforça por voltar, através de todos os rodeios de seu desenvolvimento. Se é lícito aceitarmos, como experiência que não tem exceção, que todo ser vivo morre por razões *internas*, retorna ao estado inorgânico, então só podemos dizer que *o objetivo de toda vida é a morte*, e, retrospectivamente, que *o inanimado existia antes que o vivente*.

Em algum momento, por uma ação de forças ainda inteiramente inimaginável, os atributos do vivente foram suscitados na matéria inanimada. Talvez tenha sido um processo exemplarmente semelhante ao que depois, em certa camada da matéria viva, fez surgir a consciência. A tensão que sobreveio, na substância anteriormente inanimada, procurou anular a si mesma; foi o primeiro instinto, o de retornar ao inanimado. Era fácil morrer, para a matéria então vivente; provavelmente percorria um curso de vida bastante breve, cuja direção era determinada pela estrutura química da jovem vida. Assim, por longo tempo a substância viva pode ter sido repetidamente criada, sempre morrendo com facilidade, até que decisivas influências externas mudaram de forma tal que obrigaram a substância ainda sobrevivente a desviar-se cada vez mais do curso de vida original e fazer rodeios cada vez mais complicados até alcançar a meta da morte. Tais rodeios rumo à morte, fielmente seguidos pelos instintos conservadores, nos ofereceriam hoje o quadro dos fenômenos da vida. Se nos ativermos à natureza exclusivamente conservadora dos instintos, não poderemos chegar a outras conjecturas acerca da origem e do objetivo da vida.

Tão surpreendente quanto essas conclusões é a que diz respeito aos grandes grupos de instintos que estabelecemos por trás dos fenômenos da vida. O postulado de instintos autoconservadores, por nós atribuídos a todo ser vivente, acha-se em curiosa oposição ao pressuposto de que toda a vida instintual serve à realização da morte. Vista sob essa luz, diminui consideravelmente a importância teórica dos instintos de autoconservação, de poder e de autoafirmação; são instintos parciais, destinados a garantir o curso da morte própria do organismo e manter afastadas as possibilidades de retorno ao inorgânico que não sejam imanentes, mas é descartado o enigmático empenho do organismo em afirmar-se contra tudo e todos, algo que não se ajusta a nenhum contexto. O que daí resta é que o organismo pretende morrer apenas a seu modo; tais guardiães da vida também foram, originalmente, guarda-costas da morte. Surge então o paradoxo de que o organismo vivo se rebela fortemente contra influências (perigos) que poderiam ajudá-lo a alcançar sua meta de vida por um caminho curto (mediante curto-circuito, digamos), mas essa conduta caracteriza justamente os esforços apenas instintuais, em oposição aos inteligentes.

Mas reflitamos um momento, isso não pode ser assim! Aparecem sob uma nova luz os instintos sexuais, que na teoria das neuroses têm uma posição especial. Nem todos os organismos estão sujeitos à coação externa, que os impelia a um desenvolvimento cada vez mais amplo. Muitos conseguiram manter-se no seu baixo estágio até o presente; e ainda hoje vivem, se não todos, muitos dos seres que devem semelhar estágios anteriores dos animais e plantas mais avançados. De igual modo, nem todos os organismos elementares que formam o complicado corpo de um ser vivo superior perfazem todo o curso de desenvolvimento até a morte natural. Alguns entre eles, as células germinativas, provavelmente conservam a estrutura original da substância viva e após um certo tempo se destacam do organismo inteiro, com todas as suas disposições instintuais herdadas e recentemente adquiridas. Talvez sejam precisamente essas duas características que lhes tornam possível a existência autônoma. Em condições favoráveis começam a desenvolver-se, isto é, a repetir o jogo a que devem sua gênese, e afinal uma parte de sua substância prossegue o desenvolvimento até o fim, enquanto outra parte retorna ao início do desenvolvimento, como novo resíduo germinal. Assim, tais células germinativas trabalham contra a morte da substância viva e conseguem obter para ela o que deve nos parecer uma imortalidade potencial, embora talvez signifique apenas um alongamento do caminho para a morte. Altamente significativo, para nós, é o fato de ser a fusão da célula germinativa com outra — a ela semelhante, porém diferente — que reforça ou mesmo permite essa operação.

Os instintos que tratam dos destinos desses organismos elementares que sobrevivem ao ser individual, cuidam de sua guarida enquanto se acham indefesos contra os estímulos do mundo externo, promovem o seu encontro com outras células germinativas etc., formam o grupo dos instintos sexuais. Eles são conservadores no mesmo sentido que os outros, ao trazerem de volta estados anteriores da substância viva, mas o são em medida maior, ao se revelarem peculiarmente resistentes aos influxos externos, e também num outro sentido ainda, pois conservam a vida mesma por períodos mais longos.[17] Eles são propriamente os instintos de vida; pelo fato de agirem contra a intenção dos outros instintos — que, devido à sua função, conduz à morte —, insinua-se uma oposição entre eles e os demais, cuja

---

17 E, no entanto, é apenas a eles que podemos atribuir uma tendência interior ao "progresso" e ao maior desenvolvimento (ver adiante)!

importância logo foi reconhecida pela teoria das neuroses. É como um ritmo hesitante na vida dos organismos; um grupo de instintos precipita-se para a frente, a fim de alcançar a meta final da vida o mais rapidamente possível; atingida uma determinada altura desse caminho, o outro corre para trás, a fim de retomá-lo de certo ponto e assim prolongar a jornada. Ainda que a sexualidade e a diferença dos sexos certamente não existissem no começo da vida, é possível que os instintos depois designados como sexuais tenham entrado em atividade desde o princípio, não tendo empreendido somente num instante posterior o seu trabalho contra o jogo dos "instintos do Eu".[18]

Agora voltemos atrás nós mesmos, para perguntar se todas essas especulações têm fundamento. Realmente não existem, *à parte os instintos sexuais*, outros instintos senão os que querem restabelecer um estado anterior, nem outros que aspirem a um estado jamais atingido? Não sei, no mundo orgânico, de exemplo seguro que contradiga a caracterização aqui proposta. Certamente não se constata, no mundo das plantas e dos animais, um instinto* universal rumo ao desenvolvimento mais elevado, embora permaneça indiscutível que há uma tal direção no desenvolvimento. Mas, por um lado, fre-

---

18 Do contexto se depreende que "instintos do Eu", aqui, é uma designação provisória, ligada aos termos iniciais da psicanálise.
* Aqui a palavra "impulso" talvez fosse mais pertinente para verter *Trieb*; cf. notas das pp. 173 e 200, que lembram o maior alcance do termo original. O mesmo vale para *Entwicklung*, também nessa oração, que significa tanto "desenvolvimento" como "evolução".

quentemente não passa de avaliação nossa, quando afirmamos que um estágio de desenvolvimento é mais elevado que outro, e a ciência do ser vivente, por outro lado, mostra-nos que o desenvolvimento superior num ponto é, muitas vezes, obtido ou compensado pela regressão num outro. Também existem bastantes formas animais cujos estados juvenis nos fazem ver que o seu desenvolvimento assumiu, de fato, caráter regressivo. Tanto o desenvolvimento superior como a regressão poderiam ser consequências de forças externas que impelem à adaptação, e o papel dos instintos poderia limitar-se, em ambos os casos, a reter como fonte interna de prazer a mudança imposta.[19]

Para muitos de nós pode ser difícil abandonar a crença de que no próprio homem há um impulso para a perfeição, que o levou a seu atual nível de realização intelectual e sublimação ética e do qual se esperaria que cuidasse de seu desenvolvimento rumo ao super-homem. Ocorre que eu não acredito em tal impulso interior e não vejo como poupar essa benevolente ilusão. A evolução humana, até agora, não me parece necessitar de explicação diferente daquela dos animais, e o que ob-

---

19 Por um outro caminho, Ferenczi chegou à possibilidade da mesma concepção: "Seguindo coerentemente este curso de pensamento, é preciso familiarizar-se com a ideia de uma tendência à perseverança ou à regressão que domina também a vida orgânica, enquanto a tendência ao maior desenvolvimento, à adaptação etc., é animada apenas por estímulos externos" ("Entwicklungsstufen des Wirklichkeitssinnes" [Estágios de desenvolvimento do sentido da realidade], *Internationale Zeitschrift für Psychoanalyse*, v. 1, 1913, p. 137).

servamos de incansável ímpeto rumo à perfeição, numa minoria de indivíduos, pode ser entendido como consequência da repressão instintual em que se baseia o que há de mais precioso na cultura humana. O instinto reprimido jamais desiste de lutar por sua completa satisfação, que consistiria na repetição de uma vivência primária de satisfação; todas as formações substitutivas e reativas, todas as sublimações não bastam para suprimir sua contínua tensão, e da diferença entre o prazer de satisfação encontrado e o exigido resulta o fator impulsor que não admite a permanência em nenhuma das situações produzidas, mas, nas palavras do poeta, "sempre impele, indomável, para a frente" (Mefistófeles, no *Fausto*, I, Gabinete de estudos [cena 4]). O caminho para trás, para a completa satisfação, é em geral obstruído pelas resistências que mantêm as repressões, e assim não resta senão continuar pela direção de desenvolvimento ainda livre, embora sem perspectiva de encerrar o processo e poder alcançar a meta. Os eventos implicados na formação de uma fobia neurótica, que não é senão tentativa de fuga ante uma satisfação instintual, nos proporcionam o modelo para a gênese desse aparente "instinto de aperfeiçoamento", que de modo algum podemos atribuir a todos os indivíduos. As condições dinâmicas para ele estão universalmente presentes, é certo, mas as circunstâncias econômicas parecem contribuir para o fenômeno apenas em casos raros.

Seja apenas indicado, em breves palavras, que o esforço de Eros para reunir o orgânico em unidades cada vez maiores provavelmente substitui o "instinto de aperfeiçoamento" que não podemos admitir. Associado aos efeitos da repressão, ele poderia explicar os fenômenos atribuídos a este.

VI

O resultado até agora obtido, estabelecendo uma aguda oposição entre os "instintos do Eu" e os instintos sexuais, sendo que aqueles impelem à morte e estes à continuação da vida, em muitos aspectos não satisfará sequer a nós mesmos. A isto se junta que somente àqueles podemos atribuir o caráter conservador, ou melhor, regressivo, do instinto, correspondente a uma compulsão de repetição. Pois, segundo nossa hipótese, os instintos do Eu procedem da animação da matéria inanimada e querem restaurar a condição inanimada. Quanto aos instintos sexuais — é óbvio que reproduzem os estados primitivos do vivente, mas o objetivo que perseguem com todos os meios é a fusão de duas células germinativas diferenciadas de certa maneira. Quando não se realiza essa união, morre a célula germinativa, assim como os outros elementos do organismo multicelular. Apenas nessas condições pode a função sexual prolongar a vida e dar-lhe aparência de imortalidade. Mas que importante evento no curso de desenvolvimento da substância viva é repetido na procriação sexual ou em sua precursora, a copulação de dois indivíduos entre os protozoários? Isso não sabemos dizer, e portanto nos sentiríamos aliviados se toda essa nossa estrutura de pensamentos demonstrasse estar errada. A oposição entre instintos do Eu (de morte) e instintos sexuais (de vida) seria descartada, e com isso também a compulsão à repetição perderia a importância que lhe foi dada.

Então voltemos a uma hipótese que aqui oferecemos, esperando que ela admita uma refutação exata. Baseamos ainda outras conclusões no pressuposto de que todo ser vivo tem de morrer por causas internas. Lançamos tal suposição despreocupadamente, porque ela não nos parece uma suposição. Estamos habituados a pensar assim, nossos poetas nos encorajam a isso. Talvez tenhamos nos decidido a fazê-lo porque há um consolo nessa crença. Se a pessoa mesma deve morrer, após presenciar a morte dos seus entes mais queridos, ela preferirá submeter-se a uma implacável lei natural, à soberba Ἀνάγκη [*Ananke*, necessidade], do que a um acaso que poderia ser evitado. Mas talvez essa crença na íntima natureza de lei que haveria na morte seja apenas mais uma das ilusões que nós criamos, "para suportar o peso da existência".* Com certeza não é uma crença primordial, pois a ideia de uma "morte natural" é alheia aos povos primitivos; toda morte, entre eles, é imputada à influência de um inimigo ou de um mau espírito. Por isso não deixemos de recorrer à biologia, a fim de examinar essa crença.

Se o fizermos, ficaremos espantados em ver a discordância que há entre os biólogos sobre a questão da morte

---

* No original: *"um die Schwere des Daseins zu ertragen"*; citação de Schiller, *Die Braut von Messina* (A noiva de Messina), ato I, cena 8.

natural, e em como lhes escapa entre as mãos o próprio conceito de morte. O fato de pelo menos os animais superiores terem uma duração média de vida depõe, naturalmente, a favor da morte por causas internas, mas a circunstância de alguns grandes animais e árvores gigantescas atingirem idades muito avançadas, até agora incalculáveis, anula tal impressão. Segundo a grandiosa concepção de Wilhelm Fliess, todos os fenômenos vitais dos organismos — e, por certo, também sua morte — estão ligados ao cumprimento de determinados prazos, nos quais se expressa a dependência de duas substâncias vivas, uma masculina e a outra feminina, em relação ao ano solar. Mas as observações sobre a facilidade e a alta medida com que a influência de forças externas pode mudar as manifestações vitais quanto à sua ocorrência no tempo, particularmente no mundo das plantas, precipitando-as ou atrasando-as, embaraçam a rigidez das fórmulas de Fliess e fazem duvidar, no mínimo, que as leis por ele postuladas tenham vigência exclusiva.

Para nós o interesse maior relaciona-se ao tratamento dado ao tema da duração da vida e da morte nos trabalhos de A. Weismann.[20] Desse pesquisador vem a diferenciação da substância viva em uma metade mortal e outra imortal; aquela mortal é o corpo no sentido estrito, o *soma*, apenas ela está sujeita à morte natural, mas as células germinativas são *potentia* [potencialmente] imortais,

---

20 A. Weismann, *Über die Dauer des Lebens* [Sobre a duração da vida], 1882; *Über Leben und Tod* [Sobre a vida e a morte], 1884; *Das Keimplasma* [O plasma germinativo], 1892 etc.

na medida em que são capazes de, em certas condições favoráveis, desenvolver-se num novo indivíduo, ou, expresso de outra forma, rodear-se de um novo soma.[21]

O que aí nos impressiona é a inesperada analogia com nossa própria concepção, que desenvolvemos por caminho tão diverso. Weismann, considerando morfologicamente a substância viva, nela vê um componente fadado a morrer, o soma, o corpo sem o material responsável pelo sexo e a hereditariedade, e um imortal, o plasma germinativo que é útil à conservação da espécie, à procriação. Quanto a nós, não recorremos à substância viva, mas às forças nela atuantes, e fomos levados a distinguir duas espécies de instintos, aqueles que pretendem conduzir a vida à morte e os sexuais, que sempre buscam e efetuam a renovação da vida. Isto soa como um corolário dinâmico da teoria morfológica de Weismann.

Mas a aparência de uma significativa concordância logo se desfaz, quando vemos o que decide acerca do problema da morte. Pois para ele a distinção entre soma mortal e plasma germinativo imortal é válida somente nos organismos pluricelulares, nos animais unicelulares o indivíduo e a célula de procriação ainda são a mesma coisa.[22] Afirma, então, que os unicelulares são potencialmente imortais, que a morte surge apenas nos metazoários, nos pluricelulares. Essa morte dos seres vivos superiores é certamente uma morte natural, por causas internas, mas não se baseia numa qualidade primordial

---

21 Idem, *Über Leben und Tod*.
22 Idem, *Dauer des Lebens*, p. 38.

da substância viva,[23] não pode ser apreendida como uma necessidade absoluta, fundamentada na essência da vida.[24] A morte é um arranjo de conveniência,* uma manifestação de adaptação às condições de vida externas, pois, a partir da divisão das células corporais em soma e plasma germinativo, uma ilimitada duração da vida individual se tornaria um luxo inconveniente. Surgindo essa diferenciação nos pluricelulares, a morte se tornou possível e adequada. Desde então a soma dos seres vivos superiores morre por razões internas após algum tempo, enquanto os protozoários permanecem imortais. Já a procriação não foi introduzida apenas com a morte, sendo antes uma qualidade primordial da matéria viva, tal como o crescimento, do qual se originou, e a vida permaneceu contínua desde o seu início na Terra.[25]

Facilmente se constata que a admissão de uma morte natural para os organismos superiores não nos auxilia muito. Se a morte é uma aquisição tardia dos seres vivos, instintos de morte existentes desde o início da vida na Terra não entram mais em consideração. Os pluricelulares podem morrer por razões internas, devido a falhas em sua diferenciação ou a imperfeições de seu metabolismo; para a questão que nos ocupa isso não tem

---

23 Idem, *Leben und Tod*, 2ª ed., p. 67.
24 Idem, *Dauer des Lebens*, p. 33.
* "Um arranjo de conveniência": no original, *Zweckmäßigkeitseinrichtung* — nas versões consultadas: *un dispositivo de acomodación*, *un mecanismo de conveniencia, ha [...] una funzione pratica, a purposive contrivance, a matter of expediency, een doelmatige inrichting*.
25 Idem, *Über Leben und Tod*, conclusão.

interesse. Sem dúvida, uma tal concepção da morte também se acha mais próxima da maneira habitual de pensar do que a estranha hipótese de "instintos de morte".

A meu ver, a discussão que acompanhou as afirmações de Weismann não teve resultados decisivos em nenhuma direção.[26] Vários autores retornaram ao ponto de vista de Goette (1883),* para quem a morte era a consequência direta da procriação. Hartmann não a caracteriza pelo aparecimento de um "cadáver", de uma parte que morreu da substância viva, mas a define como "desfecho da evolução individual". Nesse sentido os protozoários também são mortais, neles a morte sempre coincide com a procriação, mas é dissimulada por esta em alguma medida, já que toda a substância do genitor pode passar diretamente para os novos indivíduos (op. cit., p. 29).

O interesse da pesquisa logo se voltou para a verificação experimental, em organismos unicelulares, da alegada imortalidade da substância viva. Um americano, Woodruff, cultivou um infusório ciliado, uma paramécia, que se reproduz por cissiparidade, e acompanhou-o até a 3029ª geração — quando interrompeu a experiência —, a cada vez isolando uma das duas partes geradas e pondo-a em água fresca. Esse remoto descen-

---

26 Cf. Max Hartmann, *Tod und Fortpflanzung* [Morte e procriação], 1906; Alexander Lipschütz, *Warum wir sterben* [Por que morremos], Kosmosbücher, 1914; Franz Doflein, *Das Problem des Todes und der Unsterblichkeit bei den Pflanzen und Tieren* [O problema da morte e da imortalidade nas plantas e nos animais], 1909.
* Freud se refere a A. Goette, *Über den Ursprung des Todes* [Sobre a origem da morte], Hamburgo, 1883.

dente da primeira paramécia era tão vivaz como seu ancestral, sem qualquer indício de envelhecimento ou degeneração; desse modo, se tais cifras tiverem valor demonstrativo, a imortalidade dos protozoários pareceu demonstrável experimentalmente.

Outros pesquisadores chegaram a diferentes resultados. Maupas, Calkins e outros acharam, contrariando Woodruff, que após certo número de divisões também esses infusórios se tornam mais fracos, diminuem de tamanho, perdem parte de sua organização e afinal morrem, se não experimentam determinadas influências revigoradoras. Assim sendo, os protozoários morreriam após uma fase de declínio senil, tal como os animais superiores, o que se acha diretamente em contraste com as afirmações de Weismann, que vê a morte como uma tardia aquisição dos organismos vivos.

Do conjunto dessas pesquisas destacamos dois fatos que nos parecem oferecer um firme apoio. Primeiro: se dois desses pequeninos seres, num momento em que ainda não mostram envelhecimento, podem juntar-se um ao outro, "copular" — separando-se de novo, após algum tempo —, são poupados da velhice, são "rejuvenescidos". Esta copulação é certamente a precursora da reprodução sexual dos animais superiores; ainda não está relacionada à multiplicação, limita-se à mistura das substâncias dos dois indivíduos (a "anfimixia" de Weismann). Mas a influência revigoradora da copulação pode ser substituída por determinados meios estimuladores, mudanças na composição do líquido nutriente, aumento da temperatura ou agitação. Recordemos a famosa experiência de J. Loeb, que, aplicando certos estímulos químicos a ovos de ouriços-do-mar, induziu-os a processos de divisão que normalmente ocorrem apenas depois da fecundação.

Segundo: é provável que os infusórios sejam levados a uma morte natural por seu processo vital mesmo, pois a contradição entre os resultados de Woodruff e dos outros se deve ao fato de que ele pôs cada nova geração em líquido nutriente fresco. Ao deixar de fazer isso, observou as mesmas transformações senis nas gerações que os outros pesquisadores. Concluiu que os pequenos seres são prejudicados pelos produtos do metabolismo que lançam no líquido ao seu redor, e pôde convincentemente demonstrar que apenas os produtos do *próprio* metabolismo têm o efeito de acarretar a morte da geração. Pois, numa solução saturada com dejetos de uma espécie longinquamente aparentada, vicejaram muito bem os mesmos seres que, amontoados no seu próprio líquido nutritivo, inevitavelmente pereciam. Abandonado a si mesmo, portanto, o infusório tem uma morte natural, devido à imperfeita eliminação de seus produtos metabólicos; mas talvez todos os animais superiores também morram devido à mesma incapacidade, no fundo.

Agora pode nos assaltar a dúvida de que seja pertinente buscar a resposta à questão da morte natural no estudo dos protozoários. A organização primitiva dessas criaturas pode nos ocultar importantes condições que também neles se acham presentes, mas que só nos animais superiores, onde obtiveram expressão morfológica, podem ser percebidas. Se deixarmos o ponto de vista morfológico e adotarmos aquele dinâmico, para nós será indiferente que a morte natural dos protozoários possa ser demonstrada ou não. Neles a substância depois reconhecida como imortal não se separou ainda, de maneira alguma, daquela mortal. As forças instintuais que querem conduzir a vida à morte poderiam atuar desde o início também neles, e no entanto o seu efeito poderia ser coberto de tal modo pelo das forças conservadoras da vida, que seria muito difícil a comprovação direta de sua existência. Vimos, de fato, que as observações dos biólogos nos autorizam a supor tais processos internos conducentes à morte também no caso dos protozoários. Mas, ainda que os protozoários se revelem imortais no sentido de Weismann, sua afirmação de que a morte é uma aquisição posterior vale apenas para as manifestações evidentes da morte e não torna impossível uma suposição relativa aos processos que impelem à morte. Nossa expectativa de que a biologia prontamente afastasse o reconhecimento dos instintos de morte não se realizou. Podemos continuar nos ocupando de sua possibilidade, se temos outras razões para fazê-lo. A notável semelhança da distinção feita por Weismann, entre soma e plasma germinal, com a nossa separação entre instintos de morte e instintos de vida, continua a existir e mantém seu valor.

Detenhamo-nos por um momento nessa concepção notadamente dualista da vida instintual. De acordo com a teoria de E. Hering, na substância viva operam ininterruptamente dois tipos de processos, em direções opostas — uns construtivos, anabólicos, os outros destrutivos, catabólicos. Podemos ousar reconhecer, nessas duas direções dos processos vitais, a atividade de nossos dois movimentos instintuais, dos instintos de vida e dos instintos de morte? E há outra coisa que não podemos ignorar: que inadvertidamente adentramos o porto da filosofia de Schopenhauer, para quem a morte é "o autêntico resultado" e, portanto, o objetivo da vida,[27] enquanto o instinto sexual é a encarnação da vontade de vida.

Procuremos, audaciosamente, dar um passo adiante. É opinião geral que a união de numerosas células num agregado vital, a multicelularidade dos organismos, tornou-se um meio para o prolongamento de sua vida. Uma célula ajuda a conservar a vida das outras, e a comunidade das células pode continuar vivendo, mesmo quando células individuais têm de morrer. Já vimos que também a copulação, a temporária fusão de dois seres unicelulares, tem efeito preservador da vida e rejuvenescedor em ambos. Assim pode-se fazer a tentativa de transpor a teoria da libido, produto da psicanálise, à relação das células entre si, imaginando que sejam os instintos vitais ou sexuais atuantes em cada célula que tomam as outras células por objeto, neutralizam parcialmente os seus instintos de morte, isto é, os processos por eles estimulados, e desse modo as mantêm vivas; enquanto outras células fazem o mesmo para elas, e ainda outras se sacrificam no exercício dessa função libidinal. As células germinais mesmas

---

27 A. Schopenhauer, "Über die anscheinende Absichtlichkeit im Schicksale des Einzelnen" [Sobre a aparente intencionalidade no destino do indivíduo], *Großherzog Wilhelm Ernst-Ausgabe*, v. IV, p. 268 [em *Parerga und Paralipomena*, n. 4, v. I, 1851].

se comportariam de modo absolutamente "narcísico", segundo a designação que costumamos usar, na teoria das neuroses, quando um indivíduo conserva no Eu sua libido e não despende parte alguma dela em investimentos objetais. As células germinais requerem para si mesmas a sua libido, a atividade de seus instintos de vida, como reserva para a sua posterior, grandiosa atividade construtiva. Talvez se possa qualificar também as células dos neoplasmas malignos, que destroem o organismo, de narcísicas no mesmo sentido: a patologia está disposta a considerar seus gérmens como inatos e atribuir-lhes propriedades embrionárias. Dessa maneira, a libido de nossos instintos sexuais coincidiria com o Eros dos filósofos e poetas, que mantém unido tudo o que vive.

Aqui se nos oferece a oportunidade de rever a lenta evolução de nossa teoria da libido. A análise das neuroses de transferência nos impôs, num primeiro momento, a oposição entre "instintos sexuais", voltados para o objeto, e outros instintos, de que tínhamos conhecimento insatisfatório e que designamos provisoriamente como "instintos do Eu". Entre eles tivemos de reconhecer, em primeira linha, os instintos que servem à autoconservação do indivíduo. Não tínhamos como saber que outras distinções havia a fazer. Nenhum conhecimento teria sido mais importante, para fundamentar uma verdadeira psicologia, do que uma visão aproximada da natureza comum e das eventuais peculiaridades dos instintos. Mas em nenhum outro âmbito da psicologia tateávamos assim no escuro. Cada um postulava tantos instintos ou "instintos básicos" quantos lhe apetecia, e os manejava como os antigos filósofos gregos manejavam seus quatro elementos: água, terra, fogo e ar. A psicanálise, que não podia prescindir de alguma hipótese sobre os instintos, ateve-se inicialmente à popular diferenciação de instintos expressa nos termos "amor e fome". Não era, pelo menos, uma nova arbitrariedade. Com isso avançávamos um bom trecho na análise das psiconeuroses. O conceito de "sexualidade" — e, portanto, o de um instinto sexual — teve certamente que ser ampliado, até abarcar muita coisa que não se incluía na função reprodutiva, e isso provocou certo escândalo no mundo austero, respeitável ou simplesmente hipócrita.

O passo seguinte ocorreu quando a psicanálise pôde aproximar-se do Eu psicológico, que primeiramente conhecera apenas como instância repressora, censora, habilitada a constituir proteções e formações reativas. É certo que espíritos críticos e longividentes haviam desaprovado, muito tempo antes, a limitação do conceito de libido à energia dos instintos sexuais voltados para o objeto. Mas eles não informaram de onde lhes vinha a sua maior compreensão, e não souberam dela retirar algo de útil para a análise. Em lento e ponderado avanço, a psicanálise observou então com que regularidade a libido é tirada do objeto e voltada para o Eu (introversão), e, ao estudar o desenvolvimento da libido da criança em suas fases iniciais, chegou à percepção de que o Eu é o genuíno e original reservatório da libido, a qual somente a partir dele é estendida ao objeto. O Eu tomou lugar entre os objetos sexuais e logo foi visto como o mais eminente deles. A libido que permanecia de tal modo no Eu foi chamada de "narcísica".[28] Essa libido narcísica também era, naturalmente, manifestação de força de instintos sexuais no sentido analítico, que tivemos de identificar com os "instintos de autoconservação", admitidos desde o princípio. Assim tornava-se insatisfatória a oposição original entre instintos do Eu e instintos sexuais. Uma parte dos instintos do Eu foi vista como libidinal; no Eu atuavam — provavelmente junto a outros — também instintos sexuais, mas é lícito dizer que a velha fórmula, segundo a qual a psiconeurose baseia-se num conflito entre os instintos do Eu e os instintos sexuais, nada contém que hoje se deva rejeitar. Apenas sucede que a diferença entre as duas espécies de instintos, originalmente pensada como de algum modo qualitativa, deve agora ser caracterizada de outra forma, isto é, como sendo *topológica*. E em particular a neurose de transferência, o verdadeiro objeto de estudo da psicanálise, continua a ser resultado de um conflito entre o Eu e o investimento libidinal de objeto.

Tanto mais deveremos agora enfatizar o caráter libidinal dos instintos de autoconservação, quando ousamos dar outro passo, reconhecendo o instinto sexual como o Eros que tudo preserva e derivando a libido narcísica do Eu dos montantes de libido com que as células somáticas se apegam umas à outras. Mas agora nos defrontamos, repentinamente, com a seguinte questão: se também os instintos de autoconservação são de natureza libidinal, talvez não tenhamos outros instintos que não os libidi-

---

28 "Introdução ao narcisismo", *Jahrbuch für Psychoanalyse*, v. 6, 1914.

nais. Pelo menos não há outros à vista. Então é preciso dar razão aos críticos que desde o início suspeitaram que a psicanálise explica *tudo* a partir da sexualidade, ou aos inovadores como Jung, que prontamente utilizaram "libido" para a força instintual* em geral. Não é assim?

Certamente não era nossa intenção chegar a este resultado. Partimos de uma nítida separação entre instintos do Eu = instintos de morte e instintos sexuais = instintos de vida. Dispusemo-nos a incluir os chamados instintos de autoconservação entre os instintos de morte, algo que depois retificamos. Desde o princípio nossa concepção era *dualista*, e hoje é mais claramente dualista do que antes, desde que não mais denominamos os opostos instintos do Eu e instintos sexuais, mas instintos de vida e de morte. Já a teoria da libido de Jung é monista; o fato de ele haver chamado sua única força instintual de "libido" tinha de causar confusão, mas não deve nos influenciar. Supomos que outros instintos atuem no Eu, além dos instintos libidinais de autoconservação; deveríamos ser capazes de indicá-los. Infelizmente a análise do Eu progrediu pouco, de modo que para nós é difícil fazê-lo. Os instintos libidinais do Eu podem estar ligados de maneira especial aos outros instintos do Eu que ainda não conhecemos. Mesmo antes que tivéssemos conhecimento do narcisismo já havia,

---

* *Triebkraft*, no original. Na linguagem corrente, o termo sempre foi usado no sentido de "força motriz", que é a versão encontrada nos dicionários bilíngues alemão-português.

na psicanálise, a conjectura de que os "instintos do Eu" atraem para si componentes libidinais. Mas essas são vagas possibilidades, que nossos opositores dificilmente considerarão. É embaraçoso que até agora a psicanálise nos tenha permitido apontar somente instintos libidinais. Mas nem por isso partilharemos a conclusão de que não existem outros.

Na atual penumbra em que se acha a teoria dos instintos, não convém rejeitar qualquer ideia que prometa alguma luz. Partimos da grande polaridade de instintos de vida e instintos de morte. O próprio amor objetal nos mostra uma segunda oposição assim, aquela de amor (afeição) e ódio (agressão). Se conseguíssemos relacionar essas duas polaridades, fazer uma remontar à outra! Há muito reconhecemos um componente sádico no instinto sexual;[29] ele pode, como sabemos, tornar-se autônomo e, como perversão, dominar toda a tendência sexual da pessoa. Ele também aparece, como instinto parcial dominante, numa das "organizações pré-genitais", como as denominei. Mas como pode o instinto sádico, que visa a ferir o objeto, ser derivado do Eros conservador da vida? Não cabe supor que esse sadismo é na verdade um instinto de morte que foi empurrado do Eu pela influência da libido narcísica, de modo que surge apenas em relação ao objeto? Então ele entra a serviço da função sexual; no estágio oral da organização da libido, a posse amorosa ainda coincide com a destruição do objeto, depois o instinto sádico se

29 *Três ensaios sobre a teoria da sexualidade*, 1ª ed. 1905.

separa e enfim, no estágio da primazia genital, para a finalidade da procriação, assume a função de subjugar o objeto sexual até o ponto exigido para a realização do ato. Podemos dizer, de fato, que o sadismo expulso do Eu mostrou o caminho aos componentes libidinais do instinto sexual; depois estes acorrem para o objeto. Quando o sadismo original não experimenta atenuação ou fusão, produz-se a conhecida ambivalência de amor e ódio na vida amorosa.

Se for permitido fazer tal suposição, estará satisfeita a exigência de oferecer o exemplo de um — deslocado, é certo — instinto de morte. Essa concepção, porém, está muito longe de qualquer evidência e cria uma impressão quase mística. Cai sobre nós a suspeita de haver procurado, a todo custo, uma saída para um grande embaraço. Então poderemos lembrar que tal suposição não é nova, que já a fizemos antes, num momento em que não havia nenhum embaraço. Observações clínicas nos levaram, naquela época, à concepção de que o instinto parcial complementar ao sadismo, o masoquismo, deve ser entendido como uma reversão do sadismo para o próprio Eu.[30] Mas em princípio não há diferença entre uma volta do instinto para o Eu, desde o objeto, e a volta desde o Eu para o objeto, de que aqui tratamos agora. O masoquismo, a volta do instinto contra o próprio Eu, seria então, na realidade, um retorno a uma fase anterior dele mesmo, uma regressão. Em um ponto a descrição que ali se fez do masoquismo necessitaria de correção, por ser

---

30 Cf. *Três ensaios* e "Os instintos e seus destinos" [1915].

demasiado exclusiva; o masoquismo também pode ser primário, algo que ali pretendi contestar.[31]

Mas retornemos aos instintos sexuais conservadores da vida. As experiências com protozoários nos ensinaram que a fusão de dois indivíduos sem divisão subsequente, a copulação, após a qual os dois se separam, tem efeito fortalecedor e rejuvenescedor sobre ambos (ver Lipschütz, acima). Nas gerações seguintes eles não mostram sinais de degeneração, e parecem capazes de resistir mais longamente aos danos de seu próprio metabolismo. Creio que podemos tomar essa observação como típica do efeito produzido também pela união sexual. Mas de que modo a fusão de duas células pouco diferentes provoca uma tal renovação da vida? O experimento que substitui a copulação dos protozoários pela ação de estímulos químicos, e mesmo mecânicos (loc. cit.) permite uma resposta segura: acontece pela introdução de novas quantidades de estímulos. Isto se harmoniza com a hipótese de que o processo

---

[31] Num trabalho substancial e pleno de ideias, embora não inteiramente claro para mim, Sabina Spielrein antecipou boa parte dessa especulação. Ela caracteriza o componente sádico do instinto sexual como "destrutivo" ("Die Destruktion als Ursache des Werdens" [A destruição como causa do vir-a-ser], *Jahrbuch für psychoanalytische und psychopathologische Forschungen*, v. 4, 1912). De outra maneira, A. Stärcke (*Inleiding bij de vertaling von S. Freud, De sexuele beschavingsmoral etc.* [Introdução à tradução de "A moral sexual 'civilizada'" etc., de S. Freud], 1914) procurou identificar o conceito de libido mesmo com o conceito biológico teoricamente suposto de um *impulso para a morte* (cf. também Otto Rank, *Der Künstler* [O artista], 1907). Todos esses esforços, assim como o do texto, testemunham a necessidade de uma clarificação, na teoria dos instintos, que ainda não foi alcançada.

vital do indivíduo conduz, por razões internas, ao nivelamento das tensões químicas, ou seja, à morte, enquanto a união com uma substância viva individualmente diversa magnifica essas tensões, introduz como que novas *diferenças vitais*, que depois têm de ser *dissipadas vivendo*.* É claro que quanto a esta dissimilaridade deve haver um *optimum*, ou mais de um. O fato de havermos reconhecido como tendência dominante da vida psíquica, talvez da própria vida dos nervos, o esforço de diminuir, manter constante, abolir a tensão interna dos estímulos (o *princípio do Nirvana*, na expressão de Barbara Low), tal como se exprime no princípio do prazer — é um dos nossos mais fortes motivos para crer na existência de instintos de morte.

Mas ainda sentimos como apreciável estorvo, em nossa argumentação, o fato de precisamente quanto ao instinto sexual não podermos demonstrar o caráter de compulsão à repetição que inicialmente nos levou a detectar os instintos de morte. Certamente a área dos processos de desenvolvimento embrionários é pródiga em tais fenômenos de repetição, as duas células germinais da reprodução sexual e a história de sua existência são, elas mesmas, apenas repetições dos primórdios da vida orgânica; mas o essencial nos processos visados pelo instinto sexual é a fusão de dois corpos de células. Apenas isso garante, nos seres vivos superiores, a imortalidade da substância viva.

---

* Tradução-paráfrase para *abgelebt*, particípio de *ableben*, que significa "acabar, falecer, usar, gastar"; nas versões consultadas, a melhor equivalência se acha em inglês: *agotadas viviéndolas, devividas* [com o original entre chaves], *soppresse dalla morte, lived out, lived off, ten einde geleefd* ("vividas até o fim").

Em outras palavras, necessitamos obter informação sobre a gênese da reprodução sexual e a origem dos instintos sexuais, uma tarefa de assustar quem não é desse âmbito e que até agora mesmo os especialistas não puderam realizar. Por isso nos limitaremos a destacar resumidamente aquilo que, de todas as afirmativas e opiniões discordantes, pode ser relacionado à presente argumentação.

Uma concepção despoja o problema da reprodução de seu fascínio misterioso, ao apresentá-la como manifestação parcial do crescimento (multiplicação por divisão, germinação, gemiparidade). A origem da reprodução através de células germinais sexualmente diferenciadas pode ser vista, segundo um modo de pensar sobriamente darwiniano, da forma seguinte: a vantagem da anfimixia, obtida em certo momento pela copulação casual de dois protozoários, foi mantida e depois aproveitada na evolução subsequente.[32] O "sexo", portanto, não seria muito antigo, e os instintos extraordinariamente arrebatados que visam promover a união sexual estariam repetindo algo que aconteceu casualmente uma vez e que desde então se firmou por ser vantajoso.

Como no caso da morte, a questão aqui é se devemos admitir nos protozoários apenas o que mostram, e se podemos supor que forças e processos que se tornam visíveis apenas em organismos superiores surgiram também neles

---

[32] Embora Weismann (*Das Keimplasma*, 1892) também negue essa vantagem: "A fecundação não significa de maneira alguma um rejuvenescimento ou renovação da vida, ela não seria necessária para o prosseguimento da vida, ela nada é senão *um dispositivo para tornar possível a mistura de duas tendências hereditárias diversas*". Ele acha, porém, que um efeito de tal mistura é o acréscimo na variabilidade dos seres vivos.

primeiramente. A concepção da sexualidade que acabamos de mencionar é de pouca valia para nosso propósito. Poder-se-á objetar a ela que pressupõe a existência de instintos de vida já atuantes nos mais simples organismos, pois de outro modo a copulação, que atua contra o curso da vida e torna mais difícil a tarefa de deixar de viver, não teria sido mantida e elaborada, mas sim evitada. Logo, se não quisermos abandonar a hipótese de instintos de morte, será preciso conjugá-los a instintos de vida desde o começo. Mas é preciso reconhecer que aí trabalharemos com uma equação de duas incógnitas. O que na ciência encontramos sobre a gênese da sexualidade é tão pouco, que o problema pode ser comparado a uma escuridão em que nem o raio de luz de uma hipótese penetrou. É em outro lugar que deparamos com uma tal hipótese, de natureza tão fantástica, porém — é antes um mito que uma explicação científica —, que eu não ousaria apresentá-la aqui, se ela não satisfizesse justamente uma condição que procuramos satisfazer. Pois ela faz derivar um instinto *da necessidade de restauração de um estado anterior.*

Refiro-me, naturalmente, à teoria que Platão faz Aristófanes exprimir no *Simpósio*, que trata não só da origem do instinto sexual, mas também de sua mais importante variação relativa ao objeto.[33]

"Pois antes o nosso corpo não era formado exatamente como hoje; era muito diferente. Em primeiro lugar havia três sexos, não só o masculino e o feminino, como agora, mas também um terceiro, que unia os dois [...] o homem-fêmea

---

33 Tradução de U. v. Wilamowitz-Möllendorff (Platão I, pp. 366 ss) [aqui traduzido da citação de Freud].

[...]." Mas nestes seres tudo era duplo, tinham quatro mãos e quatro pés, dois rostos, duplos genitais etc. Então Zeus decidiu parti-los em dois, "como se divide os marmelos para fazer conserva [...]. Como todos se achavam então divididos, o anseio impeliu as duas metades a juntar-se: elas se enlaçavam com as mãos, abraçavam-se, *desejando fundir-se* [...]".[34]

34 Agradeço ao prof. Heinrich Gomperz (Viena) os seguintes comentários sobre a origem do mito platônico, que reproduzo em parte com suas palavras: Gostaria de chamar a atenção para o fato de que essencialmente a mesma teoria já se encontra nos Upanixades. No Brihad--Aranyaka-Upanixade, I, 4, 3 (Deussen, *60 Upanishads des Veda*, p. 393), em que se descreve como o mundo procede do Atman (o Si--mesmo ou Eu), lemos: "Mas ele (o Atman, o Si-mesmo ou Eu) também não tinha alegria; por isso aquele que é só não tem alegria. Então ele ansiou por um outro. E ele era grande como um homem e uma mulher, quando estes se enlaçam. Ele dividiu esse Si-mesmo em duas partes: daí se originaram marido e mulher. Por isso esse corpo é como uma metade separada do Si-mesmo, assim explicou Yajnavalkya. Por isso o espaço aqui vazio é preenchido pela mulher".

O Brihad-Aranyaka-Upanixade é o mais antigo dos Upanixades e nenhum estudioso competente o situa depois do ano 800 a.C. aproximadamente. Divergindo da opinião predominante, eu não negaria a possível dependência, mesmo indireta, dessas fontes hindus por parte de Platão, desde que tal possibilidade também não pode ser diretamente contestada quanto à doutrina da transmigração das almas. Uma tal dependência, mediada em primeiro lugar pelos pitagóricos, dificilmente afetaria em algo a importância da coincidência dos pensamentos, pois Platão não teria adotado uma tal história que de algum modo lhe chegou da tradição oriental, e menos ainda conferido a ela um lugar tão importante, se esta não o tivesse impressionado por seu conteúdo de verdade.

Num ensaio de K. Ziegler, "Menschen-und Weltenwerden" (*Neue Jahrbücher für das klassische Altertum*, v. 31, pp. 529 ss, 1913), que se ocupa sistematicamente da investigação desse pensamento *antes* de Platão, ele remonta a concepções da Babilônia.

Devemos seguir a deixa do filósofo-poeta e arriscar a suposição de que a substância viva, ao ser animada, foi desmembrada em pequenas partículas que desde então buscam reunir-se de novo mediante os instintos sexuais? De que esses instintos, nos quais prossegue a afinidade química da matéria inanimada, gradualmente superam, atravessando o reino dos protozoários, as dificuldades que opõe a tal esforço um meio carregado de estímulos perigosos para a vida, que os obriga a formar uma camada cortical protetora? Que essas dispersadas partículas da substância viva alcançam desse modo a multicelularidade e enfim transferem às células germinais, em elevada concentração, o instinto para reunir-se? Acho que neste ponto devemos parar.

Mas não sem acrescentarmos algumas palavras de reflexão crítica. Talvez me perguntem se e até onde estou convencido das hipóteses aqui apresentadas. A resposta seria que eu próprio não estou convencido nem peço que outros nelas acreditem. Ou, mais precisamente: não sei até onde creio nelas. Parece-me que o fator afetivo da convicção não precisa, de forma alguma, ser considerado aqui. Podemos nos entregar a um curso de pensamento, acompanhá-lo até onde ele for, somente por curiosidade ou, se quiserem, como *advocatus diaboli* [advogado do diabo] que não se vendeu ao diabo por isso. Não discuto que o terceiro passo na teoria dos instintos, que aqui empreendo, não pode reivindicar a mesma certeza dos dois anteriores, a extensão do conceito de sexualidade e a tese do narcisismo. Essas inovações foram transposições diretas da observação para a teoria, sem maiores fontes de erros do que as inevitáveis nesses casos. É certo que também a asserção do caráter *regressivo* dos instintos baseia-se em material observado, isto é, nos fatos da compulsão à repetição. Mas talvez eu tenha superestimado o significado deles. De toda maneira, só é possível levar adiante essa ideia combinando repetidamente o factual e o apenas excogitado, assim afastando-nos da observação. Sabemos que quanto mais isso é feito, enquanto se constrói uma teoria, menos confiável é o resultado final, mas não há como especificar o grau de incerteza. Podemos nos sair bem ou equivocarmo-nos vergonhosamente. Em trabalhos desse tipo, não confio muito no que chamam de "intuição"; o que dela pude ver pareceu-me antes o produto de uma certa imparcialidade do intelecto. Mas infelizmente é raro ser imparcial quando se trata das coisas últimas, dos grandes problemas da ciência e da vida. Creio que cada um é aí dominado por preferências bastante enraizadas interiormente, cujo jogo faz, sem o saber, com sua especulação. Havendo tão bons motivos para a desconfiança, a atitude para com os resultados de nosso empenho intelectual terá de ser uma fria benevolência. Mas acrescento que uma autocrítica como esta não obriga a uma tolerância especial para com opiniões divergentes. Podemos rejeitar implacavelmente teorias que são contrariadas já nos primeiros passos da análise do que observamos, e ao mesmo tempo saber que a validade das que defendemos é apenas provisória. No julgamento de nossa especulação sobre os instintos de vida e de morte, não incomodaria muito que nela sucedam tantos processos estranhos e pouco evidentes, como um instinto ser expulso por outros, dirigir-se do Eu para um objeto e coisas assim. Isto se deve a que somos obrigados a trabalhar com os termos científicos, ou seja, com a linguagem figurada própria da psicologia (mais corretamente, da psicologia das profundezas). De outra forma não poderíamos descrever os processos em questão; de fato, não os teríamos sequer percebido. As falhas de nossa descrição provavelmente desapareceriam se já pudéssemos empregar os termos fisiológicos ou químicos, em vez dos psicológicos. Eles também são parte de uma linguagem apenas figurada, mas uma que há muito tempo nos é familiar e talvez também mais simples.

Por outro lado, para nós é bastante claro que a incerteza de nossa especulação foi enormemente acrescida pela necessidade de tomar empréstimos à ciência biológica. A biologia é verdadeiramente um campo de possibilidades ilimitadas, podemos esperar dela as mais surpreendentes revelações, e não somos capazes de imaginar as respostas que em algumas décadas ela dará às questões que lhe dirigimos. Talvez sejam respostas tais que façam ruir todo o edifício artificial das nossas hipóteses. Se assim for, alguém poderia perguntar para que serve realizar trabalhos como o exposto nesta seção, e para que publicá-los. Bem, não posso negar que algumas analogias, conexões e relações nele encontradas me pareceram dignas de atenção.[35]

[35] Eis algumas palavras para esclarecer nossa terminologia, que durante essa discussão experimentou um certo desenvolvimento. Sabíamos o que são "instintos sexuais" por sua relação com os sexos e com a função reprodutiva. Depois mantivemos esse nome, quando os resultados da psicanálise nos fizeram atenuar seu nexo com a reprodução. Com a tese da libido narcísica e a extensão do conceito de libido às células individuais, o instinto sexual transformou-se para nós em Eros, que busca impelir uma para a outra e manter juntas as partes da substância viva, e os instintos comumente chamados de sexuais apareceram como a porção desse Eros voltada para o objeto. Segundo nossa especulação, esse Eros atua desde o começo da vida e surge como "instinto de vida", oposto ao "instinto de morte", que se originou pela animação do inorgânico. Ela tenta solucionar o enigma da vida mediante a suposição desses dois instintos, que lutam entre si desde os primórdios. Mais difícil, talvez, é acompanhar a transformação experimentada pelo conceito de "instintos do Eu". Originalmente denominamos assim todas as tendências instintuais que nos eram menos conhecidas e que se diferenciam dos instintos sexuais voltados para o objeto, e colocamos os instintos do Eu em oposição aos instintos sexuais, cuja expressão é a libido. Mais tarde nos adentramos na análise do Eu e percebemos que também uma parte dos "instintos do Eu" é de natureza libidinal, tendo tomado o próprio Eu por objeto. Então esses instintos de autoconservação narcísicos tiveram de ser incluídos entre os instintos sexuais libidinais. A oposição entre instintos do Eu e sexuais transformou-se naquela entre instintos do Eu e do objeto, ambos de natureza libidinal. Mas em seu lugar apareceu uma nova oposição, entre instintos libidinais (do Eu e do objeto) e outros, que devem ser estabelecidos no Eu e talvez constituam os instintos de destruição. Nossa especulação converteu essa oposição naquela entre instintos de vida (Eros) e instintos de morte.

VII

Se querer restaurar um estado anterior é realmente uma característica universal dos instintos, não podemos nos admirar de que na psique tantos processos ocorram independentemente do princípio do prazer. Essa característica seria comunicada a todos os instintos parciais, e no caso deles visaria o retorno a um certo estágio do curso de desenvolvimento. Mas tudo isso, sobre o qual o princípio do prazer ainda não tem poder, não se acha necessariamente em oposição a ele, e continua não resolvido o problema de determinar a relação entre os processos instintuais de repetição e o domínio do princípio do prazer.

Vimos que uma das primeiras e mais importantes funções do aparelho psíquico é "ligar" os impulsos instintuais que lhe chegam, substituir o processo primário nele dominante pelo processo secundário, transformar sua energia de investimento livre e móvel em investimento predominantemente parado (tônico). Durante essa transformação não se pode atentar para o desenvolvimento do desprazer, mas o princípio do prazer não é anulado por isso. Pelo contrário, a transformação ocorre a serviço do princípio do prazer; a ligação é um ato preparatório, que introduz e assegura o domínio do princípio do prazer.

Vamos distinguir entre função e tendência de maneira mais aguda do que fizemos até agora. O princípio do prazer, então, é uma tendência que se acha a serviço de uma função, à qual cabe tornar o aparelho psíquico isento de excitação, ou conservar o montante de excitação dentro dele constante ou o menor possível. Ainda não podemos nos decidir por nenhuma dessas concepções, mas notamos que a função assim determinada participaria do universal empenho de todos os viventes: retornar à quietude do mundo inorgânico. Todos nós aprendemos que o maior prazer ao nosso alcance, o do ato sexual, está relacionado à extinção momentânea de uma elevada excitação. Mas a ligação do impulso instintual seria uma função preparatória, que deve dispor a excitação para a sua definitiva eliminação no prazer da descarga.

Isso também leva a perguntar se as sensações de prazer e desprazer podem ser igualmente geradas pelos processos excitatórios ligados e pelos não ligados. Parece totalmente fora de dúvida que os não ligados, os processos primários, produzem sensações bem mais intensas, nas duas direções, do que as dos ligados, dos secundários. Os processos primários são também anteriores, no começo da vida psíquica não há outros, e podemos inferir que, se o princípio do prazer já não estivesse em operação neles, não poderia chegar a estabelecer-se para os posteriores. Assim alcançamos um resultado que no fundo não é simples, de que no começo da vida psíquica o empenho por prazer se manifesta bem mais intensamente do que depois, mas não tão irrestritamente; tem que admitir interrupções frequentes. Em períodos mais maduros o domínio do princípio do prazer é bem mais assegurado, mas ele próprio, assim como os demais instintos, não escapa à sujeição. De todo modo, aquilo que no processo excitatório leva ao surgimento das sensações de prazer e desprazer tem que existir no processo secundário, não menos que no primário.

Aqui seria o ponto para se iniciar novas pesquisas. Nossa consciência nos transmite, desde o interior, não apenas as sensações de prazer e desprazer, mas também de uma peculiar tensão que pode ela mesma ser prazerosa ou desprazerosa. Essas sensações devem nos fazer distinguir entre processos de energia ligados e não ligados, ou a sensação de tensão há de ser relacionada à quantidade absoluta, eventualmente ao nível do investimento, enquanto a série prazer-desprazer indica a mudança da quantidade de investimento na unidade de tempo? Também nos chama a atenção que os instintos de vida tenham bem mais a ver com nossa percepção interna, pois se apresentam perturbando a paz, trazendo tensões cuja eliminação é sentida como prazer, enquanto os instintos de morte parecem realizar seu trabalho discretamente. O princípio do prazer parece mesmo estar a serviço dos instintos de morte; é certo que vigia também os estímulos de fora, avaliados como perigosos pelas duas espécies de instintos, mas sobretudo os aumentos de estímulos a partir de dentro, que chegam a dificultar a tarefa de viver. A isto se relacionam inúmeras outras questões, que atualmente não é possível responder. Temos de ser pacientes e aguardar novos meios e oportunidades de investigação. E permanecer dispostos a abandonar um caminho que trilhamos por algum tempo, se ele parece não conduzir a algo de bom. Somente aqueles crédulos, que exigem da ciência um substituto para o catequismo abandonado, se aborrecerão com o pesquisador por desenvolver ou modificar seus pontos de vista. De resto, talvez um poeta (Rückert, nos *Macamas*, de Hariri) nos console pelo vagaroso progresso de nosso conhecimento científico:

"*O que não podemos alcançar voando, devemos alcançar*
[claudicando. [...]
Segundo as Escrituras, não é pecado claudicar." *

---

* "*Was man nicht erfliegen kann, muß man erhinken.* [...]/ *Die Schrift sagt, es ist keine Sünde zu hinken.*" Citação de um dos "macamas" [sermões] de Abu Hariri, escritor árabe, na versão de Rückert.

UMA DIFICULDADE DA PSICANÁLISE (1917)

TÍTULO ORIGINAL: "EINE SCHWIERIGKEIT DER PSYCHOANALYSE". PUBLICADO PRIMEIRAMENTE EM *IMAGO*, V. 5, N. 1, PP. 1-7. TRADUZIDO DE *GESAMMELTE WERKE* XII, PP. 3-12.

UMA DIFICULDADE DA PSICANÁLISE

Direi, logo de início, que não me refiro a uma dificuldade intelectual, algo que torne a psicanálise inacessível à compreensão do ouvinte ou leitor, mas a uma dificuldade afetiva: algo que torna alheios à psicanálise os sentimentos do indivíduo, de modo que este não se inclina a acreditar ou demonstrar interesse por ela. Logo se percebe que as duas dificuldades resultam numa só. Quem não vê com bastante simpatia uma coisa não a compreende facilmente.

Em consideração ao leitor, que suponho ainda não informado sobre o tema, devo remontar um bom pedaço. Na psicanálise veio a configurar-se, a partir de um grande número de observações individuais e impressões, algo como uma teoria, que agora se conhece pelo nome de teoria da libido. Como é sabido, a psicanálise se ocupa do esclarecimento e da eliminação dos chamados distúrbios nervosos. Foi preciso achar um ponto para a abordagem desse problema, e resolveu-se buscá-lo na vida instintual da psique. Hipóteses sobre a vida instintual do ser humano tornaram-se, portanto, o fundamento para a nossa concepção da doença nervosa.

A psicologia, tal como é ensinada entre nós, dá respostas muito pouco satisfatórias, quando questionada acerca dos problemas da vida psíquica. Mas em nenhuma área suas informações são mais pobres do que na dos instintos.

Fica a nosso critério, então, decidir como nos orientarmos inicialmente nesse ponto. A concepção popular distingue fome e amor, como representantes dos instintos que buscam, respectivamente, a conservação do ser individual e a sua reprodução. Seguindo essa distinção tão palpável, na psicanálise também distinguimos entre instintos de autoconservação, ou do Eu, e instintos sexuais, e chamamos de *libido* — desejo sexual — a energia com que o instinto sexual aparece na vida psíquica, como algo análogo à fome, à vontade de poder etc., no tocante aos instintos do Eu.

É com base nessa hipótese que fazemos a primeira descoberta significativa. Aprendemos que os instintos sexuais têm importância bem maior para a compreensão das neuroses, que estas são, por assim dizer, enfermidades específicas da função sexual; que o fato de uma pessoa contrair ou não uma neurose depende da quantidade de libido e da possibilidade de satisfazê-la e descarregá-la por meio da satisfação; que a forma da doença é determinada pelo modo como o indivíduo perfaz o desenvolvimento da função sexual, ou, como dizemos, pelas fixações que sua libido experimentou no curso de seu desenvolvimento; e que, com uma certa técnica de influência psíquica, não muito simples, temos como esclarecer e, ao mesmo tempo, anular alguns tipos de neuroses. Nosso esforço terapêutico tem maior sucesso com certa classe de neuroses que surgem do conflito entre os instintos do Eu e os instintos sexuais. Pois no ser humano pode ocorrer que as exigências dos instintos sexuais, que sem dúvida ultrapassam o indivíduo, apareçam como um perigo para o Eu, ameaçando-lhe a autoconservação ou a autoestima. Então o Eu se defende, nega aos instintos sexuais a satisfação desejada e força-os a tomar os desvios de uma satisfação substituta, que se manifestam como sintomas nervosos.

UMA DIFICULDADE DA PSICANÁLISE

A terapia psicanalítica consegue então submeter o processo repressivo a uma revisão e levar o conflito a um desfecho melhor, compatível com a saúde. Adversários incompreensivos nos fazem a objeção de parcialidade na avaliação dos instintos sexuais: o ser humano teria outros interesses além dos sexuais. Nós jamais esquecemos ou negamos isso, nem por um momento sequer. Nossa parcialidade é como a do químico, que explica todas as constituições pela força da atração química. Não é por isso que ele nega a força da gravidade, apenas deixa para os físicos a sua apreciação.

Durante o trabalho terapêutico temos de considerar a distribuição da libido no paciente; pesquisamos as representações objetais a que sua libido está ligada e a liberamos, a fim de pô-la à disposição do Eu. Nisso viemos a traçar um quadro muito curioso da distribuição original e primeira da libido no ser humano. Tivemos de supor que no início da evolução individual toda a libido (todo o empenho erótico, toda a capacidade amorosa) se acha ligada à própria pessoa, ou, como dizemos, investe o próprio Eu. Somente depois ocorre, apoiando-se na satisfação das grandes necessidades vitais, que a libido transborde do Eu para os objetos externos, e apenas assim podemos reconhecer como tais os instintos libidinais e separá-los dos instintos do Eu. A libido pode novamente destacar-se desses objetos e retirar-se para o Eu.

Ao estado em que o Eu retém a libido chamamos *narcisismo*, lembrando o mito grego do jovem Narciso, que se apaixonou por sua própria imagem refletida.

Portanto, atribuímos à pessoa um progresso, do narcisismo para o amor objetal. Mas não cremos que toda a libido passe, alguma vez, do Eu para o objeto. Um certo montante de libido sempre fica no Eu; um certo grau de narcisismo continua a existir, mesmo com o amor objetal bem desenvolvido. O Eu é um grande reservatório do qual flui a libido destinada aos objetos, e ao qual ela novamente aflui a partir dos objetos. A libido objetal foi primeiramente libido do Eu, e pode transformar-se de novo em libido do Eu. É essencial, para a plena saúde da pessoa, que sua libido não perca a mobilidade plena. Para ilustrar essa condição, imaginemos um protozoário em que a substância viscosa lança pseudópodes, prolongamentos nos quais a substância somática se estende, mas que a qualquer instante podem novamente retrair-se, de modo que a forma da pequena massa de protoplasma seja restabelecida.

O que procurei delinear com essas indicações é a *teoria libidinal* das neuroses, sobre a qual se baseiam todas as nossas concepções acerca da natureza desses estados patológicos e o nosso procedimento terapêutico para combatê-los. É claro que também consideramos válidos os pressupostos da teoria da libido para o comportamento normal. Falamos de narcisismo do bebê e atribuímos ao intenso narcisismo do homem primitivo o fato de ele crer na onipotência de seus pensamentos e de querer influir no curso dos eventos do mundo mediante a técnica da magia.

Após essa introdução, gostaria de assinalar que o narcisismo geral, o amor-próprio da humanidade, sofreu até o momento três duras afrontas por parte da pesquisa científica.

a) O ser humano acreditou, no início de sua pesquisa, que sua morada, a Terra, achava-se imóvel no centro do universo, enquanto o Sol, a Lua e os planetas moviam-se ao seu redor em trajetórias circulares. Nisso acompanhou, de modo ingênuo, as impressões de seus sentidos, pois não sente o movimento da Terra e, sempre que pode olhar livremente à sua volta, vê-se no centro de um círculo que abrange o mundo exterior. A posição central da Terra era garantia de seu papel dominante no universo, e parecia condizer muito bem com a tendência humana de sentir-se dono deste mundo.

O aniquilamento dessa ilusão narcísica está relacionado, para nós, ao nome e à obra de Nicolau Copérnico, no século XVI. Muito antes dele, os pitagóricos haviam questionado a posição privilegiada da Terra, e Aristarco de Samos havia declarado, no século III a.C., que a Terra era bem menor que o Sol e se movimentava em torno deste. A grande descoberta de Copérnico foi feita antes dele, portanto. Quando ela teve reconhecimento geral, porém, o amor-próprio humano experimentou sua primeira afronta, aquela *cosmológica*.

b) No curso de sua evolução cultural, o homem se arvorou em senhor das demais criaturas do reino animal. Não satisfeito com esse predomínio, começou a criar um abismo entre sua natureza e a deles. Negou que possuíssem razão e dotou a si mesmo de uma alma imortal, invocando para si uma procedência divina, que lhe permitiu romper os laços com o mundo animal. É digno de nota que tal presunção ainda seja desconhecida do bebê, assim como do homem primitivo e primevo. Ela resulta de uma evolução posterior, mais ambiciosa. No estágio do totemismo, não repugnava ao primitivo que a sua tribo remontasse a um antepassado animal. Nos mitos, que contêm os precipitados desse antigo modo de pensar, os deuses assumem formas animais, e a arte dos primórdios apresenta os deuses com cabeças de animais. A criança não vê diferença entre sua própria natureza e a do animal; não se surpreende de que os animais pensem e falem nos contos de fadas; desloca para um cão ou um cavalo o sentimento de medo que tenha em relação ao pai, sem pretender com isso depreciar o pai. Somente quando se torna um adulto ela se acha a tal ponto afastada dos animais que insulta seres humanos com o nome de um animal.

Todos nós sabemos que há pouco mais de meio século as pesquisas de Charles Darwin, de seus colaboradores e precursores, puseram fim a essa presunção do ser humano. O homem não é algo diferente nem melhor que os animais; é ele próprio de origem animal, mais aparentado a algumas espécies, mais distante de outras. Suas conquistas posteriores não puderam apagar testemunhos da equivalência, tanto na estrutura do corpo como na disposição psíquica. Esta é a segunda afronta, aquela *biológica*, ao narcisismo humano.

c) A terceira afronta, de natureza psicológica, é talvez a mais sentida.

Embora humilhado exteriormente, o homem sente-se soberano em sua própria psique. Ele criou, em alguma parte do âmago de seu Eu, um órgão inspetor, que vigia seus impulsos e ações, para que coincidam com suas exigências. Não sucedendo isso, são implacavelmente inibidos e recolhidos. A percepção interna do Eu, a consciência, informa-o sobre todos os eventos significativos da atividade psíquica, e a vontade, orientada por essas notícias, executa o que o Eu ordena, modifica o que tenderia a realizar-se autonomamente. Pois a psique não é algo simples, é antes uma hierarquia de instâncias superiores e subordinadas, uma profusão de impulsos que, independentes uns dos outros, lutam pela realização, de modo correspondente à multiplicidade de instintos e de relações com o mundo externo, que frequentemente se antagonizam e são incompatíveis. O funcionamento requer que a instância mais alta tenha ciência de tudo o que se prepara, e que a sua vontade possa penetrar em todo canto, a fim de exercer sua influência. Mas o Eu se sente seguro tanto da fidelidade e completude das informações quanto da viabilidade de suas ordens.

Em determinadas doenças, e justamente nas neuroses que estudamos, as coisas são diferentes. O Eu se sente mal, depara com limites a seu poder em sua própria casa, a psique. De repente surgem pensamentos que não se sabe de onde vêm; tampouco se tem como expulsá-los. Esses hóspedes desconhecidos parecem até mais poderosos do que os submetidos ao Eu; resistem a todos os meios coercivos da vontade, aprovados em muitas ocasiões, e permanecem imperturbados ante a refutação lógica, indiferentes ao desmentido da realidade. Ou ocor-

UMA DIFICULDADE DA PSICANÁLISE

rem impulsos que parecem os de outro indivíduo, de modo que o Eu os renega,* mas tem de receá-los e tomar precauções contra eles. O Eu diz a si mesmo que se trata de uma doença, uma invasão estrangeira, e aumenta a vigilância, mas não pode entender por que se sente paralisado de maneira tão estranha.

A psiquiatria contesta, naturalmente, que esses casos envolvam espíritos maus que se infiltraram na psique, mas limita-se a dizer, dando de ombros: "Degeneração, disposição hereditária, inferioridade constitucional!". A psicanálise procura esclarecer essas inquietantes doenças; ela empreende pesquisas longas e acuradas, produz conceitos auxiliares e construções científicas, e pode enfim dizer ao Eu: "Nada estranho se introduziu em você; uma parte de sua própria psique furtou-se ao seu conhecimento e ao domínio de sua vontade. Por isso é tão fraca a sua defesa; uma parte de sua força luta contra a outra parte, você não pode reunir toda a sua força, como se lutasse contra um inimigo externo. E não é sequer a parte pior ou menos importante de suas forças psíquicas que se opôs de tal forma e tornou-se independente de você. A culpa, devo dizer, é sua mesmo. Você superestimou sua força, ao crer que podia fazer o que quisesse com seus instintos sexuais, sem considerar mi-

---

* "Renega": *verleugnet* no original; em quatro versões estrangeiras consultadas (duas em espanhol, a da Biblioteca Nueva e a da Amorrortu, a italiana da Boringhieri e a *Standard* inglesa): *niega, desmiente, rinnega, disowns*.

nimamente as intenções deles. Então eles se rebelaram e tomaram seus próprios obscuros caminhos, a fim de escapar à repressão,* e criaram seus próprios direitos, de uma maneira que você não pode aprovar. Como realizaram isso e que vias percorreram você não pôde saber; apenas chegou ao seu conhecimento o resultado desse trabalho, o sintoma que você percebe como sofrimento. Você não o reconhece como derivado de seus próprios instintos rejeitados, e não sabe que ele é a satisfação que os substitui.

"Mas todo o processo é tornado possível apenas pelo fato de você também se equivocar em outro ponto importante. Você acredita saber tudo o que de relevante se passa em sua mente,** já que sua consciência o informa a respeito disso. E, quando não recebe notícia de algo na mente, supõe, com muita confiança, que aquilo não se acha nela. Você chega a identificar 'mental' e 'consciente', isto é, conhecido por você, não obstante as

---

* "Repressão": tradução aqui dada a *Unterdrückung*; nas traduções consultadas: *sometimiento, sofocación, repressione, suppression*; uma breve discussão dos problemas da versão desse termo se acha em Paulo César de Souza, *As palavras de Freud: o vocabulário freudiano e suas versões* (São Paulo: Companhia das Letras, nova ed. revista, 2010), capítulo sobre *Verdrängung*.

** "Mente" e "mental": é como aqui traduzimos *Seele* (literalmente "alma") e o adjetivo *seelisch*, apesar das objeções que Bruno Bettelheim faz a essa tradução, no seu panfleto *Freud e a alma humana* (São Paulo: Cultrix, 1985); para uma visão mais nuançada do problema, ver *As palavras de Freud*, op. cit., capítulo sobre a gênese da nova edição francesa; as versões consultadas utilizam: *alma, anímico*; idem; *psiche, psichico*; *mind, mental*.

UMA DIFICULDADE DA PSICANÁLISE

claras evidências de que em sua vida mental deve ocorrer muito mais do que o que pode tornar-se conhecido para a sua consciência. Então aprenda uma coisa nesse ponto! O que é mental, em você, não coincide com o que lhe é consciente; algo suceder em sua mente e você ter notícia dele são coisas diferentes. Admito que habitualmente o serviço de informações de sua consciência basta para suas necessidades. Você pode acalentar a ilusão de saber tudo o que é mais importante. Mas em alguns casos, como no conflito instintual mencionado, esse serviço fracassa, e sua vontade não vai além de seu saber. Em todos os casos, porém, as informações de sua consciência são incompletas e, frequentemente, suspeitas; também acontece de você ter notícia dos eventos apenas depois de consumados, e já não poder modificá-los. Ainda quando você não está doente, quem pode avaliar o que age em sua alma, coisas de que você não vem a saber ou de que é informado erradamente? Você se comporta como um rei absoluto, que se contenta com os dados fornecidos por seus principais cortesãos e não desce até o povo para escutar a voz dele. Volte-se para si, para suas profundezas, e conheça antes a si mesmo; então compreenderá por que tem de ficar doente, e conseguirá talvez não ficar doente".

Isso a psicanálise quis ensinar ao Eu. Mas esses dois esclarecimentos, de que a vida instintual da sexualidade não pode ser inteiramente domada em nós, e de que os processos mentais são inconscientes em si e apenas acessíveis e submetidos ao Eu através de uma percepção incompleta e suspeita, equivalem à afirmação de que *o Eu não é senhor em sua própria casa*. Juntos eles representam a terceira afronta ao amor-próprio humano, que eu chamaria de *psicológica*. Não surpreende, portanto, que o Eu não demonstre boa vontade com a psicanálise e se recuse obstinadamente a dar-lhe crédito.

Poucos homens puderam discernir a importância enorme que a admissão de processos mentais inconscientes teria para a ciência e a vida. Acrescentemos logo, no entanto, que não foi a psicanálise que deu o primeiro passo neste sentido. Filósofos de renome podem ser citados como precursores, sobretudo o grande pensador Schopenhauer, cuja "vontade" inconsciente se equipara aos instintos da mente na psicanálise. É o mesmo pensador, aliás, que lembrou aos homens, em palavras de impressão inesquecível, a sempre subestimada relevância de seus impulsos sexuais. A psicanálise leva apenas uma vantagem: a de não afirmar abstratamente as duas teses, tão dolorosas para o narcisismo, da significação psíquica da sexualidade e da inconsciência da vida mental, mas demonstrá-las com um material que concerne pessoalmente a todo indivíduo e o força a tomar posição ante esses problemas. E justamente por isso atrai a aversão e as resistências que ainda evitam, temerosamente, o grande nome do filósofo.

SOBRE TRANSFORMAÇÕES DOS INSTINTOS, EM PARTICULAR NO EROTISMO ANAL (1917)

TÍTULO ORIGINAL: "ÜBER TRIEBUMSETZUNGEN, INSBESONDERE DER ANALEROTIK".
PUBLICADO PRIMEIRAMENTE EM
INTERNATIONALE ZEITSCHRIFT FÜR ÄRZTLICHE PSYCHOANALYSE [REVISTA INTERNACIONAL DE PSICANÁLISE MÉDICA], V. 4, N. 3, PP. 125-30.
TRADUZIDO DE *GESAMMELTE WERKE* X, PP. 401-10; TAMBÉM SE ACHA EM *STUDIENAUSGABE* VII, PP. 123-31.

SOBRE TRANSFORMAÇÕES DOS INSTINTOS

Anos atrás, a observação psicanalítica me levou a suspeitar que a constante coexistência de três traços de caráter — *ordem, parcimônia* e *obstinação* — indica uma intensificação dos componentes erótico-anais na constituição sexual de certas pessoas, nas quais, no curso do desenvolvimento, esses modos preferidos de reação do Eu vieram a se formar pela consumição* do erotismo anal.[1]

Interessava-me, na época, dar a conhecer um vínculo percebido nos fatos; não cuidei muito de sua apreciação teórica. Desde então parece ter se generalizado a concepção de que cada uma das três qualidades, avareza, minuciosidade e obstinação, procede ou — dito de maneira mais cautelosa e completa — retira fortes subsídios dessas fontes. Os casos a que a junção dos três mencionados defeitos de caráter imprimia um cunho especial (caráter anal) eram apenas os casos extremos, em que o nexo que nos interessa se mostraria até mesmo a uma observação pouco aguda.

Alguns anos depois cheguei à conclusão, a partir de numerosas impressões, guiado por uma experiência analítica sobremaneira convincente, de que na evolução da libido humana devemos supor, antes da fase do primado genital, uma "organização pré-genital", em que o sadismo e o erotismo anal desempenham os papéis principais.[2]

---

* *Aufzehrung*, no original; deriva do verbo *aufzehren*, "consumir, absorver". Strachey prefere *assimilation*; as outras traduções consultadas (duas em espanhol, uma francesa e uma holandesa) usam *agotada, consumo, consommation, absorptie*.
1 "Caráter e erotismo anal" (1908).
2 "A predisposição para a neurose obsessiva" (1913).

A questão do que ocorre posteriormente aos impulsos erótico-anais tornou-se então inevitável. Qual o destino deles após perderem a importância para a vida sexual, devido ao estabelecimento da organização genital definitiva? Permaneceram como tais, porém em estado de repressão, foram sublimados ou consumidos pela transformação em qualidades de caráter, ou tiveram acolhida na nova configuração da sexualidade, determinada pela primazia dos genitais? Ou melhor, já que provavelmente nenhum desses destinos do erotismo anal seria o único, em que medida e de que modo essas diferentes possibilidades tomam parte na decisão sobre o destino do erotismo anal, cujas fontes orgânicas não puderam ser encobertas pelo surgimento da organização genital?

Seria de crer que não pode faltar material para responder a essas perguntas, pois tais processos de desenvolvimento e transformação tiveram de ocorrer em todas as pessoas que são objeto da pesquisa psicanalítica. Mas o material é tão pouco transparente, a abundância de impressões recorrentes produz tal confusão, que ainda hoje não posso dar solução completa para o problema, mas apenas contribuições para uma solução. Ao fazê-lo, não há por que evitar a oportunidade, se o contexto o permitir, de mencionar algumas outras transformações instintuais que não dizem respeito ao erotismo anal. Por fim, é talvez desnecessário enfatizar que os processos de desenvolvimento descritos — aqui e sempre, na psicanálise — foram inferidos a partir das regressões que lhes foram impostas pelos processos neuróticos.

SOBRE TRANSFORMAÇÕES DOS INSTINTOS

O ponto de partida para esta discussão pode ser o dado de que nas produções do inconsciente — pensamentos espontâneos, fantasias e sintomas — as noções de *fezes* (dinheiro, presente), *criança* e *pênis* são dificilmente separadas e facilmente confundidas. Ao nos expressarmos desse modo, sabemos naturalmente que transferimos para o inconsciente, de maneira incorreta, designações costumeiras em outros âmbitos da vida psíquica, e que nos deixamos desviar pela vantagem que uma comparação traz consigo. Repitamos, de forma menos passível de objeção, que esses elementos são com frequência tratados, no inconsciente, como se equivalessem uns aos outros e pudessem livremente substituir uns aos outros.

Isso se vê com maior facilidade na relação entre "criança" e "pênis". Não é algo sem importância que, tanto na linguagem simbólica do sonho como na da vida cotidiana, os dois possam ser substituídos pelo mesmo símbolo. Tal como a criança, o pênis é chamado de "o *pequeno*". Sabe-se que frequentemente a linguagem simbólica não leva em conta a diferença entre os sexos.* "O pequeno", que originalmente diz respeito ao membro masculino, pode então, secundariamente, designar o genital feminino.

Investigando com suficiente profundidade a neurose de uma mulher, não é raro depararmos com o desejo reprimido de ter um pênis como o homem. Um infortúnio acidental na sua vida de mulher, muitas vezes consequên-

---

* Cabe notar que o alemão tem os gêneros masculino, feminino e neutro, e que *das Kleine* (o pequeno) é neutro.

cia ele mesmo de uma disposição fortemente masculina, ativou novamente esse desejo infantil — que denominamos "inveja do pênis" e incluímos no complexo da castração — e o tornou, mediante o refluxo da libido, o principal veículo dos sintomas neuróticos. Em outras mulheres nada comprova esse desejo de possuir pênis; seu lugar é tomado pelo desejo de um filho, cuja frustração pode então desencadear a neurose em sua vida. É como se essas mulheres tivessem compreendido que a natureza deu à mulher a criança como substituto para a outra coisa que teve de negar-lhe — um motivo impossível, claro. Em mais outras mulheres, nota-se que ambos os desejos estavam presentes na infância e sucederam um ao outro. Primeiro queriam ter um pênis como o homem, e numa época posterior, ainda infantil, isso deu lugar ao desejo de ter uma criança. Não se pode afastar a impressão de que fatores acidentais da vida infantil, como a existência ou não de irmãos, o nascimento de mais um filho numa época favorável da vida, são responsáveis por essa diversidade, de modo que o desejo de possuir um pênis seria, no fundo, idêntico ao desejo de ter um filho.

É possível dizer o que sucede ao desejo infantil do pênis quando as condições para a neurose não aparecem na vida posterior. Ele se transforma então no desejo de ter um *homem*, aceita o homem como apêndice do pênis. Por essa mudança, um impulso contrário à função sexual feminina transforma-se em um favorável a ela. Com isso vem a se tornar possível, para essas mulheres, uma vida amorosa segundo o tipo masculino de escolha de objeto, que pode afirmar-se junto àquele propriamente feminino, derivado do narcisismo. Já vimos que em outros casos é apenas o filho que provoca a transição do amor narcísico a si mesmo para o amor ao objeto. Também nesse caso, portanto, a criança pode ser representada pelo pênis.

Já tive a oportunidade de ouvir sonhos de mulheres após as primeiras relações sexuais. Revelavam inequivocamente o desejo de conservar para si o pênis que haviam sentido, correspondendo então, sem levar em conta a motivação libidinal, a uma regressão passageira do homem para o pênis, como objeto de desejo. Sem dúvida haverá a tendência, de modo puramente racionalista, a fazer remontar o desejo de homem ao desejo de filho, já que em algum momento a mulher compreende que sem ajuda do homem não pode ter um filho. Mais provavelmente, no entanto, o desejo de homem surge independente do desejo de ter filho, e, quando emerge — por motivos compreensíveis, que pertencem à psicologia do Eu —, o antigo desejo de ter um pênis se junta a ele, como reforço libidinal inconsciente.

A importância do processo descrito está em que uma parcela da masculinidade narcísica da jovem mulher passa a feminilidade, tornando-se inofensiva para a função sexual feminina. Por um outro caminho, também uma parte do erotismo da fase pré-genital torna-se apta para a utilização na fase do primado genital. Pois a criança é vista como *"Lumpf"* (ver a análise do menino Hans),* como algo que se separa do corpo através do

---

* *Lumpf* era um termo pessoal do pequeno Hans, usado para se referir às fezes.

intestino; assim, um montante de investimento libidinal que se aplicava ao conteúdo do intestino pode ser estendido à criança que nasceu através do intestino. Um testemunho que a linguagem fornece, dessa identidade entre criança e excremento, acha-se na expressão "*dar um filho*".* O excremento é o primeiro *presente*, uma parte de seu corpo, da qual o bebê se separa apenas por injunção da pessoa amada, com a qual ele espontaneamente lhe demonstra sua ternura, pois via de regra ele não suja pessoas estranhas. (Mesmas reações, embora menos intensas, no caso da urina.) Na defecação o bebê tem que decidir, pela primeira vez, entre a atitude narcísica e a de amor ao objeto. Ou ele entrega docilmente o cocô, "sacrifica-o" ao amor, ou o retém para a satisfação autoerótica, mais tarde para a afirmação de sua própria vontade. Com essa última decisão vai se constituir a *teimosia* (obstinação), que portanto se origina de uma perseverança narcísica no erotismo anal.

É provável que o primeiro significado em que se detém o interesse por fezes não seja *ouro-dinheiro* [*Gold-Geld*], mas *presente* [*Geschenk*]. A criança não conhece outro dinheiro senão aquele que lhe é presenteado, nenhum dinheiro próprio, seja ganhado ou herdado. Como as fezes são o seu primeiro presente, ela facilmente transfere o interesse dessa matéria para aquela nova, que lhe surge como o mais importante presente na vida. Quem duvida dessa derivação do presente pode

---

* A expressão alemã lembrada por Freud é "*ein Kind* schenken *erhalten*", que literalmente significa "receber um filho *de presente*".

consultar sua experiência na clínica psicanalítica, estudar os presentes que como médico recebe do paciente, e atentar para as tempestuosas transferências que podem ser despertadas por um presente seu ao paciente.

De modo que o interesse nas fezes continua em parte como interesse no dinheiro, e em parte é transposto para o desejo de ter filho. Nesse desejo de filho convergem um impulso erótico-anal e um genital (inveja do pênis). Mas o pênis também possui uma importância erótico--anal independente do interesse na criança. A relação entre o pênis e o canal de membrana mucosa por ele preenchido e excitado já é prefigurada na fase pré-genital, sádico-anal. O bolo fecal — ou "vara de cocô", na expressão de um paciente — é por assim dizer o primeiro pênis, e a mucosa por ele excitada, a do reto. Há pessoas cujo erotismo anal permanece forte e inalterado até a época da pré-puberdade (dez a doze anos); delas ficamos sabendo que já nessa fase pré-genital desenvolvem, em fantasias e em jogos perversos, uma organização análoga à genital, na qual pênis e vagina são representados pela vara fecal e o intestino. Em outras pessoas — neurótico--obsessivas — podemos conhecer o resultado de uma degradação regressiva da organização genital. Manifesta--se no fato de toda fantasia originalmente concebida no plano genital ser transposta para o anal, o pênis ser substituído pela vara de fezes, a vagina pelo intestino.

Quando o interesse pelas fezes retrocede de modo normal, a analogia orgânica aqui apresentada tem o efeito de transferi-lo para o pênis. Se depois, nas pesquisas sexuais [infantis], descobre-se que a criança nasceu do intestino, ela se torna o principal herdeiro do erotismo anal, mas o precursor da criança foi o pênis, tanto nesse como em outro sentido.

Estou certo de que agora se tornou impossível abarcar todas as múltiplas relações da série excremento——pênis—criança, e por isso tentarei remediar a falta com uma representação gráfica, em cuja discussão o mesmo material pode ser apreciado novamente, numa outra sequência. É pena que esse recurso técnico não seja maleável o bastante para nosso propósito; ou talvez não saibamos ainda utilizá-lo de maneira adequada. Peço, de toda forma, que não se espere muito do esquema seguinte.

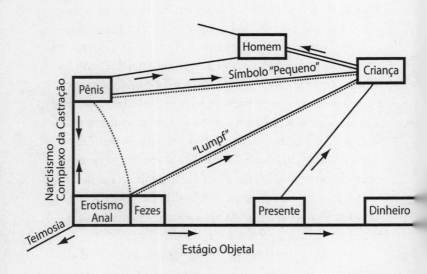

Do erotismo anal procede, por emprego narcísico, a teimosia, como significativa reação do Eu a exigências dos outros; o interesse dirigido às fezes se torna interesse por presente e depois por dinheiro. Com o aparecimento do pênis nasce na menina a inveja do pênis, que mais tarde se transforma no desejo por um homem, como portador de um pênis. Antes, o desejo de um pênis converteu-se no desejo de ter um filho, ou o desejo de filho tomou o lugar do desejo de pênis. Uma analogia orgânica entre pênis e criança (linha pontilhada) se exprime pela posse de um símbolo comum aos dois (o "pequeno"). Um caminho racional (linha dupla) conduz então do desejo de filho ao desejo de homem. O significado dessa transformação do instinto nós já consideramos.

No homem pode-se reconhecer mais nitidamente uma outra peça desse conjunto. Ela surge quando a pesquisa sexual da criança constata a ausência de pênis na mulher. Assim, o pênis é percebido como algo separável do corpo e ganha analogia com as fezes, o primeiro pedaço de corpo a que foi preciso renunciar. Desse modo a antiga teimosia anal entra na constituição do complexo da castração. A analogia orgânica, segundo a qual o conteúdo do intestino representava o precursor do pênis durante a fase pré-genital, não pode entrar em consideração como motivo; mas acha um substituto psíquico através da pesquisa sexual.

Quando aparece a criança, é percebida como "*Lumpf*", conforme essa pesquisa, e investida de forte interesse erótico-anal. O desejo de ter filho recebe um segundo incremento da mesma fonte, quando a experiência social mostra que a criança pode ser vista como prova de amor, como presente. Todos os três, a coluna de cocô, o pênis e a criança, são corpos sólidos, que excitam um canal de membrana mucosa (o reto e a vagina, esta como que "arrendada" dele, na boa expressão de Lou Andreas-Salomé),[3] com sua penetração ou retirada. A investigação sexual infantil pode apenas saber, a partir desse fato, que a criança segue o mesmo caminho da coluna de fezes; a função do pênis não é geralmente descoberta pela pesquisa infantil. Mas é interessante notar que após tantos rodeios uma correspondência orgânica aparece de novo no plano psíquico, como identidade inconsciente.

---

[3] Em "'Anal' e 'Sexual'", *Imago*, v. 4 (1916).

UMA RECORDAÇÃO DE INFÂNCIA EM *POESIA E VERDADE* (1917)

TÍTULO ORIGINAL: "EINE KINDHEITSERINNERUNG AUS *DICHTUNG UND WAHRHEIT*". PUBLICADO PRIMEIRAMENTE EM *IMAGO*, V. 5, N. 2, PP. 49-57. TRADUZIDO DE *GESAMMELTE WERKE* XII, PP. 13-26; TAMBÉM SE ACHA EM *STUDIENAUSGABE* X, PP. 255-66.

UMA RECORDAÇÃO DE INFÂNCIA EM *POESIA E VERDADE*

"Quando procuramos recordar o que nos sucedeu nos primeiros anos da infância, muitas vezes chegamos a confundir o que nos disseram outras pessoas com o que realmente sabemos por testemunho e experiência própria." Goethe faz essa observação numa das primeiras páginas da autobiografia que começou a escrever aos sessenta anos de idade. Ela é precedida apenas de algumas informações a respeito de seu nascimento, ocorrido "a 28 de agosto de 1749, ao bater do sino do meio-dia". A constelação dos astros lhe era favorável e pode ter contribuído para a sua sobrevivência, pois ele veio ao mundo "como morto", e apenas após vários esforços conseguiram que abrisse os olhos. Depois dessa observação há uma breve descrição da casa e dos lugares em que as crianças — ele e sua irmã menor — gostavam de ficar. Em seguida, Goethe relata apenas um acontecimento que pode ser situado nos "primeiros anos da infância" (até a idade de quatro anos?), e do qual ele parece ter conservado uma lembrança pessoal.

Eis o que ele conta:* "[...] e os três irmãos Von Ochsenstein, filhos do falecido burgomestre, que moravam em frente, tomaram-se de grande afeição por mim, ocupando-se da minha pequena pessoa e bulindo comigo de diversos modos".

"Meus pais contavam toda sorte de travessuras a que me haviam instigado esses homens, aliás sérios e

---

* Foi utilizada, com pequenas alterações, a tradução de Leonel Vallandro, intitulada *Memórias: poesia e verdade* (no original: *Aus meinem Leben: Dichtung und Wahrheit*). Porto Alegre: Globo, 1971.

metidos consigo. Limitar-me-ei a registrar apenas uma dessas extravagâncias. Tinha havido uma feira de louças no bairro, e não só a cozinha fora abastecida por algum tempo com tais mercadorias, mas também nós ganháramos, como brinquedos, uma série de utensílios semelhantes em miniatura. Uma bela tarde, quando reinava a paz em toda a casa, estava eu entretido com os meus pratos e panelas no vestíbulo [o lugar já mencionado, que limitava com a rua] e, como não sabia mais o que fazer com eles, joguei à rua um desses brinquedos e achei divertido vê-lo quebrar-se de maneira tão inesperada. Os Ochsenstein, que me viram bater as mãozinhas no meu transporte de júbilo, gritaram: 'Outra vez!'. Não hesitei nem um instante. Lá se foi uma panela, e, como eles não cessassem de gritar 'Outra vez!', todos os pratinhos, os pequenos vasos e as panelinhas se espatifaram um depois do outro na calçada. Meus vizinhos continuavam a manifestar-me a sua aprovação e eu estava radiante por lhes proporcionar esse prazer. Mas a provisão de louça esgotara-se e eles sempre a gritar: 'Outra vez!'. Corri, pois, direto à cozinha e apanhei os pratos de barro, que naturalmente ofereceram, ao quebrar-se, um espetáculo ainda mais divertido. E assim comecei a ir e vir, trazendo um prato de cada vez, conforme podia alcançá-los na prateleira em que estavam guardados; e, como aqueles cavalheiros não se davam por satisfeitos, precipitei na mesma ruína toda a louça que pude arrastar até o vestíbulo. Foi então que apareceu alguém, mas demasiado tarde, para dar ponto final àquela e proibir-me a brincadeira. O mal estava feito, e em troca de tanta louça quebrada tivemos pelo menos uma história cômica, que foi, sobretudo para os maliciosos instigadores, e até o fim de sua existência, uma alegre recordação."

Em tempos pré-psicanalíticos, podia-se ler essa passagem sem achar motivo para nela se deter e sem admirar-se; mas depois a consciência analítica tornou-se intensa. Havíamos formado, acerca de recordações da mais remota infância, determinadas opiniões e expectativas, as quais pretendíamos que tivessem validade geral. Não devia ser indiferente ou insignificante qual detalhe da vida infantil escapara ao esquecimento geral da infância. Seria antes de supor que aquilo conservado na memória fosse também o mais significativo de todo aquele período de vida, seja porque tivesse tal importância já na época, seja por havê-la adquirido graças à influência de eventos posteriores.

É certo que o alto valor de tais recordações infantis era óbvio apenas em um ou outro caso. Em geral não faziam diferença, pareciam mesmo sem nenhum valor, e não se entendia por que justamente elas conseguiam fazer frente à amnésia; também a pessoa que as conservara por muitos anos como bens de sua memória não podia apreciá-las, e tampouco uma outra a quem as havia contado. Para discernir a sua importância, era preciso um certo trabalho de interpretação, que ou demonstrasse como seu conteúdo devia ser substituído por outro, ou evidenciasse o seu nexo com outras vivências indubitavelmente importantes, que lhes haviam tomado o lugar como "lembranças encobridoras".

Em toda elaboração psicanalítica da história de uma vida chega-se a esclarecer de tal forma o significado das mais remotas lembranças infantis. Acontece mesmo, via de regra, de justamente a lembrança que o analisando coloca à frente, que relata em primeiro lugar, com a qual introduz sua confissão biográfica, revelar-se a mais importante, aquela que esconde as chaves dos compartimentos secretos de sua vida psíquica. No caso do episódio infantil narrado em *Poesia e verdade*, entretanto, não há muito que venha ao encontro de nossa expectativa. Claro que nos são inacessíveis, aqui, os caminhos e recursos que em nossos pacientes levam à interpretação; o incidente mesmo não parece admitir um nexo perceptível com impressões relevantes de uma época posterior. Uma travessura com danos para a economia doméstica, realizada sob influência de pessoas de fora, não é certamente uma vinheta adequada para tudo o que Goethe tem a comunicar de sua rica vida. Uma impressão de total inocuidade e ausência de vínculos parece dever se impor com essa lembrança infantil, e poderíamos aceitar a advertência de não exagerar as pretensões da psicanálise ou invocá-las em local impertinente.

Assim, há muito eu deixara de lado esse pequeno problema, quando o acaso me trouxe um paciente no qual uma recordação infantil semelhante apresentava-se em contexto mais transparente. Era um homem de 27 anos de idade, muito instruído e talentoso, cuja vida se achava tomada por um conflito com sua mãe, conflito que afetava praticamente todos os seus interesses, e que prejudicara bastante o desenvolvimento de sua capacidade de amar e de conduzir autonomamente sua vida. Isso remontava à sua infância; aos seus quatro anos de idade, pode-se dizer. Antes ele era um menino bastante fraco, sempre adoecido, e, contudo, suas lembranças haviam transfigurado esse tempo ruim num paraíso, pois então ele possuía a afeição irrestrita e exclusiva de sua mãe. Quando ainda não tinha quatro anos, nasceu um irmão — hoje ainda vivo —, e, reagindo a essa perturbação, ele se converteu num menino teimoso, intratável, que suscitava constantemente a severidade da mãe. E nunca mais retornou aos trilhos.

Quando veio tratar-se comigo — em boa parte porque sua mãe, uma senhora beata, tinha horror à psicanálise —, há muito esquecera o ciúme do irmão mais novo, que na época chegara a manifestar-se num ataque ao bebê. Tratava o irmão com muita consideração; mas alguns estranhos atos fortuitos, com os quais feriu gravemente animais que amava, como seu cão de caça ou pássaros de que cuidava muito bem, podiam ser entendidos como ecos dos impulsos hostis para com o irmão menor.

Esse paciente contou que certa vez, na época do ataque ao irmão odiado, jogara pela janela da casa de campo toda a louça que pôde alcançar. O mesmo episódio da infância que Goethe relata em *Poesia e verdade*! Devo informar que meu paciente era estrangeiro e não familiarizado com a cultura alemã; não havia chegado a ler a autobiografia de Goethe.

Naturalmente, essa informação levou-me à tentativa de interpretar a recordação infantil de Goethe no sentido que a história do paciente sugeria. Mas pode-se demonstrar que existiam na infância do poeta as condições necessárias para tal concepção? É certo que o próprio Goethe vê o incentivo dos irmãos Ochsenstein como responsável por sua traquinagem. Mas sua narrativa mesma dá a entender que os vizinhos adultos apenas o encorajaram a prosseguir seu ato. O começo fora espontâneo, e a motivação que ele oferece — "como não sabia mais o que fazer com eles" — pode ser vista, sem exagero, como admissão de que na época em que escreveu, e provavelmente já muitos anos antes, ele não conhecia um motivo eficiente para a sua conduta.

Sabe-se que Johann Wolfgang e sua irmã Cornelia foram os mais velhos de toda uma série de filhos de saúde frágil, e os únicos que sobreviveram. O dr. Hanns Sachs teve a amabilidade de fornecer-me os seguintes dados sobre os irmãos de Goethe que faleceram prematuramente:

a) Hermann Jakob, batizado em 27 de novembro de 1752, uma segunda-feira, alcançou a idade de seis anos e seis semanas, e foi enterrado em 13 de janeiro de 1759;
b) Katharina Elisabetha, batizada em 9 de setembro de 1754, uma segunda-feira, e enterrada em 22 de dezembro de 1755, uma quinta-feira (com a idade de um ano e quatro meses);
c) Johanna Maria, batizada em 29 de março de 1757, uma terça-feira, e enterrada em 11 de agosto de 1759,

um sábado (com dois anos e quatro meses). (Esta foi, certamente, a garota cuja beleza e simpatia foi enaltecida pelo irmão);

d) Georg Adolph, batizado em 15 de junho de 1760, um domingo; enterrado, com oito meses de idade, em 18 de fevereiro de 1761, uma quarta-feira.

A irmã seguinte de Goethe, Cornelia Friederica Christiana, nasceu no dia 7 de dezembro de 1750, quando ele tinha um ano e três meses de vida. Essa diferença mínima de idade a exclui como objeto do ciúme. Sabe-se que as crianças, quando suas paixões despertam, jamais desenvolvem reações veementes ante os irmãos que já existem, dirigindo sua aversão aos que chegam. Além disso, a cena que buscamos interpretar não é compatível com a tenra idade de Goethe no nascimento de Cornelia ou pouco depois.

Quando do nascimento de Hermann Jakob, o primeiro irmãozinho, Johann Wolfgang tinha três anos e três meses. Cerca de dois anos mais tarde, quando ele tinha cinco anos, nasceu a segunda irmã. Ambas as idades podem ser levadas em conta na datação do episódio da louça. A primeira merece talvez a preferência; ela também se coadunaria melhor com a história de meu paciente, que contava três anos e nove meses no nascimento do irmão.

Hermann Jakob, o irmão para o qual voltamos nossa tentativa de interpretação, não foi, aliás, um hóspede tão passageiro, nos aposentos de crianças da casa Goethe, como aqueles que viriam depois. É de estranhar que a autobiografia do irmão maior não tenha uma palavra de recordação sobre ele.[1] Quando morreu, havia completado seis anos, e Johann Wolfgang ia fazer dez. O dr. Eduard Hitschmann, que teve a gentileza de pôr à minha disposição suas notas sobre esse tema, afirma o seguinte:

"*Também Goethe, quando garoto, viu morrer um irmãozinho sem muita tristeza*. Ao menos foi o que relatou sua mãe, segundo Bettina Brentano: 'Ela achou estranho que ele não chorasse na morte de seu irmão mais novo, Jakob, que era seu camarada nos brinquedos; ele parecia antes irritado com os lamentos dos pais e irmãos. Quando, mais tarde, a mãe perguntou ao rebelde se ele não amara o irmão, ele correu a seu quarto e retirou de baixo da cama uma porção de papéis manuscritos com lições e histórias, dizendo que havia feito tudo aquilo para instruir o irmão'. Em todo caso, o irmão maior gostava de fazer de pai com o menor e de mostrar-lhe sua superioridade."

Pode-se então formar a opinião de que o ato de lançar fora a louça é uma ação simbólica ou, mais precisamente, *mágica*, com que o menino (tanto Goethe como

---

[1] [Nota acrescentada em 1924.] Aproveito a oportunidade para retirar uma afirmação incorreta, que não deveria ter sido feita. Numa passagem posterior desse primeiro volume, Goethe menciona e descreve esse irmão menor. Isso ocorre na lembrança das incômodas doenças infantis, que fizeram o irmão sofrer "não pouco". "Ele era de natureza delicada, era silencioso e obstinado, e nunca houve um genuíno relacionamento entre nós. Além disso, ele mal sobreviveu à infância."

meu paciente) dá vigorosa expressão ao desejo de eliminar o intruso que o incomoda. Não contestamos o prazer do menino em quebrar os objetos. Quando um ato já em si é prazeroso, isso não constitui um impedimento, mas um incitamento a repeti-lo também a serviço de outros propósitos. Não acreditamos, porém, que tenha sido o prazer em quebrar e fazer barulho que assegurou a tais travessuras um lugar permanente na memória do adulto. Também não relutamos em complicar a motivação do ato, aduzindo um novo elemento. O menino que destrói a louça sabe que está fazendo algo ruim, pelo qual os adultos o repreenderão, e, se esse conhecimento não o refreia, provavelmente há um rancor contra os pais que deve ser satisfeito; ele quer mostrar-se mau.

O prazer em quebrar e com coisas quebradas seria também satisfeito se o menino apenas arremessasse ao chão os objetos frágeis. Nisso ficaria sem explicação o lançamento para fora, através da janela. Esse "para fora", no entanto, parece ser parte essencial da ação mágica, tendo origem no sentido oculto da mesma. A nova criança deve ser *levada embora*, possivelmente pela janela, porque veio pela janela. Toda a ação equivaleria, desse modo, à reação verbal já nossa conhecida, de uma criança que, ao ser informada que a cegonha lhe trouxera um irmãozinho. "Diga para levar ele de volta!", foi sua resposta.

Ao mesmo tempo, não ignoramos como é arriscado — sem falar das incertezas internas — basear a interpretação de um ato infantil numa única analogia. Por

UMA RECORDAÇÃO DE INFÂNCIA EM *POESIA E VERDADE*

isso retive durante anos minha concepção da ligeira cena de *Poesia e verdade*. Um dia, veio-me um paciente que iniciou a análise com as seguintes afirmações, registradas literalmente:

"Sou o mais velho de oito ou nove irmãos.[2] Uma de minhas primeiras recordações é de meu pai contando sorridente, sentado em sua cama, de pijamas, que eu havia ganhado um irmão. Na época eu tinha três anos e nove meses; é a diferença de idade entre mim e o meu irmão seguinte. E sei que numa ocasião, pouco tempo depois (ou foi um ano antes?),[3] joguei pela janela, na rua, vários objetos, escovas — ou foi somente uma escova? —, sapatos e outras coisas. Tenho outra lembrança, ainda anterior a essa. Quando tinha dois anos, eu e meus pais pernoitamos num quarto de hotel em Linz, a caminho do Salzkammergut. Eu estava tão inquieto durante a noite, fazendo tamanho barulho, que meu pai teve que bater em mim."

Com essa declaração, desapareceram-me quaisquer dúvidas. Quando, numa situação analítica, duas coisas são apresentadas uma logo após a outra, como num só

---

[2] Um erro momentâneo de natureza singular. Não é de excluir que já seja causado pela tendência de eliminar o irmão. (Cf. Ferenczi, "Über passagere Symptombildung während der Analyse" [Sobre sintoma passageiro durante a análise], *Zentralblatt für Psychoanalyse*, v. 2, 1912).

[3] Essa dúvida — que solapa, em forma de resistência, o ponto essencial da informação — foi logo depois retirada espontaneamente pelo paciente.

fôlego, devemos interpretar essa proximidade como uma relação. Era como se o paciente tivesse dito: "*Porque soube que ganhei um irmão, joguei depois aqueles objetos na rua*". O lançamento das escovas, sapatos etc. deve ser percebido como reação ao nascimento do irmão. Também não é algo adverso que os objetos lançados fora, nesse caso, não tenham sido pratos, mas outras coisas, provavelmente as que o garoto podia alcançar... O arremesso para fora (para a rua, pela janela) demonstra ser o elemento essencial na ação; o prazer em quebrar, em fazer ruído, e o tipo de objetos em que "a execução é consumada", revelam-se como algo inconstante e inessencial.

Naturalmente, a exigência de haver uma relação vale também para a terceira recordação infantil do paciente, que, embora seja a mais antiga, é colocada no fim da pequena série. É fácil preenchê-la. Entendemos que o menino de dois anos mostrava-se tão inquieto porque não podia tolerar que os pais ficassem juntos na cama. Durante a viagem, era provavelmente impossível não deixá-lo presenciar isso. Dos sentimentos que agitaram então o pequenino ciumento ficou a amargura em relação às mulheres, que teve por consequência uma duradoura perturbação de seu desenvolvimento amoroso.

Quando, após essas duas observações, manifestei a expectativa, em encontro da Sociedade Psicanalítica, de que eventos dessa espécie não seriam raros na vida de crianças pequenas, a dra. Von Hug-Hellmuth colocou à minha disposição duas outras observações, que aqui reproduzo:

UMA RECORDAÇÃO DE INFÂNCIA EM *POESIA E VERDADE I*

I

"Com aproximadamente três anos e meio de idade, o pequeno Erich, 'muito de repente', adquiriu o hábito de jogar pela janela tudo que não lhe agradava. Ele fazia isso também com objetos que não estavam em seu caminho nem lhe diziam respeito. Justamente no aniversário do pai, quando tinha três anos e quatro meses e meio, jogou ele na rua um pesado rolo de massas — que num instante havia pegado na cozinha e arrastado até o quarto — de uma janela do apartamento, situado no terceiro andar. Alguns dias depois, fez o mesmo com o pilão, e depois com um par de pesadas botas de montanha do pai, que antes precisou retirar da caixa.[4]

Naquele tempo a mãe, no sétimo ou oitavo mês da sua gravidez, teve uma *fausse couche* [aborto], após a qual o menino ficou 'como que mudado, tranquilo e afetuoso'. No quinto ou sexto mês ele dizia à mãe: 'Mamãe, vou pular na sua barriga', ou 'Mamãe, vou empurrar para dentro sua barriga'. E pouco antes da *fausse couche*, em outubro: 'Se vou mesmo ter um irmão, pelo menos só depois do Natal'."

II

"Uma moça de dezenove anos relata espontaneamente a sua mais remota lembrança infantil:

---

[4] Ele sempre escolhia objetos pesados.

'Vejo uma garota horrivelmente mal-educada, debaixo da mesa da sala de jantar, a ponto de sair engatinhando. Sobre a mesa está minha xícara de café — ainda vejo nitidamente o desenho da porcelana —, que, no momento em que vovó entrava na sala, eu queria lançar pela janela.

O fato é que ninguém estava se incomodando comigo, e nesse meio tempo havia se formado uma *pele* no café, algo que eu detestava e ainda hoje detesto.

Nesse dia nascera meu irmão, dois anos e meio mais jovem que eu, e por isso ninguém tinha tempo para mim.

Sempre me contam que naquele dia eu estava insuportável; ao meio-dia derrubei da mesa o copo preferido de papai, várias vezes sujei minha roupa, e estive de péssimo humor da manhã até à noite. Em minha raiva, destruí também a boneca com que tomava banho.'"

Esses dois casos mal necessitam de comentário. Eles confirmam, sem maior esforço analítico, que a amargura da criança, quanto ao surgimento próximo ou já acontecido de um rival, manifesta-se no arremesso de objetos para fora de casa e em outros atos de grosseria e destrutividade. No primeiro caso, os "objetos pesados" provavelmente simbolizam a mãe mesma, contra a qual se dirige a cólera do menino, enquanto a nova criança ainda não aparece. O garoto de três anos e meio sabe da gravidez da mãe e não tem dúvida de que ela abriga no ventre uma criança. Lembramo-nos, aqui, do "pequeno

Hans"⁵ e do seu medo especial de carroças bastante carregadas.⁶ No segundo caso é digna de nota a idade tenra da criança, dois anos e meio.

Se agora voltamos à recordação infantil de Goethe e introduzimos, no lugar que ocupa em *Poesia e verdade*, o que acreditamos haver descoberto pela observação de outras crianças, há uma irrepreensível concatenação de ideias, a que não teríamos chegado de outra forma. Ela diz: "Fui um felizardo; o destino me conservou a vida, embora eu fosse dado por morto quando vim ao mundo. Eliminou o meu irmão, porém, de modo que não precisei dividir com ele o amor da mãe". E assim vai a cadeia de pensamentos, até uma outra pessoa que morreu naqueles primeiros tempos, a avó, que habitava, como um espírito amável e silencioso, outro aposento da casa.

Afirmei, em outra ocasião, que, quando alguém foi o favorito indiscutível da mãe, por toda a vida conserva

---

5 "Análise da fobia de um garoto de cinco anos" [1909].
6 Uma outra confirmação deste simbolismo da gravidez me foi proporcionada por uma mulher de cinquenta anos. Com frequência lhe haviam dito que, quando era criança e mal sabia falar, costumava puxar o pai até a janela com muita agitação, se na rua passava um caminhão de móveis pesado. Por suas lembranças do apartamento, constatou-se que ela tinha, na época, menos de três anos e nove meses de idade. Naquele tempo nasceu o seu irmão seguinte, e mudaram de casa devido a esse aumento da família. Mais ou menos então era frequente ela ter, antes de dormir, o sentimento angustiado de algo extraordinariamente grande [*unheimlich Gross*] que dela se aproximava, e "as mãos lhe ficavam bem grossas".

aquele sentimento do conquistador, a confiança no sucesso, que não raro traz realmente o sucesso.* Goethe poderia, com todo o direito, antepor à sua autobiografia uma observação como esta: "Minha força tem sua raiz na relação com minha mãe".

---

* Numa nota da *Interpretação dos sonhos*, cap. VI, seção E, sonho n. 12 (*Gesammelte Werke* II/III, pp. 403-4).

CAMINHOS DA TERAPIA PSICANALÍTICA (1919)

TÍTULO ORIGINAL: "WEGE DER PSYCHOANALYTISCHEN THERAPIE". PUBLICADO PRIMEIRAMENTE EM *INTERNATIONALE ZEITSCHRIFT FÜR ÄRZTLICHE PSYCHOANALYSE* [REVISTA INTERNACIONAL DE PSICANÁLISE MÉDICA], V. 5, N. 2, PP. 61-8. TRADUZIDO DE *GESAMMELTE WERKE* XII, PP. 181-94; TAMBÉM SE ACHA EM *STUDIENAUSGABE, ERGÄNGUNGSBAND* [VOLUME COMPLEMENTAR], PP. 239-49. ESTA TRADUÇÃO FOI PUBLICADA ORIGINALMENTE NO *JORNAL DE PSICANÁLISE*, SOCIEDADE BRASILEIRA DE PSICANÁLISE DE SÃO PAULO, V. 32, N. 58/59, 1999.

Caros colegas:

Como sabem, nunca nos gabamos da completude e inteireza de nosso saber e de nossa capacidade; estamos prontos, agora não menos que antes, a admitir as imperfeições de nosso conhecimento, aprender novas coisas e mudar em nossos procedimentos o que puder ser melhorado.

Agora que novamente nos reunimos, após anos de separação e duras provas, quero fazer um balanço do estado de nossa terapia — à qual devemos nossa posição na sociedade humana — e ver em que novas direções ela poderia se desenvolver.

Definimos como nossa tarefa levar o doente neurótico ao conhecimento dos impulsos inconscientes, reprimidos, que nele existem, e para esse fim descobrir as resistências que nele se opõem a tal ampliação do conhecimento de si. Desvelar essas resistências garantirá sua superação? Nem sempre, sem dúvida, mas esperamos chegar a esse objetivo explorando a transferência ante a pessoa do médico, para fazer o doente partilhar nossa convicção da impropriedade das repressões ocorridas na infância e da impossibilidade de viver a vida conforme o princípio do prazer. Expus em outro lugar as condições dinâmicas do novo conflito através do qual conduzimos o paciente, e que pusemos no lugar do anterior conflito da doença. No momento eu não teria o que mudar nisso.

Chamamos de psicanálise o trabalho mediante o qual levamos à consciência do doente o material psíquico nele reprimido. Por que "psicanálise", que significa dissecação, decomposição, e faz pensar numa analogia com o trabalho que o químico realiza com as substâncias que acha na natureza e leva para o laboratório? Porque tal analogia realmente existe num ponto importante. Os sintomas e manifestações patológicas do paciente são, como todas as suas atividades anímicas, de natureza altamente composta; em última instância, os elementos de tal composição são motivos, instintos.* Mas o paciente nada sabe desses motivos elementares, ou não sabe o bastante. Nós lhe ensinamos a entender a composição dessas complicadas formações psíquicas, fazemos remontar os sintomas aos instintos motivadores, indicamos nos sintomas esses motivos instintuais até então desconhecidos para o doente, tal como o químico isola a substância básica, o elemento químico, do

---

* "Motivos, instintos": *Motive, Triebregungen*. As versões estrangeiras do presente artigo, consultadas durante a elaboração desta, recorrem a: *motivos o impulsos instintivos* [foi colocado "ou" no lugar da vírgula]; *motivos, mociones pulsionales*; *motivazioni, moti pulsionali*; *les émois instinctuels* [foi omitido o primeiro substantivo]; *motives, instinctual impulses*; *motieven, driftimpulsen*. Essas traduções estrangeiras são: a espanhola de Lopez-Ballesteros (Biblioteca Nueva), a argentina de J. L. Etcheverry (Amorrortu); a italiana dirigida por C. Musatti (Boringhieri), a francesa de Anne Berman (em *La technique psychanalytique*, PUF), a inglesa de James Strachey (*Standard edition* XVII) e a holandesa de Wilfred Oranje (Boom). Quanto aos problemas que envolvem a tradução de *Triebregung*, ver capítulo sobre *Trieb* e Apêndice, em Paulo César de Souza, *As palavras de Freud: o vocabulário freudiano e suas versões* (São Paulo: Companhia das Letras, nova ed. revista, 2010). Nesse mesmo parágrafo, "motivos instintuais" foi a tradução dada a *Triebmotive*; na segunda vez em que a expressão ocorre, mais para o fim do parágrafo, ela foi trocada na *Standard* inglesa, onde se lê *instinctual impulses*.

sal em que se tornara irreconhecível, por estar unida a outros elementos. Também mostramos ao doente que, no caso de suas manifestações psíquicas não consideradas patológicas, a motivação delas não lhe era inteiramente consciente, que nelas tiveram participação outros motivos instintuais, desconhecidos para ele.

Também explicamos o impulso sexual* humano dissecando-o em seus componentes, e ao interpretar um sonho procedemos de modo a negligenciar o todo e ligar a associação aos seus elementos distintos.

Essa justificada comparação da atividade médica psicanalítica com o trabalho de um químico poderia resultar em estímulo para uma nova direção em nossa terapia. Nós *analisamos* o doente, isto é, decompusemos sua atividade psíquica em suas partes constitutivas elementares, mostrando esses elementos instintuais isoladamente; o próximo passo não seria então ajudá-lo numa nova, melhor composição deles? Os senhores sabem que tal exigência foi efetivamente levantada. Disseram-nos que após a análise de uma psique enferma deve ocorrer a síntese. E a isso logo se juntou a preocupação de estar fazendo análise em excesso e síntese de menos, e o esforço de deslocar o peso da intervenção terapêutica para esta síntese, uma espécie de restauração do que teria sido destruído pela vivissecção.

---

* "Impulso sexual": *Sexualstreben*; o verbo *streben* — aqui substantivado — significa "esforçar-se por, aspirar a, ambicionar"; os tradutores recorreram a: *instinto sexual, querer-alcançar sexual, impulso sessuale, aspirations sexuelles, sexual impulsions, seksuele streven*.

Mas não posso acreditar, caros colegas, que uma nova tarefa se nos apresente com essa psicossíntese. Caso eu me permitisse ser franco e indelicado, diria que se trata de uma frase irrefletida. Contento-me em observar que temos aí apenas a ampliação exagerada de uma comparação, ou, se quiserem, a exploração injustificada de uma denominação. Mas um nome é apenas uma etiqueta usada para distinguir uma coisa de outras semelhantes, não é um programa, um sumário ou definição. E uma comparação precisa apenas tangenciar num ponto a coisa comparada, podendo se distanciar dela em todos os outros. O psíquico é algo tão singularmente peculiar, que nenhuma simples comparação pode refletir sua natureza. O trabalho psicanalítico fornece analogias com a análise química, mas também com a intervenção cirúrgica, com a interferência do ortopedista ou com a influência do educador. A comparação com a análise química é limitada pelo fato de que na vida psíquica lidamos com tendências* sujeitas à compulsão no sentido de unificar e combinar. Se conseguimos decompor um sintoma, liberar um impulso instinctual de

---

* "Tendências": *Strebungen* — nas outras versões: *impulsos, aspiraciones, correnti, aspirations, trends, strevingen*; ver nota anterior. Esse substantivo pode ser criação de Freud, pois não é usado no alemão de hoje e não foi encontrado num dicionário de sua época (o Muret-Sanders, por ele citado no texto "O inquietante", neste volume). Logo em seguida, na mesma frase, "compulsão" traduz *Zwang*, que também pode significar "coação" e "obsessão"; nas traduções consultadas foi vertida, nesse caso, por *tendencia, compulsión, coattivamente, attrait compulsionnel, compulsion, dwang*.

um nexo,* ele não permanece isolado, inserindo-se imediatamente num novo nexo.¹

De fato, o doente neurótico nos oferece uma vida psíquica dilacerada, dividida por resistências, e, enquanto a analisamos e eliminamos as resistências, ela cresce organicamente, a grande unidade que chamamos Eu integra em si todos os impulsos instintuais que até então estavam dela dissociados e ligados noutra parte. Desse modo a psicossíntese ocorre no analisando sem a nossa interferência, automática e inevitavelmente. Produzimos as condições para ela ao decompor os sintomas e levantar as resistências. Não é verdadeiro que algo no doente esteja decomposto em seus constituintes e aguarde pacientemente que nós o recomponhamos de algum modo.

O desenvolvimento de nossa terapia tomará provavelmente outros caminhos, sobretudo aqueles que Ferenczi, no seu trabalho "Dificuldades técnicas de uma análise de histeria" (*Internationale Zeitschrift für ärztliche Psychoanalyse* [Revista Internacional de Psicanálise Médica, v. 5], 1919), caracterizou como "atividade" por parte do analista.

Entendamo-nos rapidamente sobre o que significa essa atividade. Descrevemos nossa tarefa terapêutica

---

* "Nexo": *Zusammenhang*, que também pode significar "contexto, conexão, concatenação"; as versões consultadas apresentam: *totalidad*, *trama*, *contesto*, *association*, *nexus*, *samenhang*.
1 Na análise química sucede algo semelhante, afinal. Enquanto o químico isola certos elementos ocorrem sínteses não desejadas por ele, devido aos laços liberados, à afinidade eletiva das substâncias.

com base em dois fatores: tornar consciente o reprimido e pôr a descoberto as resistências. Nisso já somos ativos o bastante, sem dúvida. Mas devemos deixar o doente a lidar sozinho com as resistências que lhe foram apontadas? Não podemos lhe prestar outro auxílio senão o que ele experimenta com o estímulo da terapia? Não é natural ajudá-lo também de outra forma, colocando-o na situação psíquica mais favorável para a desejada solução do conflito? Pois o que ele pode alcançar depende igualmente de uma série de circunstâncias externas. Devemos hesitar em interferir nessa constelação externa, modificando-a adequadamente? Penso que uma tal atividade do médico que analisa é inatacável e inteiramente justificada.

Os senhores percebem que aqui se abre para nós um âmbito novo da técnica psicanalítica, cuja exploração demandará esforço aprofundado, e que resultará em preceitos bem definidos. Não tentarei agora iniciá-los nessa técnica ainda em formação, limitando-me a destacar um princípio fundamental, que provavelmente dominará esse âmbito. Ele diz o seguinte: *O tratamento analítico deve, tanto quanto possível, ser conduzido na privação, na abstinência.*

Deixaremos para uma discussão mais detalhada verificar até onde isto é possível. Mas por abstinência não se deve entender a privação de toda e qualquer satisfação — o que seria naturalmente inexequível —, e tampouco o que no sentido popular se entende por isso, a renúncia ao ato sexual, e sim algo diverso, ligado muito mais à dinâmica do adoecimento e da recuperação.

Os senhores recordam que uma *frustração* fez adoecer o paciente, e que os sintomas lhe servem como satisfações substitutivas. Durante a terapia podem observar que toda melhora de seu sofrimento retarda o ritmo da recuperação e diminui a força instintual* que impele à cura. Mas também não podemos dispensar essa força instintual; uma diminuição dela é perigosa para nossa intenção de cura. Que conclusão se mostra então inevitável? Embora pareça cruel, temos de cuidar para que o sofrimento do doente, em alguma medida eficaz, não alcance um fim prematuro. Quando é mitigado pela decomposição e depreciação dos sintomas, temos que restabelecê-lo em outra parte como uma privação sensível; de outro modo corremos o perigo de nunca atingir senão melhoras modestas e pouco duradouras.

O perigo ameaça principalmente de dois lados, pelo que vejo. De um lado o paciente, cuja condição doente foi abalada pela análise, empenha-se bastante em criar, no lugar de seus sintomas, novas satisfações substitutivas não acompanhadas de sofrimento. Aproveita a imensa mobilidade da libido parcialmente liberada para investir com libido e elevar a satisfações substitutivas as mais diversas atividades, preferências, hábitos, incluin-

---

* "Força instintual": *Triebkraft* — nas versões estrangeiras consultadas: *fuerza instintiva*, *fuerza pulsional*, *forza pulsionale*, *force pulsionnelle*, *instinctual force*, *drijfkracht*. O termo alemão tem o significado geral, registrado nos dicionários, de "força motriz", também em sentido figurado. O leitor deve ter em mente essa outra possível tradução.

do aquelas que já existiam antes. Ele sempre acha novas distrações assim, nas quais se perde a energia necessária para a terapia, e sabe mantê-las secretas por algum tempo. É nossa tarefa detectar um a um esses desvios e exigir que renuncie a eles, por mais inofensiva que pareça a atividade conducente à satisfação. O indivíduo semicurado pode enveredar por caminhos não tão inofensivos; no caso de um homem, por exemplo, ao buscar uma ligação prematura com uma mulher. Observemos, aliás, que matrimônio infeliz e enfermidade física são os sucedâneos mais comuns da neurose. Satisfazem particularmente a consciência de culpa (necessidade de castigo), que faz tantos doentes se apegarem tenazmente à neurose. Com um desastrado matrimônio eles castigam a si mesmos; veem uma longa enfermidade orgânica como castigo do destino, e então frequentemente desistem de prosseguir com a neurose.

Em todas essas situações a atividade do médico tem de se manifestar como enérgica oposição às satisfações substitutivas prematuras. Para ele será mais fácil, no entanto, prevenir um outro perigo que ameaça a força instintual da análise, e que não deve ser subestimado. O doente busca satisfação substitutiva principalmente na terapia mesma, na relação de transferência com o médico, e pode inclusive procurar aí compensação para as outras renúncias que lhe são impostas. Alguma concessão lhe deve ser feita, maior ou menor, segundo a natureza do caso e a peculiaridade do paciente. Mas não é bom que seja demasiada. O analista que, tendo o coração solícito, digamos, dá ao doente tudo o que um indivíduo pode esperar de outro, incorre no mesmo erro econômico de que os sanatórios não analíticos são culpados. Estes objetivam apenas tornar tudo o mais agradável possível para o doente, a fim de que ele se sinta bem e goste de lá se refugiar das dificuldades da vida. Então renunciam a torná-lo mais forte para a vida, mais capacitado para suas genuínas tarefas. Na terapia analítica deve-se evitar todo mimo desse tipo. No que toca a sua relação com o médico, o doente deve conservar bastantes desejos não realizados. É apropriado recusar-lhe justamente as satisfações que ele deseja de modo mais intenso e sobre as quais se manifesta do modo mais premente.

Não creio haver esgotado o alcance da atividade desejável para o médico, ao afirmar que na terapia deve ser mantida a privação. Uma outra orientação da atividade analítica, como bem se lembrarão, já foi motivo de polêmica entre nós e a escola suíça. Recusamo-nos decididamente a transformar em propriedade nossa o paciente que se entrega a nossas mãos em busca de auxílio, a conformar seu destino, impor-lhe nossos ideais e, com a soberba de um Criador, modelá-lo à nossa imagem, nisso encontrando prazer. Ainda me atenho a tal recusa, e penso que aí deve ter lugar a discrição médica que precisamos ignorar em outros pontos; também aprendi que o propósito terapêutico não requer em absoluto uma atuação assim abrangente para com o paciente. Pude ajudar pessoas com as quais não possuía qualquer vínculo de raça, educação, posição social ou visão de mundo, sem incomodá-las em sua individualidade. É verdade que então, no período dessa controvérsia, pareceu-me que as objeções de nossos defensores — creio que Ernest Jones, em primeiro lugar — soaram demasiado rudes e intransigentes. Não podemos deixar de acolher também pacientes tão desorientados e ineptos para a vida que será preciso aliar, em seu tratamento, a influência educativa com a analítica, e também para a maioria dos outros haverá ocasião em que o médico é obrigado a atuar como educador e conselheiro. Mas isso deve ocorrer com grande cuidado, e o doente não deve ser educado para se assemelhar a nós, mas para liberar e consumar sua própria natureza.

Nosso estimado amigo J. J. Putnam, na América que atualmente nos é tão hostil, nos perdoará por também não podermos aceitar sua reivindicação de pôr a psicanálise a serviço de uma visão de mundo filosófica, e de impor esta ao paciente a fim de enobrecê-lo. Na minha opinião, isso afinal não passa de violência, ainda que coberta das mais nobres intenções.

Ao perceber gradualmente que as várias formas patológicas que tratamos não podem ser resolvidas com a mesma técnica, chegamos a uma outra atividade, de espécie bem diferente. Seria prematuro discorrer pormenorizadamente sobre ela, mas dois exemplos podem esclarecer em que medida trata-se de uma nova atividade. Nossa técnica se desenvolveu no tratamento da histeria e continua direcionada para essa afecção. Mas as fobias já nos fazem ir além do procedimento que adotamos até aqui. Dificilmente dominamos uma fobia, se esperamos até que o doente seja levado a abandoná-la mediante a análise. É preciso agir de outra maneira. Vejamos o exemplo da agorafobia, de que existem duas classes, uma mais leve, a outra mais grave. Os fóbicos do primeiro tipo sentem angústia cada vez que saem sós pela rua, mas não deixam de sair por conta disso; os outros se guardam da angústia, renunciando a sair sós. No caso desses últimos, temos sucesso apenas quando conseguimos movê-los, através da análise, a novamente portar-se como fóbicos do primeiro grau, isto é, saindo à rua e desse modo combatendo a angústia. Primeiro, então, há que moderar a fobia; e somente quando se alcança isso, por instância do médico, é que o doente adquire as associações e lembranças que tornam possível a solução da fobia.

A espera passiva parece ainda menos indicada nos casos severos de atos obsessivos, que em geral tendem a um processo de cura "assintótico", a um tratamento interminável, e em cuja análise há sempre o perigo de fazer vir à luz muitas coisas e nada mudar. Não me parece haver dúvida de que a técnica correta, nesse ponto, consiste apenas em esperar que a terapia mesma se torne uma compulsão, para depois, utilizando essa contra-compulsão, suprimir violentamente a compulsão patológica. Mas os senhores veem que com esses dois casos lhes apresentei apenas amostras dos novos desenvolvimentos que se oferecem para a nossa terapia.

Por fim, quero abordar uma situação que pertence ao futuro, que para muitos dos senhores parecerá fantástica, mas que, a meu ver, merece que tenhamos o pensamento preparado para ela. Os senhores bem sabem que nossa ação terapêutica não é muito extensa.

Somos apenas um punhado de pessoas, e cada um de nós, mesmo trabalhando esforçadamente, pode se dedicar apenas a um número escasso de doentes. Na abundância de miséria neurótica que há no mundo, e que talvez não precise haver, o que logramos abolir é qualitativamente insignificante. Além disso, as condições de nossa existência nos limitam às camadas superiores da sociedade, que escolhem à vontade seus próprios médicos, e nessa escolha são afastadas da psicanálise por todo gênero de preconceitos. Para as amplas camadas populares, que tanto sofrem com as neuroses, nada podemos fazer atualmente.

Agora suponhamos que alguma organização nos permitisse aumentar nosso número de forma tal que bastássemos para o tratamento de grandes quantidades de pessoas. Pode-se prever que em algum momento a consciência da sociedade despertará, advertindo-a de que o pobre tem tanto direito a auxílio psíquico quanto hoje em dia já tem a cirurgias vitais. E que as neuroses não afetam menos a saúde do povo do que a tuberculose, e assim como esta não podem ser deixadas ao impotente cuidado do indivíduo. Então serão construídos sanatórios ou consultórios que empregarão médicos de formação psicanalítica, para que, mediante a análise, sejam mantidos capazes de resistência e de realização homens que de outro modo se entregariam à bebida, mulheres que ameaçam sucumbir sob a carga de privações, crianças que só têm diante de si a escolha entre a neurose e o embrutecimento. Esses tratamentos serão gratuitos. Talvez demore muito até que o Estado sinta como urgentes esses deveres. As circunstâncias presentes podem adiar mais ainda esse momento. Talvez a beneficência privada venha a criar institutos assim; mas um dia isso terá de ocorrer.

Então haverá para nós a tarefa de adaptar nossa técnica às novas condições. Não tenho dúvida de que o acerto de nossas hipóteses psicológicas impressionará também os incultos, mas teremos de buscar a mais simples e palpável expressão para nossas teorias. Veremos, provavelmente, que os pobres se acham ainda menos dispostos a renunciar a suas neuroses do que os ricos, porque a difícil vida que os espera não os atrai, e a doença significa, para eles, mais um título à assistência social. É possível que só consigamos realizar algo se pudermos juntar auxílio psíquico e apoio material, à maneira do imperador José.* É também muito provável que na aplicação em massa de nossa terapia sejamos obrigados a fundir o puro ouro da análise com o cobre da sugestão direta, e mesmo a influência hipnótica poderia ter aí seu lugar, como teve no tratamento dos neuróticos de guerra. Mas, como quer que se configure essa psicoterapia para o povo, quaisquer que sejam os elementos que a componham, suas partes mais eficientes e mais importantes continuarão a ser aquelas tomadas da psicanálise rigorosa e não tendenciosa.

* Referência ao imperador José II da Áustria (1741-1790).

"BATEM NUMA CRIANÇA"
CONTRIBUIÇÃO AO CONHECIMENTO DA GÊNESE DAS PERVERSÕES SEXUAIS
(1919)

TÍTULO ORIGINAL: "EIN KIND WIRD GESCHLAGEN" (BEITRAG ZUR KENNTNIS DER ENTSTEHUNG SEXUELLER PERVERSIONEN). PUBLICADO PRIMEIRAMENTE EM *INTERNATIONALE ZEITSCHRIFT FÜR ÄRZTLICHE PSYCHOANALYSE* [REVISTA INTERNACIONAL DE PSICANÁLISE MÉDICA], V. 5, N. 3, PP. 151-72. TRADUZIDO DE *GESAMMELTE WERKE* XII, PP. 195-226; TAMBÉM SE ACHA EM *STUDIENAUSGABE* VII, PP. 229-54.

"BATEM NUMA CRIANÇA"

I

É surpreendente a frequência com que a fantasia de que "batem numa criança"* é confessada por pessoas que buscam tratamento psicanalítico para uma histeria ou uma neurose obsessiva. Provavelmente ela surge com frequência maior ainda em pessoas que não foram obrigadas a tomar essa resolução devido a uma doença manifesta.

A essa fantasia se acham ligados sentimentos de prazer, em virtude dos quais ela foi reproduzida inúmeras vezes ou continua a sê-lo. No auge da situação imaginada há quase sempre uma satisfação masturbatória (com os genitais, portanto), no início voluntariamente, mas depois contra a vontade do paciente e de forma obsessiva.

A confissão dessa fantasia sucede hesitantemente, a recordação da primeira vez em que surgiu é incerta, uma inequívoca resistência se opõe ao tratamento analítico do tema, vergonha e consciência de culpa talvez se agitem mais fortemente do que em comunicações similares das primeiras lembranças da vida sexual.

Enfim se constata que as primeiras fantasias dessa espécie foram cultivadas bem cedo, antes da idade escolar, já no quinto ou sexto ano de vida. Na escola, quando a criança viu o professor bater em outras crianças, tal vivência despertou novamente as fantasias, se estavam adormecidas; fortaleceu-as, se ainda estavam presentes,

---

* A expressão original se acha na voz passiva, de modo que sua tradução literal seria "uma criança é surrada, espancada", que não adotamos aqui por razões de estilo, por não ficar bem nas frases em que surge no texto.

e modificou notavelmente o seu conteúdo. A partir de então, "muitas crianças" foram surradas. A influência da escola foi tão nítida que os pacientes em questão eram inicialmente tentados a ligar as fantasias de surra apenas a tais impressões da época escolar, após os seis anos de idade. Mas não era possível sustentar isso; elas já existiam antes.

Nas classes mais adiantadas, tendo cessado os golpes nas crianças, a sua influência foi mais do que substituída pelo efeito das leituras, que logo adquiririam importância. No meio social de meus pacientes, eram quase sempre os mesmos livros, aqueles acessíveis à infância, que proporcionavam às fantasias de surra novos estímulos: a chamada "Biblioteca Rosa", *A cabana do pai Tomás* e outros assim. Competindo com essas obras, a atividade fantasiosa da criança punha-se a inventar uma grande quantidade de situações e instituições em que as crianças eram surradas, ou punidas e disciplinadas de alguma maneira, por sua maldade e seu mau comportamento.

Como a fantasia de que batem numa criança era geralmente investida de elevado prazer e se concluía num ato de prazerosa satisfação autoerótica, podíamos esperar que também a vista de outra criança sendo golpeada na escola desse origem a um semelhante deleite. Esse nunca era o caso, porém. Cenas de castigo físico na escola despertavam na criança que as presenciava um sentimento peculiar de excitação, provavelmente misto, no qual a repulsa tinha larga participação. Em alguns casos a experiência real das cenas de castigo era sentida como intolerável. Aliás, também nas fantasias refinadas de anos posteriores mantinha-se a condição de que as crianças punidas não sofressem nenhum ferimento sério.

Era forçoso perguntar que relação podia haver entre a importância das fantasias de surra e o papel que haviam tido, na educação familiar da criança, as punições físicas reais. A conjectura imediata, de que se tratava de uma relação inversa, não podia ser demonstrada, em virtude da unilateralidade do material. As pessoas das quais vieram os dados para essas análises raramente haviam apanhado na infância; de todo modo, não haviam sido educadas com a ajuda do bastão. Mas, naturalmente, cada uma dessas crianças tivera de sentir em algum momento a superior força física dos pais ou educadores; não é preciso sublinhar que não faltaram os golpes normais entre crianças que vivem sob o mesmo teto.

Quanto às fantasias antigas e simples, que não apontavam claramente para a influência de impressões da escola ou cenas de livros, a pesquisa demandava mais informações. Quem era a criança que apanhava? A que tinha a fantasia ou uma outra? Era sempre a mesma criança ou, frequentemente, qualquer outra? Quem batia na criança? Um adulto? Quem, então? Ou a criança fantasiava que ela mesma batia numa outra? Para todas essas questões não havia uma informação esclarecedora, mas apenas uma tímida resposta: "Não sei nada mais; batem numa criança".

Indagações sobre o sexo da criança que apanhava tinham maior sucesso, mas não traziam maior compreensão. Às vezes a resposta era: "Sempre meninos", ou:

"Só meninas"; com frequência dizia-se: "Não sei", ou: "Não faz diferença". Aquilo que interessava ao indagador, uma relação constante entre o sexo da criança que fantasiava e o da que apanhava, nunca se verificou. Ocasionalmente aparecia um outro detalhe característico do conteúdo da fantasia: "a criança pequena é golpeada no traseiro nu".

Em tais circunstâncias não se podia resolver, inicialmente, se o prazer ligado à fantasia de surra devia ser chamado de sádico ou de masoquista.

II

Uma tal fantasia, que talvez surja na primeira infância por ensejos casuais, e é mantida para a autossatisfação erótica, pode apenas ser vista, segundo nossos atuais conhecimentos, como um traço primário de perversão. Um dos componentes da função sexual teria se adiantado aos outros no desenvolvimento, teria se tornado prematuramente autônomo e se fixado, escapando assim aos processos de desenvolvimento posteriores, mas também dando prova de uma constituição especial, anormal, da pessoa. Sabemos que tal perversão infantil não continua necessariamente por toda a vida, pode sucumbir depois à repressão, ser substituída por uma formação reativa ou ser transformada por uma sublimação. (Mas é possível que a sublimação derive de um processo especial, que seria freado pela repressão.) Quando esses processos não ocorrem, porém, a perversão se conserva durante a vida madura, e ao depararmos com uma aberração sexual no adulto — perversão, fetichismo, inversão —, podemos justificadamente esperar que uma anamnese descubra um tal evento fixador na época da infância. De fato, bem antes da psicanálise, observadores como Binet fizeram remontar as peculiares aberrações sexuais da maturidade a impressões desse tipo, justamente no quinto ou sexto ano de vida. É certo que aí encontrávamos um limite da nossa compreensão, pois as impressões fixadoras não tinham nenhuma força traumática, eram geralmente banais e desinteressantes para outros indivíduos; era impossível dizer por que o impulso sexual* fixara-se justamente nelas. Mas sua importância podia se achar no fato de haverem proporcionado o ensejo, ainda que casual, para a adesão do componente sexual prematuro e pronto para lançar-se, e devíamos prever que a cadeia de laços causais teria um fim provisório em algum lugar. A constituição congênita parecia justamente responder a todas as exigências para tal ponto de apoio.

Se o componente sexual que prematuramente se desprendeu é o sádico, formamos a expectativa, baseados em conhecimento adquirido em outras fontes, de que graças à posterior repressão dele surja uma disposição

---

* "O impulso sexual": *das sexuelle Streben*, no original; trata-se do verbo *streben*, "ambicionar, aspirar, esforçar-se", usado como substantivo. As versões estrangeiras consultadas (duas em espanhol, uma italiana, uma francesa e uma inglesa) recorrem às seguintes palavras: *la tendencia, el pujar, l'impulso, la tendance, the impulse*.

para a neurose obsessiva. Não se pode dizer que tal expectativa seja contrariada pelo resultado da investigação. Entre os seis casos (quatro mulheres e dois homens) cujo estudo aprofundado serviu de base para esta comunicação, havia casos de neurose obsessiva: um bastante severo, incapacitante, outro menos grave, acessível à influência analítica, e um terceiro que evidenciava ao menos alguns traços nítidos de neurose obsessiva. Um quarto caso, admita-se, era uma franca histeria com dores e inibições, e um quinto, que buscou a análise apenas por indecisões na vida, não seria classificado num diagnóstico tosco, ou seria despachado como "psicastenia". Essa estatística não deve ser vista como decepcionante, pois sabemos, em primeiro lugar, que nem toda disposição vem a se tornar enfermidade, e, em segundo lugar, deve nos bastar esclarecer o que se acha presente, podemos nos furtar à tarefa de também levar a entender por que algo não se produziu.*

Nossos atuais conhecimentos nos permitem penetrar até este ponto, e não mais do que até ele, na compreensão das fantasias de surra. O médico analista suspeita que com isso não está resolvido o problema, ao confessar a si mesmo que essas fantasias permanecem geralmente fora do conteúdo restante da neurose e não ocupam lugar certo em sua trama; mas, como sei por experiência própria, há o costume de ignorar tais impressões.

---

* Freud não chega a falar sobre o sexto caso.

III

A rigor — e por que não tomar isso com o máximo rigor? —, deve ser visto como psicanálise correta apenas o trabalho analítico que logra remover a amnésia que esconde ao adulto o conhecimento de sua vida infantil desde o início (dos dois aos cinco anos, aproximadamente). Não se pode enfatizar isso o bastante nem repeti-lo suficientemente para os analistas. Os motivos para não levar em conta essa advertência são compreensíveis. Busca-se obter resultados práticos em pouco tempo e com esforço mínimo. Mas hoje o conhecimento teórico é bem mais importante, para cada um de nós, do que o sucesso terapêutico, e quem negligencia a análise da infância incorre necessariamente nos erros mais graves. Sublinhar a importância das primeiras vivências não implica subestimar o peso das vivências posteriores; mas essas posteriores impressões da vida falam com clareza pela boca do paciente, enquanto o médico tem de erguer a voz em favor da infância.

A idade entre dois e quatro ou cinco anos é aquela em que os fatores libidinais congênitos são primeiramente despertados pelas vivências e ligados a determinados complexos. As fantasias de surra de que aqui tratamos se mostram apenas no final ou depois desse período. Bem pode ser, então, que elas tenham uma pré-história, que perfaçam um desenvolvimento, correspondam a um desfecho final, não a uma manifestação inicial.

Esta suposição é confirmada pela análise. A aplicação consequente dela ensina que as fantasias de surra têm um desenvolvimento nada simples, no curso do qual a maioria de seus aspectos se modifica mais de uma vez: sua relação com a pessoa que fantasia, seu objeto, conteúdo e significação.

Para acompanhar mais facilmente tais mudanças nas fantasias de surra, limitarei minhas descrições às pessoas do sexo feminino, que, de toda forma, constituem a maioria do material (quatro contra dois). Além disso, às fantasias de surra dos homens relaciona-se outro tema, que deixarei de lado nesta comunicação. Nisso me esforçarei em não esquematizar mais do que é inevitável para a exposição de um caso médio. Observações ulteriores talvez revelem maior complexidade de relações, mas estou certo de haver apreendido uma ocorrência típica, e de frequência nada rara.

A primeira fase das fantasias de surra das meninas, então, deve pertencer a um período remoto da infância. Algumas coisas nelas permanecem curiosamente indefinidas, como se não importassem. A pouca informação obtida dos pacientes na primeira comunicação — "Batem numa criança" — parece justificada para essa fantasia.* Uma outra coisa pode ser determinada com certeza, no entanto, e sempre com o mesmo sentido. A criança que apanha nunca é a que fantasia, mas invariavelmente uma outra, em geral um irmão menor, quando existe. Como este pode ser menino ou menina, não pode

---

* Strachey usa a palavra *phase*, mas no original consta *Phantasie*, assim como no texto da *Studienausgabe*, e também nas versões consultadas (exceto na espanhola antiga, que omite o termo).

haver aqui um nexo constante entre o sexo da criança que fantasia e o da que apanha. A fantasia não é certamente masoquista, então; talvez se queira chamá-la de sádica, mas não se deve perder de vista que a criança que fantasia não é jamais aquela que bate. Permanece obscuro, de início, quem é realmente a pessoa que bate. Apenas uma coisa pode se constatar: não é outra criança, mas um adulto. Mais tarde esse adulto indeterminado será reconhecido, de maneira clara e inequívoca, como o *pai* (da menina).

Portanto, essa primeira fase da fantasia de surra é cabalmente expressa na frase: *"Meu pai bate na criança"*. Já revelo bastante do conteúdo que será apresentado, quando, em vez disso, afirmo: "Meu pai bate na criança *que odeio*". Aliás, podemos hesitar em atribuir já o caráter de "fantasia" a esse estágio prévio da posterior fantasia de surra. Talvez se trate de recordações de eventos presenciados, de desejos aparecidos em diferentes ensejos, mas essas dúvidas não têm importância.

Entre essa primeira fase e a seguinte ocorreram grandes mudanças. A pessoa que bate continuou a mesma, o pai, mas a criança castigada tornou-se outra, é invariavelmente a própria criança que fantasia; a fantasia é bastante marcada pelo prazer e adquire um significativo conteúdo, cuja procedência nos ocupará mais adiante. Ela diz, então: *"Sou castigada por meu pai"*. Ela tem caráter indubitavelmente masoquista.

Essa segunda fase é a mais importante e mais prenhe de consequências. Em certo sentido, no entanto, pode-se dizer que ela não tem uma existência real. Em nenhum caso ela é lembrada, não chegou a tornar-se consciente. É uma construção da análise, mas nem por isso menos necessária.

A terceira fase se assemelha novamente à primeira. Sua formulação é a que sabemos pelo comunicado da paciente. A pessoa que bate nunca é o pai, ela permanece indefinida, como na primeira fase, ou vem a ser, de modo típico, um representante do pai (como o professor). A própria pessoa da criança que fantasia já não aparece na fantasia de surra. Ao serem questionadas, as pacientes dizem apenas: "Eu estou olhando, provavelmente". No lugar de uma criança que apanha, em geral há muitas crianças. Com bem maior frequência, são garotos (nas fantasias das meninas) que apanham, mas eles não são conhecidos individualmente. A monótona situação original da surra pode experimentar as mais diversas alterações e adornos, e a surra mesma pode ser substituída por castigos e humilhações de outra espécie. Mas a característica essencial que distingue também as mais simples fantasias dessa fase daquelas da primeira, e que produz a relação com a fase do meio, é a seguinte: a fantasia é agora portadora de uma forte, inequívoca excitação sexual, e, como tal, permite a satisfação masturbatória. Justamente isso é enigmático, no entanto; por qual caminho essa fantasia, agora sádica, de que garotos desconhecidos apanham, tornou-se patrimônio duradouro dos impulsos libidinais* da menina?

---

* "Impulsos libidinais": *libidinöse Strebung*, no original; cf. nota a *streben*, na p. 282.

Também não ocultamos a nós mesmos que os nexos e a sequência das três fases da fantasia de surra, assim como todas as suas demais peculiaridades, ficaram incompreensíveis até o momento.

IV

Se conduzimos a análise através do tempo remoto em que é colocada a fantasia de surra, e a partir do qual ela é recordada, a criança nos aparece enredada nas excitações de seu complexo parental.

A menina é afetuosamente fixada no pai, que provavelmente fez tudo para ganhar seu amor, lançando o gérmen de uma atitude de ódio e concorrência diante da mãe, atitude que subsiste junto a uma corrente de afetuosa dependência e que pode, com o passar do tempo, tornar-se consciente de maneira cada vez mais intensa e nítida, ou provocar uma exagerada ligação amorosa reativa com ela. Mas não é à relação com a mãe que a fantasia de surra se liga. Há outras crianças no ambiente, poucos anos mais velhas ou mais novas, das quais a criança não gosta por toda espécie de motivos, mas sobretudo porque tem que dividir com elas o amor dos pais, e que por isso afasta de si com toda a brava energia própria dos sentimentos dessa idade. Se é um irmão ou irmã menor (como em três dos meus quatro casos), a criança o despreza, além de odiá-lo, e tem de presenciar como ele é alvo do afeto que os pais, enceguecidos, sempre reservam para aquele que nasceu por último.

Logo compreende que apanhar, mesmo quando não dói muito, significa uma retração do amor e uma humilhação. Assim, crianças que acreditavam comandar seguramente o inabalável amor dos pais foram derrubadas, por meio de um só golpe, das alturas de sua presumida onipotência. Então é agradável a ideia de o pai bater nessa criança odiada, independentemente de tê-lo visto fazendo isso. Ela significa: "Meu Pai não ama esse outro, *ama somente a mim*".

Eis, portanto, o teor e o significado da fantasia de surra na primeira fase. A fantasia, evidentemente, satisfaz o ciúme da criança e depende da sua vida amorosa, mas é também vigorosamente apoiada por seus interesses egoístas. Permanece então duvidoso que se possa designá-la como puramente "sexual"; mas tampouco nos arriscamos a chamá-la de "sádica". Sabemos que, aproximando-se da origem, costumam desaparecer todas as características sobre as quais habitualmente construímos nossas diferenças. Então, de forma semelhante à profecia que as três bruxas fizeram a Banquo, talvez possamos dizer: não claramente sexual, tampouco sádica, mas o material de que surgirão depois as duas coisas.* De modo algum, porém, há razão para supor que já essa primeira fase da fantasia esteja a serviço de uma excitação que, recorrendo aos genitais, alcance desafogo num ato masturbatório.

Com essa prematura escolha de objeto do amor incestuoso, a vida sexual da criança atinge evidentemente

---

* Alusão a *Macbeth*, ato 1, cena 3.

o estágio da organização genital. Isso é mais fácil de ser demonstrado no menino, mas também no caso da menina é indubitável. Algo como um pressentimento do que serão as metas sexuais definitivas e normais governa as tendências libidinais da criança; naturalmente podemos nos perguntar, admirados, como isto sucede, mas é lícito vê-lo como prova de que os genitais assumiram já seu papel no processo de excitação. O desejo de ter um filho com a mãe nunca está ausente no menino, o desejo de ter um filho do pai é constante na menina, e isso sendo totalmente incapazes de ter clareza quanto à forma de realizar tais desejos. Que os genitais têm algo a ver com isso parece algo certo para a criança, embora sua ruminação possa buscar a natureza da presumida intimidade dos pais em relações de outra espécie, como no fato de dormirem juntos, de urinarem conjuntamente etc., e tais conteúdos possam ser mais facilmente apreendidos em representações verbais do que o elemento obscuro ligado aos genitais.

No entanto, chega o tempo em que essa primeira floração é estragada pelo gelo; nenhum desses amores incestuosos pode fugir à fatalidade da repressão. Sucumbem a ela devido a ensejos externos verificáveis, que provocam decepção, devido a inesperadas doenças, ao nascimento indesejado de um irmãozinho, que é sentido como uma infidelidade etc., ou então a partir de dentro, sem ocasiões exteriores, talvez apenas porque não se realizou a satisfação há muito ansiada. É inegável que tais ensejos não são as causas efetivas, mas que essas relações amorosas estão fadadas a declinar em algum momento, não sabemos dizer em virtude de quê. O mais provável é que desapareçam porque seu tempo acabou, porque as crianças entram em nova fase de desenvolvimento, na qual são obrigadas a repetir a repressão da escolha incestuosa de objeto que houve na história da humanidade, como anteriormente haviam sido levadas a empreender tal escolha de objeto. (Ver o papel do Destino no mito de Édipo.) O que existe inconscientemente, como resultado psíquico dos impulsos de amor incestuosos, não é mais assumido pela consciência na nova fase, e o que deles já se tornou consciente é de novo repelido. Ao mesmo tempo que esse processo de repressão surge uma consciência de culpa, também de origem desconhecida, mas sem dúvida ligada àqueles desejos incestuosos e justificada pela permanência deles no inconsciente.[1]

A fantasia do período de amor incestuoso dizia: "Ele (o pai) ama apenas a mim, não a outra criança, porque bate nela". A consciência de culpa não acha castigo mais severo do que a inversão desse triunfo: "Não, ele não ama você, pois bate em você". Assim, a fantasia da segunda fase, de apanhar ela mesma do pai, torna-se expressão direta da consciência de culpa, à qual o amor ao pai fica sujeito. A fantasia tornou-se masoquista, portanto; que eu saiba, é sempre assim, a consciência de culpa é o fator que transforma o sadismo em masoquismo. Mas certamente esse não é o conteúdo inteiro do

---

[1] Ver a continuação disso em "O desaparecimento do complexo de Édipo" (1924).

masoquismo. A consciência de culpa não pode haver dominado sozinha o campo; também o impulso amoroso deve ter seu quinhão. Recordemos que se trata de crianças em que o componente sádico pôde, por razões constitucionais, aparecer de forma prematura e isoladamente. Não precisamos abandonar esse ponto de vista. Justamente nessas crianças é bastante facilitado um retorno à organização pré-genital, sádico-anal da vida sexual. Se a organização genital que mal se alcançou é atingida pela repressão, há não apenas a consequência de que toda representação psíquica do amor incestuoso se torna ou permanece inconsciente, mas também de que a organização genital mesma sofre uma degradação regressiva. "Meu pai me ama" tinha um sentido genital; devido à regressão se converte em: "Meu pai bate em mim (apanho de meu pai)". Ser golpeado é agora uma convergência de consciência de culpa e erotismo; *é não só o castigo pela relação genital proibida, mas também o substituto regressivo para ela*, e desta última fonte retira a excitação libidinal que a partir de então estará unida a ele e que achará desafogo em atos masturbatórios. Essa é, enfim, a essência do masoquismo.

A fantasia da segunda fase, ser golpeado pelo próprio pai, permanece inconsciente por via de regra, provavelmente devido à intensidade da repressão. Não sei indicar por que, em um dos meus seis casos (masculino), ela foi lembrada conscientemente. Esta pessoa, então um adulto, havia conservado claramente na memória que costumava utilizar para fins masturbatórios a ideia de apanhar da mãe; mas é verdade que logo substituía a própria mãe pelas mães de colegas de escola ou por outras, de algum modo semelhantes a ela. Não se deve esquecer que, na transformação da fantasia incestuosa do menino na fantasia masoquista correspondente, ocorre uma inversão mais que no caso da menina, isto é, a substituição da atividade pela passividade, e esse grau adicional de deformação pode evitar que a fantasia permaneça inconsciente como resultado da repressão. À consciência de culpa bastaria a regressão, em vez da repressão; nos casos femininos, a consciência de culpa, talvez mais exigente, seria apaziguada apenas pela ação conjunta de ambas.

Em dois de meus quatro casos femininos se desenvolvera, por sobre a fantasia de surra masoquista, uma engenhosa superestrutura de devaneios, muito importante na vida daquelas pessoas, à qual cabia a função de possibilitar o sentimento de que a excitação fora satisfeita, mesmo com a renúncia ao ato masturbatório. Num desses casos, o conteúdo "apanhar do pai" podia ousar novamente adentrar a consciência, quando o próprio Eu era tornado irreconhecível por um leve disfarce. O herói dessas histórias era invariavelmente golpeado pelo pai, depois somente castigado, humilhado etc.

Mas repito que via de regra a fantasia permanece inconsciente e tem de ser reconstruída na análise. Com isso talvez estejam certos os pacientes que afirmam lembrar que a masturbação apareceu antes, neles, do que a fantasia de surra da terceira fase (a ser discutida logo adiante); que esta teria sobrevindo apenas depois, talvez sob a impressão das cenas escolares. Todas as vezes que demos crédito a tais informações, inclinamo-nos a supor que a masturbação esteve primeiramente sob o domínio de fantasias inconscientes, que depois foram substituídas por conscientes.

É como tal substituto que vemos a conhecida fantasia da terceira fase, a sua configuração definitiva, na qual a criança que fantasia aparece, no máximo, como espectador, e o pai é mantido na pessoa de um professor ou algum outro superior. A fantasia, que é semelhante à da primeira fase, parece haver se tornado novamente sádica. Tem-se a impressão de que na frase: "Meu pai está batendo na outra criança, ele ama somente a mim", a ênfase recuou para a primeira parte, após a segunda haver sucumbido à repressão. Mas apenas a forma dessa fantasia é sádica, a satisfação que se obtém dela é masoquista, sua significação está em haver tomado o investimento libidinal da parte reprimida e, com este, também a consciência de culpa ligada ao seu conteúdo. Todas as crianças indefinidas que levam surra do professor são, afinal, substitutos da criança mesma.

Aqui também se mostra, pela primeira vez, algo como uma constância do sexo nas pessoas que tomam parte na fantasia. As crianças surradas são quase sempre garotos, tanto nas fantasias dos garotos como nas das garotas. Esse traço não se explica, evidentemente, por alguma rivalidade entre os sexos, pois, de outro modo, garotas é que apanhariam nas fantasias dos garotos; tampouco isso tem algo a ver com o sexo da criança odiada da primeira fase, apontando, isto sim, para um evento complicador nas meninas. Ao se afastarem do amor incestuoso ao pai, de sentido genital, rompem facilmente com seu papel feminino, ativam seu "complexo de masculinidade" ([expressão de] Van Ophuijsen) e querem ser apenas garotos a partir de então. Daí os meninos surrados, que as representam nas fantasias, serem meninos. Nos dois casos de devaneios — um deles alcançou quase o nível de uma obra de arte — os heróis eram apenas homens jovens, mulheres não apareciam absolutamente nessas criações; foram incorporadas apenas muitos anos depois, em papéis secundários.

V

Espero haver exposto minhas observações analíticas de modo suficientemente detalhado, e peço que levem em conta que os seis casos tantas vezes mencionados não esgotam o meu material, pois, como outros analistas, disponho de um número bem maior de casos menos detidamente examinados. Essas observações podem ser usadas em diferentes direções: para esclarecer a gênese das perversões, em especial do masoquismo, e para avaliar o papel que tem a diferença sexual na dinâmica da neurose.

O resultado mais evidente dessa discussão concerne à origem das perversões. É certo que nada muda na concepção que nelas destaca o fortalecimento ou precocidade constitucional de um componente sexual, mas com isso não se disse tudo. A perversão já não se acha isolada na vida sexual da criança, mas é admitida no contexto dos típicos — para não dizer normais — processos de desenvolvimento que conhecemos. É posta em relação com o amor objetal incestuoso da criança, com o seu complexo de Édipo, surge primeiro no solo desse complexo e, depois que ele desmorona, resta sozinha frequentemente, como herdeira de sua carga libidinal e agravada pela consciência de culpa que a ele se ligava. A constituição sexual anormal demonstra enfim a sua força, empurrando o complexo de Édipo numa direção particular e obrigando-o a tornar-se um incomum resíduo.

A perversão infantil pode, como é sabido, vir a ser a base para o desenvolvimento de uma perversão de igual sentido que permeia toda a vida, que consome toda a vida sexual do indivíduo, ou pode ser interrompida e permanecer no pano de fundo de um desenvolvimento sexual normal, ao qual sempre retira um certo montante de energia. O primeiro caso já se conhecia na época pré-analítica, mas o hiato entre os dois é quase preenchido pela investigação analítica de tais perversões plenas. Pois se vê com frequência, em tais pervertidos, que também eles, geralmente na puberdade, tiveram um pendor para a atividade sexual normal. Mas esse não foi suficientemente forte, foi abandonado ante os primeiros obstáculos, que sempre surgem, e a pessoa recaiu definitivamente na fixação infantil.

Seria importante, naturalmente, saber se a gênese das perversões infantis no complexo de Édipo pode ser estabelecida de forma geral. Isso não pode ser resolvido sem maiores investigações, mas não parece impossível. Considerando as anamneses obtidas nos casos adultos de perversão, notamos que a impressão decisiva, a "primeira vivência" de todos esses pervertidos, fetichistas etc., quase nunca é situada em época anterior aos seis anos de idade. Mas nesse tempo o predomínio do complexo de Édipo já passou; a vivência lembrada, eficaz de maneira tão enigmática, pode muito bem ter representado a sua herança. As relações entre ela e o complexo então reprimido permanecerão obscuras, enquanto a análise não trouxer luz ao tempo anterior à primeira impressão "patogênica". Pondere-se, então, quão pouco valor tem, por exemplo, a declaração da existência de uma homossexualidade inata, que se baseia na informação de que a pessoa teria sentido inclinação pelo mesmo sexo já a partir dos oito ou dos seis anos de idade.

Mas, se é possível que as perversões derivem geralmente do complexo de Édipo, nossa apreciação dele experimenta mais um reforço. Pois achamos que o complexo de Édipo é propriamente o núcleo da neurose, a sexualidade infantil que nele culmina, a verdadeira condição da neurose, e o que dele resta no inconsciente representa a disposição para o futuro adoecimento neurótico do adulto. A fantasia de surra e outras análogas fixações perversas seriam, então, apenas precipitados do complexo de Édipo, cicatrizes após o decurso do processo, digamos, exatamente como o famigerado "senso de inferioridade" corresponde a tal cicatriz narcísica. Nessa concepção devo expressar meu total acordo com Marcinowski, que recentemente a sustentou de maneira feliz (J. Marcinowski, "Erotische Quellen der Minderwertgkeitsgefühle" [As fontes eróticas dos sentimentos de inferioridade], *Zeitschrift für Sexualwissenschaft* [Revista de Sexologia, v. 4], 1918). Essa ilusão de pequenez do neurótico é parcial, como se sabe, e inteiramente compatível com a superestimação de si mesmo a partir de outras fontes. Sobre a origem do próprio complexo de Édipo e o destino reservado apenas ao homem entre os animais, provavelmente, de ter de começar duas vezes a vida sexual — na primeira infância, como as demais criaturas, e, após demorada interrupção, novamente no período da puberdade —, sobre tudo isso, ligado à "herança arcaica" humana, já me expressei em outro lugar, e não pretendo abordá-lo aqui.

Quanto à gênese do masoquismo, nossa discussão das fantasias de surra oferece poucas contribuições. Parece confirmar-se, primeiramente, que o masoquismo não é uma manifestação de instinto primária, mas surge de uma reversão do sadismo contra a própria pessoa, isto é, pela regressão do objeto para o Eu (cf. "Os instintos e seus destinos" [1915]). Instintos com meta passiva devem ser admitidos no princípio, sobretudo na mulher, mas a passividade não é todo o masoquismo; também é parte dele a característica do desprazer, surpreendente na satisfação de um instinto. A transformação do sadismo em masoquismo parece ocorrer mediante a influência da consciência de culpa que participa do ato de repressão. A repressão se manifesta aí em três efeitos, portanto: ela torna inconscientes as consequências da organização genital, obriga esta mesma à regressão ao anterior estágio sádico-anal e converte o sadismo deste no masoquismo passivo, em certo sentido novamente narcísico. A segunda dessas três consequências é tornada possível pela fraqueza da organização genital, que supomos nesses casos; a terceira torna-se necessária porque à consciência de culpa ofende tanto o sadismo como a escolha de objeto incestuosa entendida genitalmente. De onde vem a própria consciência de culpa, as análises não nos dizem novamente. Parece ser trazida pela nova fase em que entra a criança, e, quando permanece depois, corresponderia a uma cicatrização similar à do senso de inferioridade. Conforme nossa orientação quanto à estrutura do Eu, até agora ainda incerta, nós a atribuiríamos àquela instância que se opõe ao resto do Eu como consciência crítica, que no sonho produz o fenômeno funcional de Silberer e se destaca do Eu no delírio de ser observado.

Notemos, de passagem, que a análise da perversão infantil aqui tratada ajuda igualmente a resolver um antigo enigma — que, é verdade, sempre incomodou mais as pessoas alheias à análise do que os analistas mesmos. Ainda recentemente, até mesmo Bleuler viu como notável e inexplicável que os neuróticos façam da masturbação o ponto central de sua consciência de culpa. Desde sempre supomos que ela diz respeito à masturbação da primeira infância, não à da puberdade, e que não deve ser relacionada, em sua maior parte, ao ato masturbatório, mas à fantasia que, embora inconsciente, está na base dele — vinda do complexo de Édipo, portanto.

Já expus o significado que costuma adquirir a terceira fase, aparentemente sádica, da fantasia de surra, como portadora da excitação que impele à masturbação, e a atividade fantasiadora que ela costuma estimular, em parte prosseguindo-a no mesmo sentido, em parte suspendendo-a de maneira compensatória.* Mas a segunda fase, inconsciente e masoquista, a fantasia de apanhar ela própria do pai, é incomparavelmente mais importante. Não só por continuar atuando mediante a fase que a substitui; pode-se também demonstrar efeitos sobre o caráter que provêm diretamente de sua forma inconsciente. Pessoas que trazem em si tal fantasia desenvolvem sensibilidade e irritabilidade especial para com indivíduos que possam incluir na série dos pais; facilmente se desgostam com eles, assim fazendo que se realize, para sua própria dor e dano, a situação fantasiada de que apanham do pai. Eu não me surpreenderei se um dia for possível provar que essa fantasia é a base da mania de querela dos paranoicos.

---

* No original: *teils gleichsinnig fortsetzenden, teils kompensatorisch aufhebenden*. A princípio não parece inteiramente claro o objeto dos verbos *fortsetzen* e *aufheben* (aqui vertidos por "prosseguir" e "suspender"). As traduções consultadas divergem: *en parte como continuación orientada en igual sentido, y en parte como compensación* [sic, omissão]; *una actividad que en parte la continúa en su mismo sentido y en parte la cancela por vía compensatoria*; *che in parte continua la fantasia nello stesso senso e in parte la neutralizza per compensazione*; *qui en partie continue cet onanisme comme tel, en partie le suspend d'une manière compensatoire*; *which on the one hand continue the phantasy along the same line, and on the other hand neutralize it through compensation*. Para algumas, esses verbos se referem à fantasia; para uma delas (a francesa), à masturbação. Parece-nos fora de dúvida que o objeto é a fantasia de surra.

VI

A descrição das fantasias infantis de surra seria irrealizável se eu não houvesse me limitado, excetuando umas poucas referências, ao que se verifica em pessoas do sexo feminino. Repetirei brevemente os resultados. A fantasia de surra das meninas passa por três fases, das quais a primeira e a última são lembradas conscientemente, enquanto a do meio permanece inconsciente. As duas conscientes parecem sádicas; a do meio, inconsciente, é sem dúvida masoquista; o seu conteúdo é apanhar do pai, a ela estão ligadas a carga libidinal e a consciência de culpa. A criança surrada é, nas duas fantasias, sempre uma outra; na fase do meio é apenas ela própria, na terceira fase, consciente, quase só meninos são surrados. A pessoa que bate é, desde o início, o pai, e depois um substituto da série dos pais. A fantasia inconsciente da fase do meio tinha originalmente significação genital, tendo surgido, por repressão e regressão, do desejo incestuoso de ser amado pelo pai. A isto se junta, num nexo aparentemente mais frouxo, que as meninas mudam de sexo entre a segunda e a terceira fase, fantasiando serem meninos.

Não avancei tanto no conhecimento das fantasias de surra dos meninos, talvez porque o material fosse desfavorável. Compreende-se que eu tenha esperado uma situação inteiramente análoga nos meninos, em que a mãe tomaria o lugar do pai nas fantasias. A expectativa parecia confirmar-se, pois o conteúdo da fantasia correspondente dos meninos era apanhar da mãe (depois de uma pessoa que a substituía). Mas essa fantasia, na qual a própria pessoa do menino era mantida como objeto, diferenciava-se da segunda fase das meninas pelo fato de poder tornar-se consciente. Querendo-se, por causa disso, torná-la equivalente à terceira fase das meninas, persistia a diferença de que o menino não era substituído por outros garotos desconhecidos e indeterminados, menos ainda por outras meninas. A expectativa de um completo paralelismo mostrou-se infundada, portanto.

Meu material masculino abrangia poucos casos com fantasia de surra infantil sem grande prejuízo para a atividade sexual, mas um número maior de pessoas que devemos designar como autênticos masoquistas, no sentido de terem a perversão sexual. Eram indivíduos que achavam satisfação sexual apenas na masturbação com fantasias masoquistas, ou que conseguiam juntar masoquismo e atividade genital de uma maneira que, através de arranjos masoquistas e em condições tais, atingiam a ereção e a ejaculação ou se habilitavam para um coito normal. Houve também um caso mais raro, em que o masoquista era perturbado, na ação pervertida, por ideias obsessivas intoleravelmente fortes. Pervertidos satisfeitos raramente têm motivos para procurar a análise; mas para os três grupos mencionados de masoquistas pode haver fortes motivos que os levem ao analista. O masturbador masoquista vê que é impotente quando enfim tenta o coito com uma mulher, e aquele que até então realizou o coito com o auxílio de uma ideia ou um arranjo masoquista pode subitamente fazer a descoberta de que essa cômoda aliança fracassou, pois seu órgão genital não mais reage ao estímulo masoquista. Estamos habituados, de modo confiante, a prometer recuperação aos psiquicamente impotentes que vêm se tratar conosco, mas deveremos ser mais reservados nesse prognóstico enquanto não conhecermos a dinâmica desse distúrbio. Temos uma surpresa desagradável quando a análise nos revela, como causa da impotência "puramente psíquica", uma atitude masoquista peculiar, talvez há muito tempo arraigada.

Nesses homens masoquistas descobrimos algo que nos solicita não levar adiante, no momento, a analogia com a mulher, mas julgar independentemente a situação. Pois se verifica que eles, nas fantasias masoquistas e nos arranjos para concretizá-las, tomam invariavelmente o papel da mulher, que o seu masoquismo, portanto, coincide com uma atitude *feminina*. Isso é facilmente demonstrável em pormenores das fantasias; mas muitos pacientes também sabem disso, e o expressam como uma certeza subjetiva. Não faz diferença quando uma roupagem lúdica da cena masoquista se atém à ficção de um menino, pajem ou aprendiz malcriado, que deve ser punido. Mas as pessoas que castigam são sempre mulheres, nas fantasias e nos arranjos. Isso é algo desconcertante; queremos saber também se o masoquismo da fantasia infantil de surra já se baseia nessa postura feminina.[2]

Deixemos, então, os fatos dificilmente explicáveis do masoquismo adulto e voltemo-nos para as fantasias

---

[2] Mais observações a respeito disso se acham em "O problema econômico do masoquismo", 1924.

infantis de surra no sexo masculino. Aqui a análise do mais remoto período da infância nos permite, mais uma vez, fazer uma descoberta surpreendente. A fantasia que tem por conteúdo apanhar da mãe, consciente ou capaz de chegar à consciência, não é primária. Ela tem um estágio preliminar, que é sempre inconsciente e tem o conteúdo seguinte: *"Apanho de meu pai"*. Esse estágio prévio corresponde realmente, portanto, à segunda fase da fantasia da menina. A notória fantasia consciente: "Apanho de minha mãe", acha-se no lugar da terceira fase da menina, na qual, como se disse, meninos desconhecidos são os objetos que apanham. Não pude demonstrar, no menino, um estágio preliminar de natureza sádica, comparável à primeira fase da menina, mas agora não vou rejeitá-lo definitivamente, pois bem vejo a possibilidade de tipos mais complicados.

Ser golpeado, na fantasia masculina — como a chamarei, de forma breve, esperando não ser mal-entendido —, é igualmente ser amado no sentido genital, de forma rebaixada pela regressão. A inconsciente fantasia masculina original, portanto, não era "Eu apanho do meu pai", como provisoriamente formulamos, mas *"Sou amado por meu pai"*. Ela foi transformada, pelos processos conhecidos, na fantasia consciente que diz: *"Eu apanho de minha mãe"*. A fantasia de surra do menino é então, desde o início, passiva, derivada realmente da atitude feminina em relação ao pai. Tanto como a feminina (da garota), ela corresponde ao complexo de Édipo, mas o paralelismo que esperávamos entre uma e outra deve ser abandonado em prol de um traço comum diverso: *em ambos os casos a fantasia de surra deriva da ligação incestuosa com o pai.*

A exposição de outras similaridades e diferenças entre as fantasias de surra dos dois sexos contribuirá para uma maior clareza da questão. Na menina, a fantasia masoquista inconsciente vem da atitude edípica normal; no menino, da atitude inversa, que toma o pai como objeto de amor. Na menina a fantasia tem um estágio preliminar (a primeira fase), na qual a surra aparece com significado indiferente e toca a uma pessoa ciumentamente odiada; ambas as coisas estão ausentes no menino, mas tal diferença poderia ser eliminada numa observação mais feliz. Na transição para a fantasia consciente que substitui a anterior, a menina retém a pessoa do pai e, com isso, o sexo da pessoa que bate; mas muda a pessoa que apanha e o sexo desta, de modo que, por fim, um homem bate em crianças do sexo masculino. O menino, pelo contrário, muda a pessoa e o sexo daquele que bate, ao substituir o pai pela mãe, e mantém sua própria pessoa, de modo que, no final, a pessoa que bate e a que apanha são de sexos diferentes. Na menina, a situação originalmente masoquista (passiva) é transformada, por meio da repressão, numa situação sádica, cujo caráter sexual é obscurecido; no menino, ela continua masoquista e conserva, devido à diferença de sexo entre a pessoa que bate e a que apanha, maior semelhança com a fantasia original de sentido genital. Por meio da repressão e remodelação da fantasia inconsciente, o menino evita a sua homossexualidade; a coisa notável, em sua posterior fantasia consciente, é que tem por conteúdo uma atitude feminina sem escolha homossexual de objeto. Já a menina, pelo mesmo processo, escapa às exigências da vida amorosa em geral, fantasia ser um homem, sem tornar-se masculinamente ativa, e apenas presencia como espectadora o ato que substitui um ato sexual.

É lícito supor que com a repressão da fantasia inconsciente original não há grandes mudanças. Tudo o que para a consciência foi reprimido e substituído por outra coisa é mantido no inconsciente e permanece capaz de atuação. Não sucede o mesmo com o efeito da regressão a um estágio anterior da organização sexual. Acerca dela acreditamos que também muda o estado das coisas no inconsciente, de modo que após a repressão, nos dois sexos, continua a existir no inconsciente a fantasia masoquista de apanhar do pai, mas não aquela (passiva) de ser amado pelo pai. Também não faltam indícios de que a repressão atingiu seu propósito apenas de forma bastante incompleta. O menino, que quis escapar à escolha homossexual de objeto e não mudou seu sexo, sente-se como mulher em suas fantasias conscientes e dota de atributos e características masculinas as mulheres que nele batem. A menina, que até abandonou seu sexo e, no todo, efetuou um trabalho de repressão mais radical, não se livra do pai, não ousa ela mesma bater, e, como se tornou ela mesma um garoto, faz com que sobretudo garotos apanhem.

Sei que não ficaram suficientemente esclarecidas as diferenças entre as fantasias de surra dos dois sexos que aqui foram descritas; mas não faço a tentativa de desemaranhar tais complicações, rastreando a sua dependência de outros fatores, porque eu mesmo não considero exaustivo o material da observação. Até onde ele vai, porém, gostaria de usá-lo para o exame de duas teorias, que, opostas uma à outra, tratam da relação entre a repressão e o caráter sexual, e, cada qual à sua maneira, apresentam essa relação como muito íntima. Adianto que sempre considerei as duas inadequadas e enganosas.

A primeira dessas teorias é anônima; ela me foi dada a conhecer há muitos anos, por um colega com o qual tinha laços de amizade. Ela é tão atraente, em sua franca simplicidade, que devemos nos admirar que só em alusões esparsas apareça na literatura sobre o tema. Apoia-se na constituição bissexual dos seres humanos, e afirma que em cada indivíduo a luta entre os caracteres sexuais é o motivo da repressão. O sexo mais fortemente desenvolvido, predominante na pessoa, teria reprimido e posto no inconsciente a representação psíquica do sexo subjugado. De modo que o núcleo do inconsciente, o reprimido, seria, em cada indivíduo, o que nele há do sexo oposto. Isso só pode ter um significado palpável se admitirmos que o sexo de um indivíduo seja determinado pelo desenvolvimento de seus genitais; de outra maneira o sexo mais forte de alguém é algo incerto, e corremos o risco de fazer derivar, do resultado da investigação, aquilo mesmo que nos deve servir como o seu ponto de partida. Resumindo: no homem, o que é reprimido e inconsciente remonta a impulsos instintuais femininos; na mulher, o contrário.

A segunda teoria é de origem mais recente; coincide com a primeira no fato de novamente ver a luta dos dois sexos como decisiva para a repressão. No restante se acha em oposição a ela; não pede sustentação biológica, mas sociológica. Essa teoria do "protesto masculino", enunciada por Alfred Adler, afirma que todo indivíduo se opõe a permanecer na "linha feminina", de menor valor, e se empenha na linha masculina, a única satisfatória. Com base nesse protesto masculino ela explica, de modo bastante geral, a formação do caráter e da neurose. Infelizmente, Adler faz tão pouca separação entre os dois processos, a serem indubitavelmente considerados distintos, e aprecia tão pouco o fato da repressão, que a tentativa de aplicar a teoria do protesto masculino à repressão traz o risco de um mal-entendido. Penso que dessa tentativa resultaria que em todo caso o protesto masculino, o desejo de afastar-se da linha feminina, é o motivo da repressão. O que reprime seria, então, sempre um impulso instintual masculino, e o reprimido, um feminino. Mas também o sintoma seria resultado de um impulso feminino, pois não podemos deixar de lado o seu caráter, de que é um substituto do reprimido, substituto que se impôs apesar da repressão.

Agora examinemos essas duas teorias, que têm em comum, digamos, o fato de sexualizarem o processo de repressão, com base no exemplo da fantasia de surra estudada. A fantasia original, "Apanho do meu pai", corresponde a uma postura feminina no garoto, é expressão, portanto, da parte de sua disposição que pertence ao sexo oposto. Se ela sucumbe à repressão, a primeira teoria parece estar correta, pois estabeleceu a regra de que o que pertence ao sexo oposto equivale ao reprimido. Não corresponde muito a nossas expectativas, é certo, quando o que aparece depois de efetuada a repressão, a fantasia consciente, exibe novamente a atitude feminina, dessa vez para com a mãe. Mas não entraremos nesses pontos duvidosos, se a questão pode ser decidida brevemente. A fantasia original da garota, "Sou golpeada (isto é, amada) por meu pai", corresponde certamente, como atitude feminina, ao sexo manifesto nela predominante, e deveria então, conforme a teoria, escapar à repressão; não precisaria tornar-se inconsciente. Na realidade ela se torna inconsciente e sofre substituição por uma fantasia consciente, que nega o caráter sexual manifesto. Essa teoria é, então, inutilizável para a compreensão das fantasias de surra, e por elas refutada. Pode-se objetar que precisamente em garotos efeminados e garotas masculinas elas acontecem e experimentam esses destinos, ou que um traço de feminilidade no garoto e de masculinidade na garota seria responsável pelo surgimento da fantasia passiva no menino e por sua repressão na menina. Provavelmente aceitaríamos tal concepção, mas a suposta relação entre caráter sexual manifesto e a escolha do que se destina à repressão não seria menos insustentável. No fundo, vemos apenas que em homens e em mulheres se acham tanto impulsos instintuais masculinos como femininos, que igualmente podem se tornar inconscientes mediante a repressão.

A teoria do protesto masculino parece sustentar-se bem melhor quando examinada em relação às fantasias de surra. Tanto no menino como na menina, a fantasia de apanhar corresponde a uma atitude feminina, ou seja, a uma permanência na linha feminina, e ambos os sexos procuram livrar-se dessa atitude pela repressão da fantasia. No entanto, apenas na menina o protesto masculino parece atingir pleno êxito; nela se produz um exemplo realmente ideal da ação do protesto masculino. No menino o resultado não é tão satisfatório, a linha feminina não é abandonada, em sua fantasia masoquista consciente ele certamente não se acha "em cima". Logo, corresponde à expectativa derivada da teoria, se reconhecemos nesta fantasia um sintoma que surgiu mediante o fracasso do protesto masculino. É certo que nos perturba que a fantasia da garota, originada da repressão, tenha igualmente valor e significado de sintoma. Pois aí, onde o protesto masculino realizou plenamente seu propósito, a condição para a formação do sintoma deveria estar ausente.

Antes que essa dificuldade nos leve a suspeitar que toda a concepção do protesto masculino é inadequada ao problema das neuroses e perversões e que sua aplicação a eles é infrutífera, vamos deixar as fantasias de surra passivas e voltar a atenção para outras manifestações instintuais da vida sexual infantil, também submetidas à repressão. Ninguém pode duvidar que existem igualmente desejos e fantasias que desde o início conservam a linha masculina e constituem expressão de impulsos instintuais masculinos, por exemplo, impulsos sádicos ou os desejos do menino em relação à mãe, provenientes do complexo de Édipo normal. Tampouco se duvida que também estes são atingidos pela repressão; se o protesto masculino explicaria bem a repressão das fantasias passivas, depois masoquistas, justamente por isso vem a ser inutilizável para o caso contrário das fantasias ativas. Ou seja: a teoria do protesto masculino é inconciliável com o fato da repressão. Somente quem está disposto a rejeitar todas as conquistas psicológicas realizadas a partir do primeiro tratamento catártico de Breuer e graças a ele, pode esperar que venha a ter significação o princípio do protesto masculino, no esclarecimento das neuroses e perversões.

A teoria psicanalítica, que é baseada na observação, sustenta com firmeza que os motivos da repressão não podem ser sexualizados. O núcleo do inconsciente psíquico é formado pela herança arcaica do ser humano, e sucumbe ao processo de repressão tudo o que dela tem de ser deixado para trás, no progresso para fases posteriores de desenvolvimento, por ser inconciliável com o novo ou prejudicial a ele. Esta seleção é mais bem-sucedida num grupo de instintos do que no outro. Esses últimos, os instintos sexuais, conseguem baldar o intento da repressão, em virtude de condições especiais já várias vezes apontadas, e fazer-se representar por formações substitutivas perturbadoras. Daí a sexualidade infantil submetida à repressão ser a principal força motriz na formação de sintomas, e a parte essencial de seu conteúdo, o complexo de Édipo, ser o complexo nuclear da neurose. Espero haver suscitado, nesta comunicação, a expectativa de que as aberrações sexuais da criança, assim como as do adulto, derivam do mesmo complexo.

O INQUIETANTE (1919)

TÍTULO ORIGINAL: "DAS UNHEIMLICHE".
PUBLICADO PRIMEIRAMENTE
EM *IMAGO*, V. 5, N. 5/6, PP. 297-324.
TRADUZIDO DE *GESAMMELTE WERKE* XII,
PP. 227-68; TAMBÉM SE ACHA
EM *STUDIENAUSGABE* IV, PP. 241-74.

O INQUIETANTE I

I

É raro o psicanalista sentir-se inclinado a investigações estéticas, mesmo quando a estética não é limitada à teoria do belo, mas definida como teoria das qualidades de nosso sentir. Ele trabalha em outras camadas da vida psíquica, e pouco lida com as emoções atenuadas, inibidas quanto à meta, dependentes de muitos fatores concomitantes, que geralmente constituem o material da estética. Pode ocorrer, no entanto, que ele venha a se interessar por um âmbito particular da estética, e então este será, provavelmente, um âmbito marginal, negligenciado pela literatura especializada na matéria.

"O inquietante"* é um desses domínios. Sem dúvida, relaciona-se ao que é terrível, ao que desperta angústia e horror, e também está claro que o termo não é usado sempre num sentido bem determinado, de modo que geralmente equivale ao angustiante. É lícito esperarmos, no entanto, que exista um núcleo especial [de significado] que justifique o uso de um termo concei-

---

* "O inquietante": *das Unheimliche*. Por razões que ficarão evidentes no próprio texto, é desnecessário chamar a atenção do leitor para a insuficiência da tradução desse termo, que é também o título do ensaio. Limitemo-nos a registrar as soluções adotadas em algumas versões estrangeiras deste ensaio (duas em espanhol, a da Biblioteca Nueva e a da Amorrortu, a italiana da Boringhieri, a francesa da Gallimard e a *Standard* inglesa): *Lo siniestro*, *Lo ominoso*, *Il perturbante*, *L'inquiétante étrangeté*, *The uncanny*. A pronúncia do termo alemão é, aproximadamente, "unrráinmlir", sendo esse "r" final pronunciado como o "j" espanhol.

tual específico. Gostaríamos de saber que núcleo comum é esse, que talvez permita distinguir um "inquietante" no interior do que é angustiante.

A respeito disso nada encontramos nos minuciosos tratados de estética, que se ocupam antes das belas, sublimes, atraentes — ou seja, positivas — sensibilidades, de suas condições e dos objetos que as provocam, do que daquelas contrárias, repulsivas, dolorosas. Do lado da literatura médico-psicológica sei apenas de um trabalho de E. Jentsch, de conteúdo rico, porém não exaustivo.[1] Mas devo admitir que, por razões fáceis de imaginar, ligadas ao momento atual,[*] não pesquisei a fundo a bibliografia para essa pequena contribuição, em particular a de língua estrangeira, motivo pelo qual a apresento ao leitor sem nenhuma reivindicação de prioridade.

Jentsch tem inteira razão ao enfatizar, como uma dificuldade no estudo do inquietante, que a suscetibilidade para esse sentimento varia enormemente de pessoa para pessoa. E o autor deste novo ensaio não pode senão lamentar sua particular obtusidade nessa questão, quando uma extrema delicadeza dos sentidos seria apropriada. Há muito ele não conhece ou experimenta algo que poderia lhe produzir a impressão do inquietante; primeiro tem de transportar-se para esse sentimento, evocar dentro de si a possibilidade dele. Entretanto, di-

---

[1] "Zur Psychologie des Unheimlichen", *Psychiatrisch-neurologische Wochenschrift* [Semanário Psiquiátrico-Neurológico], n. 22/23, 1906.

[*] Freud se refere, naturalmente, ao período da Primeira Guerra Mundial, que acabou no ano anterior àquele em que escreveu este ensaio.

ficuldades desse gênero também pesam em vários outros domínios da estética; assim, não precisamos abandonar a esperança de achar casos em que a característica em questão será reconhecida sem problemas pela maioria das pessoas.

Podemos encetar dois caminhos agora: explorar que significado a evolução da língua depositou na palavra *unheimlich*, ou reunir tudo aquilo que, nas pessoas e coisas, impressões dos sentidos, vivências e situações, desperta em nós o sentimento do inquietante, inferindo o caráter velado do inquietante a partir do que for comum a todos os casos. Já antecipo que os dois caminhos levam ao mesmo resultado: o inquietante é aquela espécie de coisa assustadora que remonta ao que é há muito conhecido, ao bastante familiar. Como isto é possível, sob que condições o familiar pode tornar-se inquietante, assustador, deverá ser mostrado nas páginas que seguem. Faço também notar que esta investigação, na realidade, principiou pela reunião de casos individuais, e somente depois achou confirmação no uso da linguagem. Mas na presente exposição tomarei o caminho inverso.

A palavra alemã *unheimlich* é evidentemente o oposto de *heimlich*, *heimisch*, *vertraut* [doméstico, autóctone, familiar], sendo natural concluir que algo é assustador justamente por *não* ser conhecido e familiar. Claro que não é assustador tudo o que é novo e não familiar; a relação não é reversível. Pode-se apenas dizer que algo novo torna-se facilmente assustador e inquietante; algumas coisas novas são assustadoras, certamente não todas. Algo tem de ser acrescentado ao novo e não familiar, a fim de torná-lo inquietante.

Tudo somado, Jentsch limitou-se a esse vínculo do inquietante com o novo, o não familiar. Para ele, a condição essencial para que surja o sentimento do inquietante é a incerteza intelectual. O inquietante seria sempre algo em que nos achamos desarvorados, por assim dizer. Quanto melhor a pessoa se orientar em seu ambiente, mais dificilmente terá a impressão de algo inquietante nas coisas e eventos dele.

Notamos facilmente que essa caracterização é incompleta, e procuramos ir além da equação inquietante = não familiar. Primeiro nos voltamos para outras línguas. Mas os dicionários que consultamos nada nos dizem de novo, talvez simplesmente porque nós mesmos somos de língua estrangeira. De fato, adquirimos a impressão de que muitas línguas não têm uma palavra para essa particular nuance do que é assustador.[2]

LATIM (segundo K. E. Georges, *Kleines Deutschlateinisches Wörterbuch*, 1898): um local *unheimlich* — *locus suspectus*; em hora da noite *unheimlich* — *intempesta nocte*.

GREGO (dicionários de Rost e von Schenkl): ξενος — ou seja, estrangeiro, estranho.

INGLÊS (dos dicionários de Lucas, Bellow, Flügel, Muret-Sanders): *uncomfortable, uneasy, gloomy, dismal, uncanny, ghastly*; de uma casa: *haunted*; de um indivíduo: *a repulsive fellow*.

---

2 Devo os extratos seguintes à gentileza do dr. Theodor Reik.

O INQUIETANTE I

FRANCÊS (Sachs-Villatte): *inquiétant, sinistre, lugubre, mal à son aise*.

ESPANHOL (Tollhausen, 1889): *sospechoso, de mal agüero, lugubre, siniestro*.

O italiano e o português parecem contentar-se com termos que designaríamos como paráfrases. Em árabe e hebraico, "*unheimlich*" equivale a "demoníaco", "horripilante".

Retornemos então à língua alemã.

No *Dicionário da língua alemã*, de Daniel Sanders (1860), encontramos os seguintes dados sobre a palavra "*unheimlich*", que aqui reproduzirei na íntegra e nos quais sublinharei uma ou outra passagem (v. I, p. 729):

> *Heimlich*, adj., (subst. *Heimlichkeit*, fem., pl. com *en*): também *Heimelich, heimelig*, pertencente à casa, não estranho, familiar, caro e íntimo, aconchegado etc. (*a*) (ant.) pertencente à casa, à família, ou, tido como pertencente, cf. latim *familiaris*, familiar. Os *Heimlichen*, os membros da casa; *Der heimliche Rat*. Gên. 41: 45; II Sam. 23, 23; I Crôn. 12, 25; Sab. 8, 4; agora mais comumente: *Geheimer* (ver *d* 1.) *Rat* [Conselheiro Privado], ver *Heimlicher* — (*b*) de animais, domesticado, que se aproxima confiantemente às pessoas. Antôn. selvagem, p. ex., animais que não são selvagens nem *heimlich* etc. Eppendorf. 88; Animais selvagens [...] de modo que são criados *h*. e habituados aos seres humanos. 92. Quando esses animaizinhos são criados desde a infância junto aos homens, tornam-se inteiramente *h*. e amigáveis etc., Stumpf 608a etc. — Assim também: É bastante *h*. (o cordeiro) e come na minha mão. Hölty; A cegonha é, de

toda forma, um belo e *h*. (ver *c*) pássaro. Linck. Schl. 146. ver *Häuslich* 1. [doméstico] etc. — (*c*) confiável, que lembra intimamente o lar; o bem-estar de uma tranquila satisfação etc., de confortável sossego e segura proteção, como o que se tem no interior da própria casa (cf. *Geheuer* [seguro]): Ainda lhe é *h*. em seu país, onde os estrangeiros derrubam seus bosques? Alexis H. 1, 1, 289. Para ela não era muito *h*. na casa dele. Brentano Wehm. 92; Numa elevada senda, umbrosa e *h*. [...], ao longo do rumorejante e borbulhante riacho da floresta. Forster B. 1, 417. Destruir a *Heimlichkeit* da terra natal. Gervinus Lit. 5, 375. Foi difícil encontrar um lugarzinho tão íntimo e *h*. G. 14, 14; Nós o imaginávamos bem confortável, bem gracioso, agradável e *h*. 15, 9; Em tranquila *H-keit*, rodeado de cercas próximas. Haller; Uma cuidadosa dona de casa, que sabe criar uma deliciosa *H-keit* (*Häuslichkeit* [domesticidade]) com poucos meios. Hartmann Unst. 1, 188; Tanto mais *h*. pareceu-lhe então o homem que há pouco era tão desconhecido. Kerner 540; Os proprietários protestantes não se sentem *h*. entre os seus súditos católicos. Kohl. Irl. 1, 172; Quando fica *h*. e levemente/ o silêncio da noite espreita só a tua tenda. Tiedge 2, 39; Quieto, agradável e *h*., bem como eles/ Desejariam um lugar para o repouso. W. 11, 144; Ele não se sentiu nada *h*. quanto a isso 27, 170 etc. — Também: O local era tão tranquilo, tão ermo, tão umbroso-*h*. Scherr Pilg. 1, 170; O fluxo e refluxo das ondas, sonhadoras, acalentadoras--*h*. Körner, Sch. 3, 320 etc. — Cf. em particular *Un-h*. — Em escritores suábios e suíços, frequentemente com três sílabas: Como voltou a ser *heimelig* para Ivo, quando estava deitado em sua casa. Auerbach, D. 1, 249; Naquela casa foi tão *heimelig* para mim. 4. 307; O aposento aquecido, a tarde *heimelig*. Gotthelf, Sch. 127, 148; Eis o que é verdadeiramente *heimelig*, quando o homem sente no próprio coração como é pequenino, e como é grande o Senhor. 147; Pouco a pouco ficaram confortáveis e *heimelig* uns com os outros. U. 1, 297; A cordial *Heimeligkeit*. 380, 2, 86; Em nenhum outro lugar me será mais *heimelig* do que aqui. 327; Pestalozzi 4, 240; Aquele que vem de longe [...] não vive inteiramente *heimelig* (*heimatlich, freundnachbarlich* [como em casa, em boa vizinhança]) com as pessoas. 325; A cabana em que/ tão *heimelig*, tão alegre/ [...] com frequência ele ficava com os seus. Reithard, 20; A corneta do sentinela soa tão *heimelig* da torre — e convida-me a sua voz hospitaleira. 49; Dorme-se ali na suavidade e calidez, maravilhosamente *heimelig*. 23 etc. — *Essa forma mereceria tornar-se generalizada, a fim de evitar que esse bom termo caísse em desuso pela fácil confusão com* 2 *cf.* '*Os Zeck são todos* h. (2.)' H...? *Que entende você por* h...? — '*Bem... com eles tenho a impressão que teria com uma fonte enterrada ou um lago secado. Não se pode passar ali sem achar que a água poderia novamente aparecer.*' *Nós chamamos a isso* un-h; *vocês,* h. *O que o faz pensar que essa família tem algo de oculto e não confiável?* etc. Gutzkow R. 2, 61. — (*d*) (ver *c*) em especial na Silésia: alegre, sereno, também se diz do tempo, ver Adelung e Weinhold. —

2. oculto, mantido às escondidas, de modo que outros nada saibam a respeito, dissimulado, cf. *Geheim* [secreto] (2.), apenas no novo-alto-alemão e em que nem sempre

se distinguem precisamente, sobretudo na linguagem mais antiga, p. ex. na Bíblia (Jó 11, 6; 15, 8; Sab. 2, 22; 1 Cor. 2, 7 etc.), assim como *H-keit* em vez de *Geheimnis* [segredo]. Mt. 13, 35 etc., fazer, tramar coisas *h*. (por trás de alguém); afastar-se *h*. [furtivamente]; encontros, compromissos *h*.; olhar o infortúnio alheio com *h*. alegria; suspirar, chorar *h*.; agir *h*., como se tivesse algo a esconder; amor, caso amoroso, pecado *h*.; locais *h*. (que a decência manda esconder), 1 Sam. 5, 6; o recinto *h*. (latrina). 11 Reis 10, 27; W. 5, 256 etc., assim como: O assento *h*. Zinkgräf 1, 249; Lançar em fossos, em *H-keiten*, 3, 75; Rollenhagen Fr., 83 etc. — Conduziu *h*. ante Laomedon/ as éguas. B. 161 b etc. — Tanto dissimulado, *h*. e maldoso para com senhores cruéis [...] como aberto, livre, participante e solícito para com o amigo sofredor. Burmeister gB 2, 157; Você saberá o que tenho de mais *h*. e sagrado. Chamisso, 4, 56; A arte *h*. (a magia). 3, 224; Onde tem de cessar a ventilação pública, começa a maquinação *h*. Forster, Br. 2, 135; Liberdade é a sussurrada senha dos *h*. conspiradores, o sonoro grito de guerra dos subversivos públicos. G. 4, 222; Uma santa, *h*. atuação. 15; Tenho raízes/ que são bem *h*.,/ no solo profundo/ estou alicerçado. 2, 109; Minha *h*. perfídia [*Tücke*] (cf. *Heimtücke*). 30, 344; Se ele não recebe isso de modo aberto e escrupuloso, pode tomá-lo de maneira *h*. e inescrupulosa. 39, 22; Fez construir, *h*. e sigilosamente, telescópios acromáticos. 375; A partir de agora, desejo que nada mais de *h*. exista entre nós. Sch. 369 b. — Revelar, tornar públicas, trair as *H-keiten* de alguém; Urdir *H-keiten* atrás de minhas costas. Alexis, H. 2, 3,

168; No meu tempo/ cultivava-se a *H*-keit. Hagedorn, 3, 92; A *H-keit* e as intrigas por baixo do pano. *Immerman*, M. 3, 289; Apenas a mão do conhecimento pode romper/ o impotente encanto da *H-keit* (do ouro oculto). Novalis, 1, 169;/ Diga onde o oculta [...] em que lugar de reservada *H-keit*. Schr., 495 b; Vocês, abelhas, que formam o selo das *H-keiten* (a cera para o lacre). Tieck, Cymb., 3, 2; Versado em raras *H-keiten* (artes mágicas). Schlegel, Sh., 6, 102 etc.; cf. *Geheimnis* L. 10: 291 ss.

Para compostos, ver 1 c, sobretudo para o antôn. *Unheimlich*: incômodo, que desperta angustiado receio: Pareceu-lhe simplesmente *un-h*., espectral. Chamisso, 3, 238; As angustiadas, *un-h*. horas da noite. 4, 148; Há muito eu já sentia algo *un-h*., até mesmo apavorante. 242; Agora começa a ficar *un-h*. para mim. Gutzkow R. 2, 82; Sente um pavor *un-h*. Verm. 1, 51; *Un-h*. e hirto como uma imagem de pedra. Reis, 1, 10; A neblina *un-h*., chamada de *Haarrauch*. Immermann M., 3, 299; Esses jovens pálidos são *un-h*. e tramam sabe Deus o quê de ruim. Laube, v. 1, 119; Unh. *chama-se a tudo o que deveria permanecer em segredo, oculto, mas apareceu*. Schelling, 2, 2, 649 etc. — Ocultar o divino, rodeá-lo de uma certa *Un-keit* 658 etc. — Inusual como antôn. de (2.), como afirma Campe, sem abonação.

Nessa longa citação, o mais interessante para nós é que a palavra *heimlich* ostenta, entre suas várias nuances de significado, também uma na qual coincide com o seu oposto, *unheimlich*. O que é *heimlich* vem a ser *unheim-*

lich; cf. o exemplo de Gutzkow: "Nós chamamos a isso *heimlich*, vocês, *unheimlich*". Somos lembrados de que o termo *heimlich* não é unívoco, mas pertence a dois grupos de ideias que, não sendo opostos, são alheios um ao outro: o do que é familiar, aconchegado, e do que é escondido, mantido oculto. *Unheimlich* seria normalmente usado como antônimo do primeiro significado, não do segundo. Sanders nada nos diz sobre uma possível relação genética entre os dois significados. Nossa atenção é atraída, de outro lado, por uma observação de Schelling, que traz algo inteiramente novo, para nós inesperado. *Unheimlich* seria tudo o que deveria permanecer secreto, oculto, mas apareceu.

Um parte das dúvidas assim despertadas é removida pelos dados que nos oferece o *Dicionário alemão*, de Jacob e Wilhelm Grimm (Leipzig, 1877, IV/2, pp. 874 ss):

Heimlich; adj. e adv. *vernaculus, occultus*; meio-alto-alemão *heimelîch, heimlîch*.

P. 874: em sentido algo diferente: "Sinto-me *heimlich*, bem, sem medo" [...]

b) heimlich é também o local livre de fantasmas [...]

P. 875: *β*) familiar; amável, confiante.

4. *a partir de* heimatlich, häuslich [*da terra natal, doméstico*] *desenvolve-se o conceito de algo subtraído a olhos estranhos, oculto, secreto, conceito que se forma em variadas relações* [...]

P. 876:
 "À esquerda do lago
 Acha-se um prado *heimlich* no bosque"

Schiller, *Guilherme Tell*, I, 4.

[...] de modo livre, e incomum no uso moderno da língua [...] *heimlich* é agregado a um verbo expressando ocultamento: Ele me oculta *heimlich* em sua tenda, Salmos, 27, 5. ([...] locais *heimlich* do corpo humano, *pudenda* [...] E os que não morriam eram feridos em locais *heimlich*, I Sam. 5, 12 [...])

c) funcionários que dão conselhos importantes e sigilosos [*geheim zu haltende*] em assuntos de Estado chamam-se "conselheiros secretos" [*heimliche räthe*], sendo o adjetivo substituído por *geheim* no uso atual: [...] (Faraó) nomeia-o (a José) o conselheiro secreto, Gên., 41, 45;

P. 878: 6. *heimlich* para o conhecimento, místico, alegórico: sentido *heimlich*, *mysticus*, *divinus*, *occultus*, *figuratus*.

P. 878: em seguida *heimlich* é outra coisa, é algo subtraído ao conhecimento, inconsciente [...]

Mas *heimlich* também é fechado, impenetrável à exploração:

"Você não vê? Eles não confiam em mim;
temem o semblante *heimlich* de Friedländer."

Schiller, *Wallensteins Lager*, cena 2

9. *O sentido de oculto, perigoso, que surge no número anterior, desenvolve-se ainda mais, de modo que* heimlich *recebe o significado que normalmente tem* unheimlich (*formado a partir de* heimlich, *3b, col. 874*): "Sinto-me às vezes como um homem que vagueia na noite e acredita em fantasmas, cada canto, para ele, é *heimlich* e horripilante". Klinger, *Teatro*, 3, 298.

Portanto, *heimlich* é uma palavra que desenvolve o seu significado na direção da ambiguidade, até afinal coincidir com o seu oposto. *Unheimlich* é, de algum modo, uma espécie de *heimlich*. Mantenhamos esse resultado, ainda não muito bem esclarecido, juntamente com a definição do *unheimlich* feita por Schelling. O exame individual dos casos do *unheimlich* tornará compreensíveis essas alusões.

II

Se agora passamos a examinar as pessoas e coisas, impressões, eventos e situações que chegam a despertar em nós, com particular força e nitidez, a sensação do inquietante, o primeiro requisito é escolher um bom exemplo inicial. Jentsch pôs em relevo, como caso privilegiado, a "dúvida de que um ser aparentemente animado esteja de fato vivo ou, inversamente, de que um objeto inanimado talvez esteja vivo", nisso invocando a impressão deixada por figuras de cera, autômatos e bonecos engenhosamente fabricados. Ele junta a isso o sentimento inquietante produzido pelo ataque epiléptico e pelas manifestações de loucura, por provocarem no espectador a suspeita de que processos automáticos — mecânicos — podem se esconder por trás da imagem habitual que temos do ser vivo. Sem estarmos inteiramente convencidos dessa afirmação do autor, vamos partir dela em nossa investigação, pois logo depois ele nos lembra um escritor que, mais que nenhum outro, teve êxito em produzir efeitos inquietantes.

"Um dos mais seguros artifícios para criar efeitos inquietantes ao contar uma história", escreve Jentsch,
"consiste em deixar o leitor na incerteza de que determinada figura seja uma pessoa ou um autômato, e isso de modo que tal incerteza não ocupe o centro da sua atenção, para que ele não seja induzido a investigar a questão e esclarecê-la, pois assim desapareceria o peculiar efeito emocional, como foi dito. Em seus contos fantásticos, E. T. A. Hoffmann valeu-se desta manobra psicológica repetidamente e com sucesso."
Essa observação, sem dúvida correta, diz respeito sobretudo à narrativa "O Homem da Areia", dos *Contos noturnos* (terceiro volume da edição Grisebach das obras completas de Hoffmann), da qual saiu o personagem da boneca Olímpia, do primeiro ato da ópera *Contos de Hoffmann*, de Offenbach. Mas devo dizer — e espero que a maioria dos leitores da história concordem — que o tema da boneca aparentemente viva, Olímpia, não é o único nem o principal responsável pelo efeito incomparavelmente inquietante da narrativa. Também não contribui para ele o fato de o próprio autor dar um ligeiro viés satírico ao episódio da boneca, usando-o para ridicularizar a superestimação do amor por parte do jovem. No centro da história acha-se um outro elemento, que ademais lhe empresta o título, e que sempre retorna nas passagens decisivas: o tema do Homem da Areia, que arranca os olhos das crianças.

Essa história fantástica tem início com as recordações de infância do estudante Nathaniel, que, apesar de sua felicidade presente, não consegue afastar as lembranças ligadas à morte misteriosa e terrível de seu amado pai. Em certas noites, a mãe costumava mandar cedo as crianças para o leito, com a advertência: "O Homem da Areia vem aí!"; e, realmente, a cada vez o garoto ouvia os passos pesados de uma visita, que ocupava seu pai naquela noite. Quando perguntada sobre o Homem da Areia, a mãe negou depois a sua existência, mas uma babá lhe deu informação mais concreta: "É um homem mau, que aparece quando as crianças não querem ir para a cama e joga punhados de areia nos olhos delas, e os olhos, eles pulam fora da cabeça, sangrando. Então ele os joga num saco e leva, na meia-lua, para alimentar os filhos, que esperam no ninho e têm bicos redondos como as corujas, e usam esses bicos para comer os olhos das crianças malcriadas".

Embora o pequeno Nathaniel tivesse idade e entendimento bastante para rejeitar esses horríveis atributos dados à figura do Homem da Areia, o medo* que sentia dele firmou-se. Decidiu verificar que aparência tinha o Homem da Areia, e, numa noite em que novamente o aguardavam, escondeu-se no escritório do pai. Reconheceu então no visitante o advogado Coppelius, uma pessoa repugnante, da qual as crianças costumavam fugir, quando ocasionalmente era convidado para o almo-

---

* No original: *Angst*, que pode significar tanto "medo" como "angústia".

ço, e identificou esse Coppelius como o temido Homem da Areia. O autor já nos deixa em dúvida, no restante da cena, se estamos vendo o primeiro delírio do garoto possuído pelo medo ou um relato a ser tido como real no mundo da narrativa. O pai e o visitante se acham ocupados com um forno flamejante. O pequeno espião ouve Coppelius dizer: "Olhos aqui, olhos aqui!", deixa escapar um grito e é agarrado por Coppelius, que quer pôr fragmentos de brasas em seus olhos, para jogá-los então no forno. O pai intercede pelos olhos do filho. A experiência termina com um profundo desmaio e uma prolongada doença. Quem decide por uma interpretação racionalista do Homem da Areia não deixará de reconhecer, nessa fantasia do garoto, a duradoura influência daquela história da babá. Em vez de grãos de areia são fragmentos de brasas que devem ser aplicados aos olhos da criança, a fim de fazê-los saltar. Por ocasião de outra visita do Homem da Areia, um ano depois, o pai morre, vitimado por uma explosão no escritório; o advogado Coppelius desaparece sem deixar pistas.

Agora estudante, Nathaniel acredita reconhecer essa figura horrorosa de sua infância num ótico italiano ambulante, Giuseppe Coppola, que na cidade universitária em que vive lhe oferece barômetros e, após sua recusa, diz: "Barômetro não, barômetro não? Tem também olho bonito, olho bonito!". O pavor do estudante é mitigado quando se verifica que os tais olhos oferecidos são apenas inofensivos óculos. Ele compra de Coppola binóculos de bolso, e com eles observa o apartamento do professor Spalanzani, do outro lado da rua, onde vê

Olímpia, a bela, mas enigmaticamente silenciosa e imóvel filha do professor. Logo se apaixona por ela violentamente, e esquece a garota prosaica e sensata de quem está noivo. Mas Olímpia é um autômato, do qual Spalanzani fez as engrenagens e no qual Coppola — o Homem da Areia — inseriu os olhos. O estudante surge quando os dois mestres discutem por causa de sua obra; o ótico leva a boneca de madeira, sem olhos, e o mecânico, Spalanzani, pega no chão os olhos ensanguentados de Olímpia e os joga ao peito de Nathaniel, dizendo que Coppola os roubara deste. Nathaniel tem um novo acesso de loucura, e em seu delírio se unem a reminiscência da morte do pai e a impressão nova: "Opa! Opa! Círculo de fogo! Círculo de fogo! Rode, círculo de fogo! Alegre! Alegre! Opa, bonequinha de madeira, bonequinha bonita, rode!". Com isso, lança-se sobre o professor, o "pai" de Olímpia, e tenta estrangulá-lo.

Vindo de uma longa e severa doença, Nathaniel parece enfim curado. Pensa em desposar a noiva que reencontrou. Certo dia, os dois estão passando pela cidade, na praça do mercado, sobre a qual a alta torre da prefeitura lança sua enorme sombra. A garota propõe ao noivo subirem na torre, enquanto o seu irmão, que acompanha o casal, permanece embaixo. Lá em cima, a curiosa aparição de algo que se agita na rua chama a atenção de Clara. Nathaniel observa essa coisa pelos binóculos de Coppola, que estavam em seu bolso, é novamente tomado pela loucura e, dizendo as palavras: "Rode, bonequinha de madeira!", tenta lançar das alturas a garota. Chamado por seus gritos, o irmão a salva e corre com ela para baixo. Lá em cima o possesso grita, correndo de um lado para o outro: "Rode, círculo de fogo!", palavras cuja origem conhecemos. Entre as pessoas que se juntam embaixo sobressai o advogado Coppelius, que subitamente reapareceu. Podemos supor que a visão de sua presença é que fez irromper a loucura em Nathaniel. Alguns querem subir, para dominar o possesso, mas Coppelius[3] ri: "Esperem um pouco, logo ele desce por si". Nathaniel para de repente, nota Coppelius e, gritando agudamente: "Sim! Olho bonito! Olho bonito!", joga-se por sobre o parapeito. Enquanto ele jaz sobre o pavimento da rua, a cabeça esmagada, o Homem da Areia desaparece na multidão.

Essa breve síntese não deixará dúvida de que o sentimento do inquietante liga-se diretamente à figura do Homem da Areia, ou seja, à ideia de ter os próprios olhos roubados, e de que uma incerteza intelectual, como a concebe Jentsch, não tem relação alguma com esse efeito. A dúvida quanto à natureza animada ou inanimada, admissível no caso da boneca Olímpia, não importa nesse exemplo mais forte do inquietante. É certo que no início o escritor produz em nós uma espécie de incerteza, não nos permitindo saber, claro que deliberadamente, se está nos levando ao mundo real ou a um mundo fantástico qualquer. Ele tem, notoriamente, o direito de fazer ambas as coisas, e se escolhe para cenário da narração, por exemplo, um mundo povoado de espíritos, demônios

---

[3] Sobre a procedência do nome: *coppella* = crisol (as operações químicas que vitimaram o pai); *coppo* = cavidade ocular (segundo apontou a sra. Rank).

e fantasmas, como faz Shakespeare em *Hamlet*, em *Macbeth* e, num sentido diverso, em *A tempestade* e *Sonho de uma noite de verão*, temos de ceder e tratar como uma realidade o mundo por ele pressuposto, enquanto nos colocarmos em suas mãos. Mas no curso da história de Hoffmann desaparece tal dúvida, notamos que o autor quer fazer com que nós mesmos olhemos através dos óculos ou binóculos do demoníaco ótico, e que ele próprio talvez tenha usado pessoalmente um tal instrumento. Pois a conclusão da narrativa deixa claro que o ótico Coppola é realmente o advogado Coppelius e, portanto, também o Homem da Areia.

Aqui já não entra em consideração uma "incerteza intelectual": sabemos agora que não nos querem apresentar as fantasias de um louco, por trás das quais podemos reconhecer, com superioridade racionalista, as coisas tais como elas são — mas esse esclarecimento não reduziu em nada a impressão do inquietante. Assim, a noção de incerteza intelectual não nos ajuda a compreender esse efeito inquietante.

A experiência psicanalítica nos diz, por outro lado, que o medo de ferir ou perder os olhos é uma terrível angústia infantil. Muitos adultos a conservam e, mais que qualquer outra lesão física, temem a lesão ocular. Não há o costume de dizer que uma pessoa cuida de algo como "a menina de seus olhos"? O estudo dos sonhos, das fantasias e dos mitos nos ensinou que o medo em relação aos olhos, o medo de ficar cego, é frequentemente um substituto para o medo da castração. O ato de cegar a si mesmo, do mítico criminoso Édipo, é apenas uma forma atenuada do castigo da castração, o único que lhe seria apropriado, conforme a lei de Talião. Pode-se procurar rejeitar, pensando de maneira racionalista, a derivação do medo relacionado aos olhos do medo da castração; acha-se compreensível que um órgão precioso como os olhos seja guardado por um medo correspondentemente enorme, que por trás do medo da castração não haja segredo profundo nem significado diverso. Mas assim não se leva em conta a relação substitutiva entre olho e membro viril, manifestada em sonhos, fantasias e mitos, e não se pode contrariar a impressão de que um sentimento bastante forte e obscuro dirige-se precisamente contra a ameaça de perder o membro sexual, e de que apenas esse sentimento confere ressonância à ideia da perda de outros órgãos. Qualquer outra dúvida desaparece quando nos inteiramos, nas análises de pacientes neuróticos, dos detalhes do "complexo da castração",* e conhecemos o enorme papel que ele tem em suas vidas psíquicas.

Não aconselharia a um opositor da concepção psicanalítica evocar justamente essa história de Hoffmann para sustentar a afirmação de que o medo relativo aos olhos é algo independente do complexo da castração. Pois por que esse medo é aí colocado em relação íntima com a morte do pai? Por que o Homem da Areia sempre surge para perturbar o amor? Ele separa o infeliz estudante de sua noiva e de seu melhor amigo, que é o irmão daquela; ele destrói seu segundo objeto de amor, a bela boneca Olímpia, e leva o próprio estudante ao suicídio,

* "Complexo da castração": *Kastrationskomplex*; ver nota à p. 28.

quando é iminente a sua feliz união com Clara, após tê-la reconquistado. Esses e outros traços da narrativa parecem arbitrários e sem sentido, quando é rejeitado o nexo entre o medo relativo aos olhos e a castração, e tornam-se plenos de significado ao substituirmos o Homem da Areia pelo pai temido, de cujas mãos se espera que venha a castração.[4]

4 A elaboração realizada pela fantasia do artista não embaralhou os elementos de forma tal que não possamos reconstruir a sua ordem original. Na história da infância, o pai e Coppelius representam os dois opostos em que a ambivalência dividiu a imago paterna; um ameaça com a cegueira (a castração), enquanto o outro, o pai bom, intercede pelos olhos do filho. A parte do complexo mais atingida pela repressão, o desejo de morte dirigido ao pai ruim, acha representação na morte do pai bom, atribuída a Coppelius. A essa dupla de pais corresponderão, no período em que é estudante, o professor Spalanzani e o ótico Coppola, o professor já sendo uma figura da série paterna, e Coppola sendo percebido como idêntico ao advogado Coppelius. Assim como antes trabalhavam juntos diante do forno, constroem juntos a boneca Olímpia; o professor é também chamado de pai de Olímpia. Essa dupla colaboração revela-os como cisões da imago paterna, ou seja, tanto o mecânico como o ótico são o pai de Olímpia e também de Nathaniel. Na cena de horror infantil, Coppelius, após resolver não cegar o menino, desatarraxou-lhe os braços e as pernas, isto é, mexeu nele como um mecânico numa boneca. Esse traço peculiar, que extrapola a imagem que se tem do Homem da Areia, introduz um novo equivalente da castração; mas ele também aponta para a identidade interior entre Coppelius e sua contrapartida futura, o mecânico Spalanzani, e prepara-nos para a interpretação de Olímpia. Essa boneca autômata não pode ser outra coisa que a materialização da postura feminina de Nathaniel ante seu pai na primeira infância. Os pais dela — Spalanzani e Coppola — são apenas novas edições, reencarnações da dupla de pais de Nathaniel; a frase de Spalanzani, incompreensível de outro modo, se-

Então ousaremos referir o elemento inquietante do Homem da Areia à angústia do complexo infantil de castração. Mas, surgindo a ideia de recorrer a semelhante fator infantil para [explicar] a gênese do sentimento inquietante, somos impelidos a considerar a mesma derivação para outros exemplos do inquietante. No "Homem da Areia" também se acha o tema da boneca aparentemente viva, enfatizado por Jentsch. Segundo esse autor, uma condição particularmente favorável para a geração de sentimentos inquietantes ocorre quando é despertada uma incerteza intelectual de que algo seja vivo ou inanimado, e quando vai muito longe a parecença do inanimado com o vivo. Naturalmente, no caso das bonecas não estamos longe do mundo infantil. Lembramo-nos de

---

gundo a qual os olhos de Nathaniel haviam sido roubados pelo ótico (ver acima), para serem colocados na boneca, adquire então significado, como prova da identidade entre Olímpia e Nathaniel. Olímpia é, digamos, um complexo desprendido de Nathaniel, que se lhe defronta como uma pessoa; o domínio por esse complexo acha expressão no amor a Olímpia, absurdamente obsessivo. Podemos chamar de narcísico a esse amor, e compreendemos que quem a ele sucumbiu torne-se alheio ao objeto real de amor. A justeza psicológica da noção de que o menino fixado ao pai pelo complexo da castração vem a ser incapaz do amor à mulher é mostrada por numerosas análises de doentes, cujo teor é menos fantástico, mas quase tão triste quanto a história do estudante Nathaniel.

E. T. A. Hoffmann foi filho de um casamento infeliz. Quando ele tinha três anos de idade, seu pai abandonou a pequena família e nunca mais tornou a viver com ela. Segundo os documentos citados por E. Grisebach na introdução biográfica às obras de Hoffmann, a relação com o pai sempre foi um dos pontos mais delicados da vida emocional do autor.

que, na idade em que começa a brincar, a criança não distingue claramente entre objetos vivos e inanimados, e gosta de tratar sua boneca como um ser vivo. Já ouvi mesmo, de uma paciente, que ainda aos oito anos de idade ela estava certa de que suas bonecas adquiririam vida se as olhasse de determinada forma, o mais intensamente possível. Também aqui, portanto, é fácil verificar o elemento infantil; mas, curiosamente, no caso do Homem da Areia vimos o despertar de um velho medo infantil, e no da boneca animada não se pode falar de angústia; a garota não receava a animação de suas bonecas, talvez as desejasse. A fonte do sentimento inquietante não seria, aqui, uma angústia infantil, mas um desejo infantil ou tão somente uma crença infantil. Isso parece uma contradição; possivelmente é apenas uma complexidade, que depois talvez seja útil à nossa compreensão.

E. T. A. Hoffmann é o inigualável mestre do inquietante na literatura. Seu romance *O elixir do diabo* traz toda uma série de temas a que se pode atribuir o efeito inquietante da história. O conteúdo do livro é demasiado rico e intrincado para que tentemos resumi-lo. No final, quando o leitor é informado dos pressupostos da ação, que até então lhe foram ocultados, o que daí resulta não é o esclarecimento, mas uma total perplexidade para o leitor. O autor acumulou demasiadas coisas semelhantes; isso não afeta a impressão do todo, mas talvez a compreensão dele. Temos de contentarmo-nos em extrair os mais notáveis entre os temas de efeito inquietante, para investigar se também eles podem ser derivados de fontes infantis. São os do "sósia" ou "duplo", em todas as suas gradações e desenvolvimentos; isto é, o surgimento de pessoas que, pela aparência igual, devem ser consideradas idênticas, a intensificação desse vínculo pela passagem imediata de processos psíquicos de uma para a outra pessoa — o que chamaríamos de telepatia —, de modo que uma possui também o saber, os sentimentos e as vivências da outra; a identificação com uma outra pessoa, de modo a equivocar-se quanto ao próprio Eu ou colocar um outro Eu no lugar dele, ou seja, duplicação, divisão e permutação do Eu — e, enfim, o constante retorno do mesmo, a repetição dos mesmos traços faciais, caracteres, vicissitudes, atos criminosos, e até de nomes, por várias gerações sucessivas.

O tema do "duplo" foi minuciosamente estudado por Otto Rank, num trabalho com esse título.[5] Ali são investigadas as relações do duplo com a imagem no espelho e a sombra, com o espírito protetor, a crença na alma e o temor da morte, mas também é lançada viva luz sobre a surpreendente evolução do tema. Pois o duplo foi originalmente uma garantia contra o desaparecimento do Eu, um "enérgico desmentido ao poder da morte" (Rank), e a alma "imortal" foi provavelmente o primeiro duplo do corpo. A criação de um tal desdobramento para defender-se da aniquilação tem uma contrapartida na linguagem dos sonhos, que gosta de exprimir a castração através da duplicação ou multiplicação do símbolo genital. Na cultura do antigo Egito, ela impul-

---

[5] O. Rank, "Der Doppelgänger", *Imago*, v. 3, 1914.

sionou a arte de construir uma imagem do morto em material duradouro. Mas essas concepções surgiram no terreno do ilimitado amor a si próprio, do narcisismo primário, que domina tanto a vida psíquica da criança como a do homem primitivo, e, com a superação dessa fase, o duplo tem seu sinal invertido: de garantia de sobrevivência passa a inquietante mensageiro da morte.

A ideia do duplo não desaparece necessariamente com esse narcisismo inicial, pois pode adquirir novo teor dos estágios de desenvolvimento posteriores da libido. No Eu forma-se lentamente uma instância especial, que pode contrapor-se ao resto do Eu, que serve à auto-observação e à autocrítica, que faz o trabalho da censura psíquica e torna-se familiar à nossa consciência [*Bewußtsein*] como "consciência" [*Gewissen*].* No caso patológico do delírio de estar sendo observado, ela torna-se isolada, dissociada do Eu, discernível para o médico. O fato de que exista uma instância assim, que pode tratar o restante do Eu como um objeto, isto é, de que o ser humano seja capaz de auto-observação, torna possível dotar de um novo teor a velha concepção do duplo e atribuir-lhe várias coisas, principalmente aquilo que a autocrítica vê como pertencente ao superado narcisismo dos primórdios.[6]

---

* Em alemão, *Bewußtsein* designa o estado da consciência, e *Gewissen*, a consciência moral.

6 Acho que, quando os poetas lamentam que duas almas habitem o peito humano, e quando os psicólogos populares falam da cisão do Eu no ser humano, eles têm em mente essa divisão, que faz parte da psicologia do Eu, entre a instância crítica e o resto do Eu,

Não apenas esse conteúdo repugnante para a crítica do Eu pode ser incorporado ao duplo, mas também todas as possibilidades não realizadas de configuração do destino, a que a fantasia ainda se apega, e todas as tendências do Eu que não puderam se impor devido a circunstâncias desfavoráveis, assim como todas as decisões volitivas coartadas, que suscitaram a ilusão do livre-arbítrio.[7]

No entanto, após assim considerar a motivação manifesta da figura do duplo, somos obrigados a admitir que nada disso nos torna mais compreensível o elevado grau de inquietante estranheza que lhe é próprio, e nosso conhecimento dos processos psíquicos patológicos nos leva a acrescentar que nada, nesse material, poderia explicar o esforço defensivo que o projeta para fora do Eu como algo estranho. O caráter do inquietante pode proceder apenas do fato de o duplo ser criação de um tempo remoto e superado, em que tinha um significado mais amigo. O duplo tornou-se algo terrível, tal como os

---

e não a oposição entre o Eu e o reprimido e inconsciente, desvendada pela psicanálise. É certo que a diferença é um tanto apagada pelo fato de que, em meio àquilo rejeitado pela crítica do Eu, acham-se primeiramente os derivados do reprimido. [James Strachey lembra que Freud havia abordado essa instância crítica na parte III da "Introdução ao narcisismo", de 1914, e que ela seria ampliada e denominada "ideal do Eu" (*Ich-Ideal*) e "Super-eu" (*Über-Ich*) no capítulo IX da *Psicologia das massas* (1921) e no capítulo III de *O Eu e o Id* (1923).]

7 Em *O estudante de Praga*, de H. H. Ewers, que foi o ponto de partida para o ensaio de Rank sobre o duplo, o herói promete à amada não matar o seu adversário num duelo. Mas no caminho para o local do duelo encontra seu duplo, que já cuidou do adversário.

deuses tornam-se demônios após o declínio de sua religião (Heine, *Die Götter im Exil* [Os deuses no exílio]).

É fácil apreciar, seguindo o modelo do tema do duplo, os outros distúrbios do Eu explorados por Hoffmann. São um recuo a determinadas fases da evolução do sentimento do Eu, uma regressão a um tempo em que o Eu ainda não se delimitava nitidamente em relação ao mundo externo e aos outros. Creio que esses temas concorrem para a impressão do inquietante, embora seja difícil isolar a parte que têm nessa impressão.

O fator da repetição do mesmo pode não ser admitido por todos como fonte do sentimento inquietante. Segundo observei, é indubitável que, em determinadas condições e juntamente com certas circunstâncias, ele provoca um tal sentimento, que também recorda o desamparo de alguns estados oníricos. Em certa ocasião, ao andar pelas ruas desconhecidas e ermas de uma pequena cidade italiana, cheguei a um lugar que não me deixou em dúvida quanto ao seu caráter. Havia apenas mulheres maquiadas nas janelas das pequenas casas, e apressei-me em virar no cruzamento seguinte para abandonar aquela rua. Mas, depois de vagar sem orientação por algum tempo, encontrei-me novamente ali, onde começava a chamar a atenção, e meu apressado afastamento só teve o resultado de que, por um novo rodeio, caí pela terceira vez no mesmo local. Então fui tomado por um sentimento que posso qualificar apenas de inquietante, e fiquei contente quando, tendo renunciado a outras explorações, vi-me novamente na *piazza* de que havia partido antes. Outras situações, que têm em comum com esta o retorno não intencionado e dela diferem radicalmente em outros pontos, também resultam na mesma sensação de desamparo e inquietude. Por exemplo, se nos perdemos numa floresta, talvez surpreendidos pela névoa, e, apesar de todos os esforços em achar um caminho conhecido ou demarcado, sempre retornamos a um mesmo local, caracterizado por certa formação. Ou quando, ao andar num aposento escuro e desconhecido, à procura da saída ou do interruptor de luz, batemo-nos pela enésima vez contra um móvel — algo que Mark Twain, porém, exagerando grotescamente, transformou numa situação de irresistível comicidade.

Também com outra série de experiências notamos, sem dificuldade, que apenas o fator da repetição não deliberada torna inquietante o que ordinariamente é inofensivo, e impõe-nos a ideia de algo fatal, inelutável, quando normalmente falaríamos apenas de "acaso". De modo que não faz diferença se, deixando o casaco no guarda-roupa de um teatro, por exemplo, recebemos um cartão com determinado número — 62, digamos —, ou se, embarcando num navio, vemos que a nossa cabine tem esse número. Mas a impressão muda se os dois eventos, irrelevantes em si, sucedem um após o outro e deparamos com o número 62 várias vezes no mesmo dia, se observamos que tudo o que é numerado — endereços, quarto de hotel, vagão de trem etc. apresenta de novo esses algarismos, ou pelo menos uma numeração que os contém. Achamos isso "inquietante", e quem não for impermeável às tentações da superstição se inclinará a atribuir um significado secreto a esse obstinado retorno de um número, a ver nisso, por exemplo, uma indicação dos anos de vida que lhe cabem. Ou se alguém está ocupado com as obras do grande fisiologista H. Hering, e recebe cartas de duas pessoas com esse nome no espaço de poucos dias, quando até então jamais lidou com gente que tivesse tal nome. Um engenhoso cientista procurou, recentemente, subordinar os eventos desse tipo a certas leis, o que anularia a impressão de inquietante. Não ouso decidir se foi bem-sucedido.[8]

Como o efeito inquietante do retorno do mesmo pode remontar à vida psíquica infantil é algo que posso apenas mencionar aqui, indicando para isso uma exposição detalhada, já pronta, realizada em outro contexto.[*] Pois no inconsciente psíquico nota-se a primazia de uma compulsão de repetição vinda dos impulsos instintuais, provavelmente ligada à íntima natureza dos instintos mesmos, e forte o suficiente para sobrepor-se ao princípio do prazer, que confere a determinados aspectos da psique um caráter demoníaco, manifesta-se claramente ainda nas tendências do bebê e domina parte do transcurso da psicanálise do neurótico. As considerações anteriores nos levam a crer que será percebido como inquietante aquilo que pode lembrar essa compulsão de repetição interior.

Mas parece-me que já é tempo de abandonar essa questão, difícil de julgar, em todo caso, e procurar ca-

---

8 P. Kammerer, *Das Gesetz der Serie* [A lei da série], Viena, 1919.
* Referência a *Além do princípio do prazer*, publicado em 1920.

sos indiscutíveis do inquietante, cuja análise nos autorize uma decisão final sobre a validade de nossa hipótese.

No "Anel de Polícrates",* o anfitrião se afasta com horror de seu hóspede, porque observa que todo desejo do amigo é logo satisfeito, todo problema é imediatamente solucionado pelo destino. O hóspede tornou-se "inquietante" para ele. A explicação que ele próprio fornece, de que alguém demasiado feliz deve recear a inveja dos deuses, parece-nos ainda obscura, tem o sentido mitologicamente encoberto. Tomemos um outro exemplo, retirado de condições mais simples. Na história clínica de um neurótico obsessivo,** contei que o doente havia feito um tratamento hidroterápico, com o qual melhorou bastante. Mas ele foi inteligente ao não atribuir o sucesso à força curativa da água, e sim à posição de seu quarto, que era vizinho ao alojamento de uma amável enfermeira. Quando voltou àquele estabelecimento, pediu o mesmo quarto onde ficara na primeira vez, mas soube que já estava ocupado por um senhor idoso, e exprimiu seu descontentamento com as seguintes palavras: "Que ele tenha um ataque!". Duas semanas depois, o senhor realmente sofreu um ataque. Para meu paciente, essa foi uma experiência "inquietante". A impressão do inquietante seria ainda mais forte se o tempo decorrido entre aquela manifestação e o incidente fosse menor, ou se o paciente pudesse relatar numero-

---

* Conhecido poema de Friedrich Schiller.
** "Observações sobre um caso de neurose obsessiva" [O homem dos ratos], 1909, *Gesammelte Werke* VII.

sas experiências iguais. Na verdade, não lhe foi difícil encontrar confirmações desse tipo, e todos os neuróticos obsessivos que estudei podiam relatar coisas análogas de si mesmos. Não se espantavam em sempre deparar com uma pessoa na qual — talvez após um longo intervalo — tinham acabado de pensar. Costumavam receber, pela manhã, carta de um determinado amigo, quando na noite anterior haviam dito que dele não recebiam notícias há bastante tempo; e, sobretudo, era raro que sucedessem casos de morte ou acidente que pouco antes não lhes tivessem passado pela cabeça. Costumavam referir-se a tal situação de maneira bem modesta, dizendo ter "pressentimentos" que "em geral" mostravam-se corretos.

Uma das mais inquietantes e difundidas formas de superstição é o medo do "mau-olhado", que foi estudado a fundo por S. Seligmann, um oftalmologista de Hamburgo.[9] A fonte desse medo parece ser conhecida. Quem possui algo valioso, porém frágil, receia a inveja dos outros, projetando sobre eles a inveja que sentiria no caso inverso. Tais impulsos são revelados pelo olhar, mesmo quando têm negada a expressão em palavras, e quando alguém se destaca por características evidentes, sobretudo de natureza indesejada, acredita-se que sua inveja alcançará particular intensidade e será convertida em ação. Teme-se, portanto, uma secreta intenção de prejudicar, e supõe-se, por determi-

---

9 S. Seligmann, *Der Böse Blick und Verwandtes* [O mau-olhado e coisas afins], 2 vols., Berlim, 1910 e 1911.

nados indícios, que esse propósito tenha força para ser levado a efeito.

Esses últimos exemplos do inquietante relacionam-se ao princípio que, recorrendo à expressão de um paciente, chamei de "onipotência do pensamento". Agora já não podemos ignorar em que terreno nos achamos. A análise de casos do inquietante nos levou à antiga concepção do *animismo*, que se caracterizava por preencher o mundo com espíritos humanos, pela superestimação narcísica dos próprios processos psíquicos, a onipotência dos pensamentos e a técnica da magia, que nela se baseia, a atribuição de poderes mágicos cuidadosamente graduados a pessoas e coisas estranhas (*mana*), e também por todas as criações com que o ilimitado narcisismo daquela etapa de desenvolvimento defendia-se da inequívoca objeção da realidade. Parece que todos nós, em nossa evolução individual, passamos por uma fase correspondente a esse animismo dos primitivos, que em nenhum de nós ela transcorreu sem deixar vestígios e traços ainda capazes de manifestação, e que tudo o que hoje nos parece "inquietante" preenche a condição de tocar nesses restos de atividade psíquica animista e estimular sua manifestação.[10]

Este é o lugar para duas observações que conteriam

---

10 Cf. a parte III, "Animismo, magia e onipotência do pensamento", do meu livro *Totem e tabu*, de 1913, onde se acha a seguinte nota: "Parece que dotamos de caráter 'inquietante' as impressões que tenderiam a confirmar a onipotência do pensamento e a forma de pensar animista em geral, quando em nosso julgamento já nos afastamos deles".

a essência desta pequena investigação. Primeiro, se a teoria psicanalítica está correta ao dizer que todo afeto de um impulso emocional, não importando sua espécie, é transformado em angústia pela repressão, tem de haver um grupo, entre os casos angustiantes, em que se pode mostrar que o elemento angustiante é algo reprimido que retorna. Tal espécie de coisa angustiante seria justamente o inquietante, e nisso não deve importar se originalmente era ele próprio angustiante ou carregado de outro afeto. Segundo, se tal for realmente a natureza secreta do inquietante, compreendemos que o uso da linguagem faça o *heimlich* converter-se no seu oposto, o *unheimlich* (p. 340), pois esse *unheimlich* não é realmente algo novo ou alheio, mas algo há muito familiar à psique, que apenas mediante o processo da repressão alheou-se dela. O vínculo com a repressão também nos esclarece agora a definição de Schelling, segundo a qual o inquietante é algo que deveria permanecer oculto, mas apareceu.

Falta-nos apenas aplicar essa percepção que adquirimos à explicação de alguns outros casos do inquietante.

Para muitas pessoas é extremamente inquietante tudo o que se relaciona com a morte, com cadáveres e com o retorno dos mortos. Já vimos que em algumas línguas modernas a nossa expressão "uma casa *unheimlich*" pode ser vertida apenas por "uma casa mal-assombrada". Poderíamos ter iniciado nossa indagação com esse exemplo de *Unheimlichkeit*, talvez o mais forte de todos, mas não o fizemos porque nele o inquietante está muito mesclado ao horripilante, e em parte é por ele coberto. Mas em nenhum outro âmbito nossos pensamentos e sentimentos mudaram tão pouco desde os primórdios, o arcaico foi tão bem conservado sob uma fina película, como em nossa relação com a morte. Dois fatores contribuem para essa imobilidade: a força de nossas reações emotivas originais e a incerteza de nosso conhecimento científico. Nossa biologia ainda não pôde decidir se a morte é o destino necessário de todo ser vivo ou apenas um incidente regular, mas talvez evitável, dentro da vida. É certo que a frase "Todos os homens são mortais" vem apresentada, nos manuais de lógica, como exemplo de proposição universal, mas para nenhuma pessoa ela é evidente, e hoje, como outrora, nosso inconsciente não tem lugar para a ideia da própria mortalidade. As religiões insistem em negar importância ao fato indiscutível da morte individual e fazer prosseguir a existência além da vida; os poderes seculares não acreditam poder conservar a ordem moral entre os vivos, se for preciso renunciar a outra vida que compense esta; em nossas grandes cidades anunciam-se palestras que devem ensinar como estabelecer contato com as almas dos mortos, e é inegável que alguns dos melhores e mais finos pensadores, entre os nossos homens de ciência, acharam, sobretudo no fim de sua própria vida, que tal comunicação não é impossível. Se quase todos nós ainda pensamos como os primitivos nesse ponto, não é de surpreender que o primitivo medo dos mortos ainda seja tão forte dentro de nós, e esteja pronto para manifestar-se quando há alguma solicitação. Provavelmente ele possui ainda o velho sentido de que o morto tornou-se inimigo do que sobrevive e pretende levá-lo consigo para partilhar sua nova existência. Considerando a imutabilidade dessa postura ante a morte, poderíamos antes perguntar para onde foi a repressão, condição necessária para que o primitivo retorne como algo inquietante. Mas ela também subsiste; oficialmente, as chamadas pessoas cultas não mais creem que os mortos venham a aparecer como espíritos, ligam o seu surgimento a condições remotas e raramente concretizadas, e a postura emocional ante a morte, originalmente bastante equívoca e ambivalente, abrandou-se para as camadas superiores da vida psíquica, dando lugar ao inequívoco sentimento da piedade.[11]

Restam apenas algumas coisas a acrescentar, pois com o animismo, a magia e feitiçaria, a onipotência dos pensamentos, a relação com a morte, a repetição não intencional e o complexo da castração nós praticamente esgotamos os fatores que transformam algo amedrontador em inquietante.

Também dizemos que uma pessoa viva é inquietante, e o fazemos quando lhe atribuímos más intenções. Não basta isso, porém; é preciso igualmente que essas intenções de nos prejudicar se realizem com a ajuda de forças especiais. Um bom exemplo disso é o *"gettatore"*,* essa inquietante figura da superstição latina, que Albrecht Schaeffer, com intuição poética e profunda

---

11 Cf. "O tabu e a ambivalência", em *Totem e tabu*.
* Literalmente, o "lançador" — de má sorte ou mau-olhado, subentende-se.

compreensão psicanalítica, converteu em personagem simpático no livro *Josef Montfort*. Mas com essas forças secretas nos encontramos de novo no terreno do animismo. É o pressentimento de tais poderes ocultos que faz Mefistófeles tão inquietante para a piedosa Gretchen:

Ela sente que sou um gênio, sem dúvida,
E talvez até mesmo o Diabo.*

O efeito inquietante da epilepsia e da loucura tem a mesma origem. Os leigos veem nelas a manifestação de forças que não suspeitavam existir no seu próximo, mas que sentem obscuramente mover-se em cantos remotos de sua própria personalidade. De modo consequente e psicologicamente quase correto, a Idade Média atribuiu todas essas manifestações patológicas à ação de demônios. E não me surpreenderia se a psicanálise, ocupando-se em desvendar tais forças secretas, por isso mesmo se tornasse inquietante para muitas pessoas. Num caso em que consegui — embora não rapidamente — a recuperação de uma moça que há muitos anos estava doente, eu próprio escutei isso da mãe da paciente, bastante tempo depois.

Membros seccionados, uma cabeça cortada, uma

---

* No original: "*Sie fühlt, daß ich ganz sicher ein Genie/ Vielleicht wohl gar der Teufel bin*" (Goethe, *Fausto* I, O jardim de Marta); citado por Freud com uma ligeira imprecisão (*sogar* em vez de *wohl gar*) que não alterava o sentido.

mão separada do braço, como numa história de Hauff, pés que dançam sozinhos, como no mencionado livro de Schaeffer, têm algo de extremamente inquietante, sobretudo quando dotados de ação independente, como no último exemplo. Já sabemos que essa *Unheimlichkeit* vem da proximidade ao complexo da castração. Para algumas pessoas, a ideia de ser enterrada viva por engano é a mais inquietante de todas. Mas a psicanálise nos ensina que essa apavorante fantasia é apenas a transformação de uma outra, que originalmente nada tinha de pavorosa, e era mesmo sustentada por uma certa lascívia: a fantasia de viver no ventre materno.

Façamos ainda uma consideração de natureza geral, que a rigor já se inclui no que dissemos sobre o animismo e os superados modos de operação do aparelho psíquico, mas que me parece digna de uma ênfase especial: que o efeito inquietante é facil e frequentemente atingido quando a fronteira entre fantasia e realidade é apagada, quando nos vem ao encontro algo real que até então víamos como fantástico, quando um símbolo toma a função e o significado plenos do simbolizado, e assim por diante. Nisso baseia-se boa parte da *Unheimlichkeit* inerente às práticas mágicas. O que há de infantil nelas, que também governa a vida psíquica dos neuróticos, é a excessiva ênfase na realidade psíquica, em comparação com a material, um traço que se vincula à onipotência do pensamento. Durante o isolamento da Grande Guerra, caiu-me nas mãos um número da revista inglesa *Strand*, no qual, em meio a artigos um tanto supérfluos, li um conto sobre um casal jovem que se muda para um apartamento mobiliado em que se acha uma mesa de forma peculiar, com crocodilos esculpidos na madeira. Ao anoitecer, um odor insuportável e característico espalha-se pela casa, as pessoas tropeçam em algo no escuro, acreditam ver algo indefinível deslizando pela escada; em suma, dá-se a entender que, com a presença da mesa, crocodilos fantasmas assombram a casa, que os monstros de madeira adquirem vida no escuro, ou algo assim. Era uma história ingênua, mas o efeito inquietante que produzia era notável.

Concluindo essa reunião de exemplos — certamente ainda incompleta — devo mencionar uma observação da prática psicanalítica, que, se não se assenta numa fortuita coincidência, traz uma bela confirmação de nossa teoria do inquietante. Com frequência, homens neuróticos declaram que o genital feminino é algo inquietante para eles. Mas esse *unheimlich* é apenas a entrada do antigo lar [*Heimat*] da criatura humana, do local que cada um de nós habitou uma vez, em primeiro lugar. "Amor é nostalgia do lar" [*Liebe ist Heimweh*], diz uma frase espirituosa, e quando, num sonho, pensamos de um local ou uma paisagem: "Conheço isto, já estive aqui", a interpretação pode substituí-lo pelo genital ou o ventre da mãe. O inquietante [*unheimlich*] é, também nesse caso, o que foi outrora familiar [*heimisch*], velho conhecido. O sufixo *un*, nessa palavra, é a marca da repressão.

III

Já durante a leitura das páginas precedentes terão surgido dúvidas no leitor, às quais devemos agora permitir que se juntem e tenham expressão.

Pode ser correto que o *unheimlich* seja o *heimlich-heimisch* [oculto-familiar] que experimentou uma repressão e dela retornou, e que tudo inquietante satisfaça tal condição. Mas o enigma do inquietante não parece resolver-se com essa seleção do material. Evidentemente a nossa proposição não pode ser invertida. Nem tudo que lembra impulsos instintuais reprimidos e modos de pensar superados da pré-história individual e dos povos é inquietante por causa disso.

Também não ignoramos que, para quase cada exemplo que deveria demonstrar nossa tese, pode-se achar outro análogo, que o contradiz. Assim, no conto "História da mão amputada", de Hauff, a mão cortada tem efeito certamente inquietante, algo que relacionamos ao complexo da castração. Mas na narrativa que Heródoto faz do tesouro de Rampsinito, em que a princesa tenta segurar a mão do ladrão mestre e este lhe deixa a mão amputada de seu irmão, os leitores provavelmente julgarão, tal como eu, que isso não provoca nenhum efeito inquietante. No "Anel de Polícrates", a pronta satisfação de desejos certamente nos parece tão inquietante como ao rei do Egito. Mas os nossos contos tradicionais pululam de satisfações imediatas dos desejos, e o inquietante não está presente neles. No conto dos três desejos, o cheiro saboroso de uma salsicha faz uma mulher dizer que gostaria de uma assim. De imediato esta surge no seu prato. Aborrecido com a precipitação da mulher, o marido deseja que a salsicha lhe fique pendurada no nariz. Eis que ela lhe pende então do nariz. Isto pode impressionar, mas não é minimamente inquietante. As fábulas colocam-se abertamente na posição animista da onipotência dos pensamentos e desejos, e eu não poderia mencionar uma fábula genuína em que algo inquietante sucedesse. Foi dito que é extremamente inquietante quando coisas, imagens, bonecas inanimadas adquirem vida, mas nos contos de Andersen os utensílios domésticos, os móveis, o soldadinho de chumbo são animados, e nada está mais longe de ser inquietante. Também não sentimos como algo inquietante que a bela estátua de Pigmalião ganhe vida.

Vimos que a morte aparente e a reanimação dos mortos são concepções bem inquietantes. Mas coisas assim também surgem habitualmente nas fábulas. Quem diria ser inquietante, por exemplo, que Branca de Neve abra novamente os olhos? Também o despertar dos mortos em histórias milagrosas, como no Novo Testamento, provoca sentimentos que nada têm de inquietante. O retorno não intencional da mesma coisa, que nos produziu efeitos indubitavelmente inquietantes, presta-se a outros muito diferentes numa série de casos. Já mostramos um exemplo em que foi usado para evocar o sentimento do cômico, e casos assim podem ser multiplicados. Outras vezes age como reforço etc. Além disso, de onde procede a *Unheimlichkeit* do silêncio, da solidão, da escuridão? Esses fatores não remetem ao papel do perigo na gênese do inquietante, embora sejam as mesmas condições em que vemos as crianças manifestarem mais frequentemente angústia? E podemos de fato negligenciar o fator da incerteza intelectual, havendo admitido sua importância no caráter inquietante da morte?

Então devemos estar prontos a aceitar que intervenham, para que surja o sentimento inquietante, outras condições além das mencionadas, relativas ao conteúdo. Poderíamos dizer que com essas primeiras constatações acaba o interesse psicanalítico no problema do inquietante, e o resto solicita provavelmente uma indagação estética. Mas com isso abriríamos as portas para a dúvida acerca do valor que pode reivindicar nossa concepção da origem do inquietante no familiar [*heimisch*] reprimido.

Uma observação talvez nos aponte o caminho para a resolução dessas incertezas. Quase todos os exemplos que contrariam nossas expectativas foram tirados do âmbito da ficção, da literatura. Isso nos convida a estabelecer uma distinção entre o inquietante que é vivenciado e aquele que é apenas imaginado, ou sobre o qual se lê.

O inquietante que se vivencia depende de condições muito mais simples, mas abrange casos muito menos numerosos. Creio que ele se enquadra plenamente em nossa tentativa de solução, que sempre remonta a algo reprimido, há muito tempo conhecido. Também aqui, no entanto, deve-se fazer uma relevante e psicologicamente significativa diferenciação no material, que perceberemos melhor tomando exemplos apropriados.

Consideremos o inquietante da onipotência dos pensamentos, da imediata satisfação de desejos, das forças ocultas nocivas, do retorno dos mortos. É inequívoca, nesses casos, a condição para que surja o sentimento do inquietante. Nós — ou nossos ancestrais primitivos — já tomamos essas possibilidades por realidades, estávamos convencidos de que esses eventos sucediam. Hoje não mais acreditamos neles, *superamos* tais formas de pensamento, mas não nos sentimos inteiramente seguros dessas novas convicções, as velhas ainda subsistem dentro de nós, à espreita de confirmação. Quando *acontece* algo em nossa vida que parece trazer alguma confirmação às velhas convicções abandonadas, temos a sensação do inquietante, que pode ser complementada pelo seguinte julgamento: "Então é verdade que podemos matar uma outra pessoa com o simples desejo, que os mortos continuam a viver e aparecem no local de suas atividades anteriores!", e assim por diante. Quem, pelo contrário, livrou-se de forma radical e definitiva dessas convicções animistas, ignora o inquietante dessa espécie. A mais notável concordância entre desejo e satisfação, a mais enigmática repetição de experiências similares no mesmo lugar ou na mesma data, as mais enganadoras visões e os mais suspeitos ruídos não o confundirão, não lhe suscitarão um medo que se possa designar como "medo do inquietante". Trata-se puramente de algo relativo à "prova da realidade", de uma questão da realidade material.[12]

12 Como também o caráter inquietante do duplo é desse tipo, será interessante verificar o efeito da própria imagem, quando surge inesperadamente. Ernst Mach relata duas observações assim em *Analyse der Empfindungen* [Análise das sensações], 1900, p. 3.

É diferente quando o inquietante procede de complexos infantis reprimidos, do complexo da castração, da fantasia do ventre materno etc., mas as vivências reais que despertam esse tipo de sentimento inquietante não são muito frequentes. O inquietante das vivências pertence, em geral, ao primeiro grupo; para a teoria, no entanto, a diferenciação dos dois é muito importante. No inquietante oriundo de complexos infantis não consideramos absolutamente a questão da realidade material, cujo lugar é tomado pela realidade psíquica. Trata-se da efetiva repressão de um conteúdo e do retorno do reprimido, não de uma suspensão da *crença na realidade* desse conteúdo. Poderíamos dizer que num caso foi reprimido um certo conteúdo ideativo, e no outro, a crença na sua realidade (material). Mas essa última formula-

---

Certa vez espantou-se consideravelmente ao notar que o rosto que via era o seu; em outra ocasião, fez um juízo bastante desfavorável de um suposto estranho que entrava no seu ônibus: "Que professor decrépito está entrando aqui!" — Posso contar um episódio semelhante. Viajava só, no vagão de leitos de um trem, quando, numa brusca mudança da velocidade, abriu-se a porta que dava para o toalete vizinho e apareceu-me um velho senhor de pijamas e gorro de viagem. Imaginei que ele tivesse errado a direção, ao deixar o gabinete que ficava entre dois compartimentos, e entrasse por engano no meu compartimento, e ergui-me para explicar-lhe isso, mas logo reconheci, perplexo, que o intruso era minha própria imagem, refletida no espelho da porta de comunicação. Ainda lembro que a figura me desagradou profundamente. Portanto, em vez de apavorar-se com o duplo, os dois — tanto Mach como eu — simplesmente não o reconheceram. Mas talvez aquele desagrado fosse um vestígio da reação arcaica que percebe o duplo como algo inquietante.

ção provavelmente amplia o uso do termo "repressão" além de sua fronteira legítima. Mais correto é levarmos em conta uma diferença psicológica que aí se pode verificar, dizendo que a condição em que se acham as crenças animistas do homem civilizado é a de serem — em maior ou menor grau — *superadas*. Então a nossa conclusão seria esta: o inquietante das vivências produz-se quando complexos infantis *reprimidos* são novamente avivados, ou quando crenças primitivas *superadas* parecem novamente confirmadas. Por fim, não devemos deixar que o gosto por soluções escorreitas e exposições transparentes nos impeça de admitir que nem sempre podem ser claramente diferenciados os dois tipos de inquietante das vivências aqui estabelecidos. Quando refletimos que as convicções primitivas relacionam-se aos complexos infantis do modo mais íntimo, neles de fato se enraizando, não nos surpreenderemos de que esses limites tendam a se apagar.

O inquietante da ficção — da fantasia, da literatura — merece, na verdade, uma discussão à parte. Ele é, sobretudo, bem mais amplo que o inquietante das vivências, ele abrange todo este e ainda outras coisas, que não sucedem nas condições do vivenciar. O contraste entre reprimido e superado não pode ser transposto para o inquietante da literatura sem uma profunda modificação, pois o reino da fantasia tem, como premissa de sua validade, o fato de seu conteúdo não estar sujeito à prova da realidade. O resultado, que soa paradoxal, é que *na literatura não é inquietante muita coisa que o seria se ocorresse na vida real, e que nela exis-*

tem, para obter efeitos inquietantes, muitas possibilidades que não se acham na vida.

Entre as muitas liberdades do criador literário está a de escolher a seu bel-prazer o mundo que apresenta, de modo que este coincida com a realidade que nos é familiar ou dela se distancie de alguma forma. Nós o seguimos em qualquer dos dois casos. O mundo das fábulas, por exemplo, abandona o terreno da realidade desde o princípio e toma abertamente o partido das crenças animistas. Realizações de desejos, forças ocultas, onipotência dos pensamentos, animação de coisas inanimadas, que são tão comuns nos contos de fadas, não podem ter influência inquietante nesse caso, pois para que surja o sentimento inquietante é necessário, como sabemos, um conflito de julgamento sobre a possibilidade de aquilo superado e não mais digno de fé ser mesmo real, uma questão simplesmente eliminada pelos pressupostos do mundo das fábulas. Então os contos de fadas, que forneceram a maioria dos exemplos que contradizem nossa teoria do inquietante, ilustram a primeira parte do que dissemos, que no reino da ficção deixa de ser inquietante muita coisa que o seria se ocorresse na vida. Em relação às fábulas há ainda outros fatores, que logo mencionaremos.

Os escritores podem também criar um mundo que, embora menos fantástico que o das fábulas, diferencia-se do mundo real pela inclusão de seres espirituais superiores, como demônios ou fantasmas de mortos. Toda a natureza inquietante que poderiam ter essas figuras desaparece então, na medida em que se mantêm os pressupostos dessa realidade poética. As almas do inferno de

Dante ou os espíritos que aparecem em *Hamlet*, *Macbeth* ou *Júlio César*, de Shakespeare, podem ser lúgubres e terríveis, mas não são mais inquietantes, afinal, do que o mundo jovial dos deuses de Homero, por exemplo. Nós adequamos nosso julgamento às condições dessa realidade fingida pelo poeta, e tratamos espíritos, almas e fantasmas como se fossem existências legítimas, tal como nós próprios na realidade material. Também nesse caso a *Unheimlichkeit* é excluída.

A situação é outra quando o escritor, aparentemente, move-se no âmbito da realidade comum. Então ele também aceita as condições todas que valem para a gênese da sensação inquietante nas vivências reais, e tudo o que produz efeitos inquietantes na vida também os produz na obra literária. Mas nesse caso o escritor pode exacerbar e multiplicar o inquietante muito além do que é possível nas vivências, ao fazer sobrevir acontecimentos que jamais — ou muito raramente — encontramos na realidade. Ele como que denuncia a superstição que ainda abrigamos e acreditávamos superada, ele nos engana, ao prometer-nos a realidade comum e depois ultrapassá-la. Nós reagimos a suas ficções tal como reagiríamos a nossas próprias vivências; ao notarmos o engano, é tarde demais, o autor atingiu seu propósito, mas afirmo que não alcançou pleno êxito. Fica-nos um sentimento de insatisfação, uma espécie de desgosto pelo malogro tentado, como senti bem claramente após a leitura de "A profecia" ["Die Weissagung"], de Schnitzler, e de outras histórias que flertam com o maravilhoso. Mas o escritor tem ainda um meio com o qual pode escapar a esse nosso protesto e, ao mesmo tempo, melhorar as condições para atingir seu propósito. Consiste em não nos deixar perceber, durante muito tempo, que premissas escolheu para o mundo por ele suposto, ou em retardar até o fim, com astúcia e engenho, tal esclarecimento decisivo. No geral, porém, cumpre-se aí o que enunciamos: a ficção cria novas possibilidades de sensação inquietante, que não se acham na vida.

A rigor, todas essas complicações dizem respeito somente ao inquietante que se origina daquilo que foi superado. O inquietante que vem de complexos reprimidos é mais resistente, e permanece tão inquietante na literatura — com uma exceção [p. 375] — como nas vivências. O outro inquietante, advindo do superado, mostra esse caráter na vida e na obra que se situa no terreno da realidade material, mas pode perdê-lo nas realidades fictícias, criadas pelo autor.

É evidente que essas considerações não esgotam o tema das liberdades do escritor e dos privilégios da ficção em evocar ou inibir a sensação do inquietante. Diante do vivenciado nos comportamos, em geral, de maneira uniformemente passiva, sucumbindo à influência do que sucede. Mas em relação ao escritor somos particularmente maleáveis; por meio do estado de ânimo em que nos coloca, das expectativas que em nós suscita, ele pode desviar nossos processos afetivos de uma direção e orientá-los para outra, e pode frequentemente obter, do mesmo material, efeitos bem diversos. Tudo isso é conhecido há bastante tempo e provavelmente foi examinado a fundo pelos especialistas em estética.

Atingimos esse âmbito de pesquisa sem verdadeira intenção, ao cedermos à tentação de explicar por que certos exemplos contrariam nossa teoria sobre o inquietante. Retornemos, agora, a alguns desses exemplos.

Já nos perguntamos por que a mão cortada na história do tesouro de Rampsinito não tem o efeito inquietante daquela do conto de Hauff. A questão parece adquirir mais importância, agora que notamos a maior tenacidade do inquietante que provém de complexos reprimidos. A reposta não é difícil. Na narrativa de Heródoto, atentamos mais para a astúcia superior do ladrão do que para os sentimentos da princesa. Ela bem pode ter experimentado a sensação do inquietante, e estamos dispostos a crer que tenha desmaiado, mas nada sentimos de inquietante, pois colocamo-nos no lugar do ladrão, não no dela. Em *O dilacerado* [*Der Zerrissene*], uma farsa de Nestroy, outras circunstâncias nos impedem a impressão do inquietante, quando o fugitivo, que se considera um assassino, vê o suposto fantasma da vítima se erguer de cada alçapão que abre, e exclama, desesperado: "Eu matei somente um! Por que essa terrível multiplicação?". Nós sabemos o que ocorreu antes da cena, não compartilhamos o erro do "dilacerado", e, por isso, tem para nós um efeito irresistivelmente cômico aquilo que deve ser inquietante para ele. Mesmo um fantasma "real", como o da história de Oscar Wilde, "O fantasma de Canterville", tem que abdicar de toda pretensão de inspirar ao menos pavor, quando o autor se diverte em ironizá-lo e deixar que trocem dele. De tal maneira, no mundo da ficção, o efeito emocional pode ser independente do assunto escolhido. No mundo dos contos de fadas não devem ser despertados sentimentos de angústia, e tampouco sentimentos inquietantes. Isso compreendemos, e por isso ignoramos as ocasiões em que seria possível fazê-lo.

Quanto ao silêncio, solidão e escuridão, tudo o que podemos dizer é que são realmente os fatores a que se acha ligada a angústia infantil, que na maioria das pessoas nunca desaparece inteiramente. Esse problema foi abordado pela pesquisa psicanalítica em outro lugar.*

---

* Numa passagem dos *Três ensaios sobre a teoria da sexualidade*, parte III (1905).

DEVE-SE ENSINAR A PSICANÁLISE NAS UNIVERSIDADES? (1919)

O ORIGINAL ALEMÃO DESTE ARTIGO
É CONSIDERADO PERDIDO. ELE FOI PUBLICADO
PRIMEIRAMENTE NUMA VERSÃO HÚNGARA,
"KELL-E AZ EGYETEMEN A PSYCHOANALYSIST
TANITANI?", NA REVISTA MÉDICA *GYÓGYÁSZAT*,
V. 59, N. 13, EM MARÇO DE 1919.
A PRESENTE VERSÃO FOI FEITA COTEJANDO-SE
QUATRO DIFERENTES TRADUÇÕES:
A ESPANHOLA, A INGLESA, A ITALIANA
E A ALEMÃ, SENDO QUE AS DUAS PRIMEIRAS
FORAM FEITAS DIRETAMENTE DO HÚNGARO.
ELAS SE ACHAM, RESPECTIVAMENTE,
EM: *OBRAS COMPLETAS* (AMORRORTU), V. XVII,
PP. 169-71; *STANDARD EDITION*, V. XVII,
PP. 171-3; *OPERE* (BORINGHIERI), V. 9, PP. 33-5;
GESAMMELTE WERKE, NACHTRAGSBAND,
PP. 700-3.

DEVE-SE ENSINAR A PSICANÁLISE NAS UNIVERSIDADES?

Se a psicanálise deve ou não ser ensinada nas universidades é uma questão a ser considerada de dois pontos de vista, o da psicanálise e o das universidades.

1. No tocante à psicanálise, sua inclusão no currículo acadêmico seria motivo de satisfação para um psicanalista, mas, ao mesmo tempo, é evidente que ele pode prescindir da universidade, sem prejuízo para sua formação. Pois o que ele necessita teoricamente pode ser obtido na literatura especializada e aprofundado nas reuniões científicas das sociedades psicanalíticas, assim como na troca de ideias com os membros mais experientes. Quanto à experiência prática, além do que aprende na análise pessoal ele a adquire ao tratar pacientes, sob aconselhamento e supervisão de colegas já reconhecidos.

A existência de uma tal organização se deve justamente ao fato de a psicanálise estar excluída das universidades, e ela continuará a exercer uma função decisiva enquanto se mantiver essa exclusão.

2. Quanto às universidades, a questão depende de elas decidirem se estão dispostas a atribuir algum valor à psicanálise na formação de médicos e cientistas. Caso afirmativo, a questão seguinte será onde e de que forma ela deve ser incluída no currículo acadêmico.

A importância da psicanálise para o conjunto da formação médica e acadêmica se baseia nos seguintes fatos:

a) Nas últimas décadas, essa formação tem sido justamente criticada pelo modo unilateral como orienta o estudante nos campos da anatomia, da física e da química, enquanto não deixa claro, para ele, o significado dos fatores psíquicos nas diversas funções vitais, assim como nas enfermidades e em seu tratamento. Essa lacuna na educação médica se faz sentir, mais tarde, como flagrante deficiência do profissional médico. A consequência disso é, por um lado, o desinteresse pelos problemas mais interessantes da vida humana, seja sadia ou enferma, e, por outro, a inabilidade ao tratar o paciente, de modo que até mesmo charlatães e curandeiros terão mais influência sobre este.

Essa óbvia carência do ensino levou, algum tempo atrás, à inserção de cursos de psicologia médica no currículo universitário; mas, na medida em que o teor desses cursos era determinado pela psicologia acadêmica ou pela psicologia experimental — com um enfoque apenas fragmentário —, eles não podiam satisfazer as necessidades da formação do estudante, nem avizinhá-lo dos problemas humanos gerais e daqueles de sua profissão. Daí a posição desse tipo de psicologia médica no currículo universitário ter se revelado insegura até o momento.

Um curso de psicanálise bem poderia responder a essas exigências. Antes de se chegar à psicanálise propriamente, seria necessário um curso introdutório que tratasse das relações entre a vida psíquica e a somática, fundamento de qualquer psicoterapia, que descrevesse os vários procedimentos sugestivos e, por fim, demonstrasse como a psicanálise representa o término e coroamento dos métodos anteriores de tratamento psíquico. Mais do que outros métodos, de fato, a psicanálise é adequada para ensinar psicologia ao estudante de medicina.

b) Uma outra função da psicanálise seria oferecer uma preparação para o estudo da psiquiatria. Em sua forma atual, a psiquiatria é de caráter meramente descritivo; apenas ensina o estudante a reconhecer uma série de quadros clínicos, capacitando-o a distinguir quais deles são incuráveis e quais são perigosos para a comunidade. Seu único vínculo com os outros ramos da ciência médica está na etiologia orgânica, ou seja, no tocante ao organismo e à anatomia. Mas a psiquiatria não proporciona o entendimento dos fatos observados, algo que apenas a psicologia profunda pode fazer.

Na América, pelo que estou informado, já se reconhece que a psicanálise — como a primeira tentativa de psicologia profunda — fez bem-sucedidas incursões nessa área inexplorada da psiquiatria. Por isso, muitas escolas médicas organizaram cursos de psicanálise como introdução ao estudo da psiquiatria.

O ensino da psicanálise teria de proceder em dois estágios: um curso elementar, destinado a todos os estudantes de medicina, e um curso especializado para psiquiatras.

c) Ao investigar os processos psíquicos e as funções intelectuais, a psicanálise segue um método próprio, cuja aplicação não se limita ao âmbito dos distúrbios psíquicos, mas se estende igualmente à resolução de problemas na arte, na filosofia e na religião. Nesse sentido, ela já forneceu novos pontos de vista e trouxe importantes esclarecimentos em questões de história da literatura, mitologia, história das civilizações e filosofia da religião. Portanto, esse curso geral deveria também ser aberto aos estudantes dessas áreas da ciência. A fecundação dessas outras disciplinas pela psicanálise certamente contribuirá para forjar um vínculo mais sólido entre a medicina e os ramos de saber da filosofia e das artes, no sentido de uma *universitas literarum*.

Em suma, podemos dizer que uma universidade só teria a ganhar com a inclusão do ensino da psicanálise em seu currículo. É verdade que este ensino somente poderia ser ministrado de forma dogmática, em aulas teóricas, pois quase não haveria oportunidade para experimentos ou demonstrações práticas. Para a pesquisa que o professor de psicanálise deverá realizar, bastaria ele ter acesso a um ambulatório com pacientes "neuróticos", e, quanto à psiquiatria psicanalítica, um serviço de internação também deveria estar disponível.

Por fim, cabe considerar a objeção de que dessa forma o estudante de medicina jamais aprenderá realmente a psicanálise. Isso é verdadeiro se pensamos no efetivo exercício da psicanálise, mas para os propósitos em vista é suficiente que ele aprenda algo *sobre* e *com* a psicanálise. Afinal, tampouco se espera que o estudo universitário transforme o estudante de medicina num cirurgião hábil; quem escolhe a cirurgia como profissão não pode escapar a vários outros anos de trabalho e especialização no departamento cirúrgico de um hospital.

INTRODUÇÃO A *PSICANÁLISE DAS NEUROSES DE GUERRA* (1919)

TÍTULO ORIGINAL: "EINLEITUNG ZUR *PSYCHOANALYSE DER KRIEGSNEUROSEN*". PUBLICADO PRIMEIRAMENTE NO VOLUME COM ESSE TÍTULO, PELA INTERNATIONALER PSYCHOANALYTISCHER VERLAG, LEIPZIG E VIENA, 1919, PP. 3-7. TRADUZIDO DE *GESAMMELTE WERKE* XII, PP. 321-4, QUE TRAZ ESTE LONGO SUBTÍTULO: "DEBATE NO V CONGRESSO INTERNACIONAL DE PSICANÁLISE, BUDAPESTE, 28 E 29 DE SETEMBRO DE 1918. CONTRIBUIÇÕES DE FREUD [A PRESENTE INTRODUÇÃO], FERENCZI, SIMMEL, JONES (INTERNATIONALE PSYCHOANALYTISCHE BIBLIOTHEK NR. 1)", SEGUIDO DA INDICAÇÃO BIBLIOGRÁFICA JÁ MENCIONADA.

INTRODUÇÃO A *PSICANÁLISE DAS NEUROSES DE GUERRA*

Este pequeno livro sobre as neuroses de guerra, com que é inaugurada a "Biblioteca Psicanalítica Internacional", trata de um assunto que até bem pouco tempo gozava da prerrogativa de ser muito atual. Quando esse tema foi discutido, no v Congresso Psicanalítico, em Budapeste (setembro de 1918), compareceram representantes oficiais das mais altas instâncias das Potências Centrais, a fim de inteirar-se das comunicações e dos debates, e o auspicioso resultado desse primeiro encontro foi a promessa de instituir centros psicanalíticos, onde médicos de formação analítica teriam oportunidade de estudar a natureza dessas misteriosas doenças e seu possível tratamento com a psicanálise. Antes que esses propósitos fossem realizados, a guerra chegou ao fim; as organizações estatais entraram em colapso, o interesse pelas neuroses de guerra deu lugar a outras preocupações. Mas, significativamente, ao cessarem as condições de guerra também desapareceram, em sua maioria, as enfermidades neuróticas provocadas pela guerra. Assim foi perdida a ocasião para uma pesquisa aprofundada dessas afecções. E — acrescentemos — é de esperar que ela não ressurja tão cedo.

No entanto, esse episódio não deixou de influir na difusão da psicanálise. Ao se ocupar das neuroses de guerra, por exigência do serviço militar, aproximaram-se das teorias psicanalíticas também aqueles médicos que até então guardavam distância delas. No comunicado de Ferenczi o leitor percebe com que hesitações e dissimulações se realizou tal aproximação. Alguns dos fatores que a psicanálise havia descoberto e descrito nas neuroses dos tempos de paz — a origem psicogênica dos sintomas, a importância dos impulsos instintuais *inconscientes*, o papel do ganho primário da doença na resolução dos conflitos psíquicos ("fuga na doença") — foram constatados também nas neuroses de guerra e admitidos quase de maneira geral. Os trabalhos de E. Simmel mostraram, além disso, o êxito obtido quando se tratam os neuróticos de guerra com o auxílio da técnica da catarse, que, como se sabe, foi o estágio preliminar da técnica psicanalítica.

Mas não devemos atribuir, a esse avizinhamento da psicanálise, o valor de uma reconciliação ou de liquidação das diferenças para com ela. Imagine-se alguém que despreza um conjunto de afirmações relacionadas entre si e que, de repente, vem a convencer-se da correção de parte desse todo. É de se acreditar, então, que hesitará em sua rejeição e admitirá uma certa expectativa respeitosa de que também a outra parte, da qual até então não possui experiência própria e, portanto, juízo próprio, possa revelar-se igualmente verdadeira.

Essa outra porção da teoria psicanalítica, não tocada pelo estudo das neuroses de guerra, sustenta que são forças instintuais sexuais que se manifestam na formação de sintomas, e que a neurose nasce do conflito entre o Eu e os instintos sexuais por ele repudiados. Nisso, "sexualidade" deve ser entendida no sentido lato que é usual na psicanálise, não devendo ser confundida com a noção mais estrita de "genitalidade". É verdadeiro, como observa Ernest Jones na sua contribuição, que até agora essa parte da teoria não foi comprovada nas neuroses de guerra. Os trabalhos que poderiam comprovar isso não foram ainda realizados. Talvez as neuroses de guerra sejam um material inadequado para essa prova. Mas os adversários da psicanálise, nos quais a aversão à sexualidade se mostrou mais forte do que a lógica, apressaram-se a declarar que a investigação das neuroses de guerra refutou definitivamente essa porção da teoria psicanalítica. Nisso incorreram numa pequena confusão. Se o estudo das neuroses de guerra — ainda muito incipiente — *não leva a concluir* que a teoria sexual das neuroses é *correta*, isso é algo bem diferente de ele *levar a concluir* que essa teoria *não é correta*.

Com atitude imparcial e alguma boa vontade, não deve ser difícil achar o caminho para uma clarificação do problema.

Na medida em que se diferenciam das neuroses comuns do tempo de paz por certas peculiaridades, as neuroses de guerra devem ser compreendidas como neuroses traumáticas que foram possibilitadas ou favorecidas por um conflito do Eu. A contribuição de Karl Abraham traz boas indicações acerca desse conflito do Eu; também os autores ingleses e americanos citados por Jones o perceberam. Ele se dá entre o velho Eu pacífico e o novo Eu guerreiro dos soldados, e torna-se agudo assim que o Eu-de-paz enxerga o enorme perigo de vida que lhe trazem as audácias de seu parasítico sósia recém-formado. Tanto podemos dizer que o velho Eu se protege do risco de vida mediante a fuga na neurose traumática, como que se defende do novo Eu, percebido como ameaçador para sua vida. Assim, a precondição, o solo nutriz para as neuroses de guerra seria o exército nacional de conscritos; em mercenários, em soldados profissionais, não haveria possibilidade de elas surgirem.

A outra coisa nas neuroses de guerra é a neurose traumática, que sabidamente ocorre também durante a paz, depois de um choque e de acidentes graves, sem nenhuma relação com um conflito do Eu.

A teoria da etiologia sexual das neuroses — ou, como preferimos dizer: a teoria libidinal das neuroses — foi originalmente formulada apenas para as neuroses de transferência de épocas de paz, e nelas é de fácil comprovação, mediante o uso da técnica psicanalítica. Mas encontra dificuldades a sua aplicação a outros distúrbios, que depois reunimos sob a designação de neuroses narcísicas. Uma *dementia praecox* comum, uma paranoia, uma melancolia, são, no fundo, material bastante inadequado para provar a teoria da libido e para iniciar alguém na sua compreensão, motivo pelo qual também os psiquiatras, que negligenciam as neuroses de transferência, não conseguem admiti-la. A neurose traumática (de tempos de paz) sempre foi considerada a mais refratária nesse aspecto, de modo que o surgimento das neuroses de guerra não trouxe nenhum elemento novo à situação existente.

Apenas com a formulação e o uso do conceito de uma "libido narcísica", ou seja, de uma medida de energia sexual que é ligada ao próprio Eu e nele se satisfaz, como geralmente sucede só com o objeto, pudemos estender a teoria da libido também às neuroses narcísicas, e esse legítimo desenvolvimento do conceito de sexualidade promete fazer, por essas neuroses severas e pelas psicoses, tudo aquilo que se espera de uma teoria que avança tentativamente e de modo empírico. Também a neurose traumática (de paz) se inscreverá nesse quadro, quando alcançarem bom termo as pesquisas sobre as relações, que sem dúvida existem, entre terror, angústia e libido narcísica.

Se as neuroses traumáticas e as neuroses de guerra anunciam em alta voz a influência do perigo de vida e se calam ou pouco dizem sobre o da "frustração amorosa", nas comuns neuroses de transferência de épocas de paz, por outro lado, não há qualquer pretensão etiológica daquele primeiro fator, tão poderoso naquelas. Chega-se a pensar que essas últimas são apenas promovidas pela excessiva indulgência, pelo bem-estar e a inatividade, o que, mais uma vez, oferece um interessante contraste com as circunstâncias de vida em que surgem as neuroses de guerra. Seguindo o exemplo de seus adversários, os psicanalistas, cujos pacientes adoeceram por "frustração amorosa", pelas insatisfeitas exigências da libido, teriam que afirmar que não pode haver "neuroses de perigo", ou que as afecções que surgem após uma vivência aterradora não são neuroses. Jamais lhes ocorreu fazer isso, naturalmente. Veem, isto sim, uma boa oportunidade de reunir numa só concepção os dois fatos que aparentemente divergem. Nas neuroses traumáticas e de guerra, o Eu do indivíduo se defende de um perigo que o ameaça desde fora, ou que é corporificado numa postura do próprio Eu; nas neuroses de transferência, o Eu toma sua própria libido como um inimigo, cujas reivindicações lhe parecem ameaçadoras. Em ambos os casos o Eu teme ser ferido: neste último, pela libido; naquele, pelos poderes externos. Poderíamos até dizer que nas neuroses de guerra, diferentemente da pura neurose traumática e analogamente às neuroses de transferência, o que se teme é, afinal, um inimigo interno. As dificuldades teóricas que se acham no caminho de uma tal concepção unificadora não parecem insuperáveis; afinal, a repressão subjacente a toda neurose pode ser entendida, com todo o direito, como reação a um trauma, como neurose traumática elementar.

PREFÁCIOS E TEXTOS BREVES (1919)

PREFÁCIO A *PROBLEMAS DE PSICOLOGIA DA RELIGIÃO*, DE THEODOR REIK*

A psicanálise se originou da carência médica, surgiu da necessidade de ajudar os doentes nervosos que não experimentavam alívio mediante repouso, hidropatia e eletricidade. Uma singularíssima observação de Josef Breuer havia despertado a esperança de que, quanto mais compreendêssemos a gênese — até então inexplorada — de seus sintomas, tanto mais poderíamos ajudá-los. Assim ocorreu que a psicanálise, uma técnica puramente médica em sua origem, viu-se desde o começo direcionada para a pesquisa, para o descobrimento de nexos amplos e ocultos.

Sua trajetória posterior a desviou do estudo dos determinantes somáticos da doença nervosa, de modo a causar estranheza nos médicos. Em compensação, foi levada a se ocupar de todo o conteúdo psíquico que preenche a vida humana, também a dos sadios, dos normais e supernormais. Teve de lidar com os afetos e paixões, sobretudo aqueles que os escritores não se cansam de descrever e celebrar, os afetos da vida amorosa. Conheceu o poder das recordações, a insuspeitada importância dos primeiros anos na configuração da vida

---

* Título original: "Vorrede zu *Probleme der Religionspsychologie*". Publicado primeiramente na obra com esse título de Theodor Reik, Leipzig e Viena: Internationaler Psychoanalytischer Verlag, 1919. Traduzido de *Gesammelte Werke* XII, pp. 325-9.

PREFÁCIO A *PROBLEMAS DE PSICOLOGIA DA RELIGIÃO*

adulta, e a força dos desejos, que falseiam o juízo do ser humano e prescrevem linhas fixas para seu empenho.

Por um momento, parecia destinada a se incorporar à psicologia, incapaz de dizer por que a psicologia do doente se distingue da do homem normal. Mas deparou, em sua trajetória, com o problema do *sonho*, um produto psíquico anormal, criado por pessoas normais em condições fisiológicas que se dão regularmente. Quando a psicanálise solucionou o enigma dos sonhos, encontrou no elemento psíquico *inconsciente* o solo comum em que têm raízes tanto os mais altos como os mais baixos impulsos da alma, do qual saem as produções psíquicas mais normais e as mais patologicamente extravagantes. Assim foi se formando, sempre mais nítido e mais completo, o quadro da oficina da psique. Forças instintuais obscuras, oriundas do orgânico, que se empenham em atingir metas inatas; acima delas um grupo de instâncias de formações psíquicas mais altamente organizadas — aquisições do desenvolvimento humano, sob a coação da história humana —, que acolheram, desenvolveram ou atribuíram metas mais elevadas a porções desses impulsos instintuais, mas que, de toda forma, ligam-nos mediante conexões firmes e governam suas forças instintuais segundo suas próprias intenções. Mas essa organização superior conhecida como Eu afastou de si, como inaproveitável, uma outra porção dos mesmos impulsos instintuais elementares, pois eles não podiam encaixar-se na unidade orgânica do indivíduo ou porque se rebelavam contra as suas metas culturais. O Eu não é capaz de extirpar esses poderes psíquicos que não lhe são sujeitados, distancia-se deles, deixa-os no mais primitivo nível psicológico, protege-se de suas exigências com enérgicas formações protetoras e opositoras ou busca ajeitar-se com elas mediante satisfações substitutivas. Indomados e indestrutíveis, mas inibidos para qualquer atividade, esses instintos que sucumbiram à *repressão* formam, juntamente com sua primitiva representação psíquica, o submundo psíquico, o núcleo do *inconsciente* propriamente falando, sempre dispostos a fazer valer suas reivindicações e conduzi-los à satisfação por qualquer via. Daí a instabilidade da orgulhosa superestrutura psíquica, o noturno aparecimento em sonhos do proibido e reprimido, a inclinação a adoecer de neuroses e psicoses, assim que a relação de forças entre o Eu e o reprimido se modifica em detrimento do Eu.

Um pouco mais de reflexão mostraria que uma tal concepção da vida psíquica humana não podia ficar restrita ao âmbito do sonho e das doenças nervosas. Se havia dado com algo certo, tinha que valer também para o funcionamento psíquico normal, e mesmo as realizações máximas do espírito humano deviam ter relação com os fatores encontrados na patologia, com a repressão, com os esforços para lidar com o inconsciente, com as possibilidades de satisfação dos instintos primitivos. Tornou-se uma irresistível tentação, um mandamento científico, aplicar os métodos de investigação da psicanálise às mais diversas ciências do espírito, bem longe de seu solo natal. E mesmo o trabalho clínico psicanalítico lembrava incessantemente essa nova tarefa, pois era evidente que as formas da neurose traziam claras ressonâncias das mais valiosas criações de nossa cultura. O histérico é um inegável poeta, embora apresente suas fantasias de modo essencialmente *mimético* e sem consideração pelo entendimento dos outros; o cerimonial e os interditos do neurótico obsessivo nos impõem o julgamento de que ele criou para si uma religião particular, e mesmo as formações delirantes dos paranoicos mostram indesejada semelhança externa e parentesco interno com os sistemas de nossos filósofos. Não se pode fugir à impressão de que os enfermos empreendem, de modo *associal*, as mesmas tentativas de solução de seus conflitos e mitigação de suas necessidades prementes, que são chamadas de *poesia*, *religião* e *filosofia*, quando realizadas de forma aceitável e indispensável para uma maioria.

Em 1913, Otto Rank e Hans Sachs juntaram numa rica obra (*Die Bedeutung der Psychoanalyse für die Geisteswissenschaften* [A importância da psicanálise para as ciências humanas]) os resultados até então obtidos com a aplicação da psicanálise às ciências humanas. Mitologia, história da literatura e história da religião parecem ser os campos mais facilmente acessíveis. Quanto ao mito, ainda não foi encontrada a fórmula definitiva que indique o seu lugar nesse contexto. Num volumoso livro sobre o complexo do incesto,[1] O. Rank demonstrou, de maneira surpreendente, que a escolha do tema, em especial nas obras dramáticas, é determinada sobretudo pelo âmbito daquilo que a psicanálise

---

1 O. Rank, *Das Inzestmotiv in Dichtung und Sage* [O tema do incesto na literatura e nas lendas], Leipzig e Viena, 1912.

chama de *complexo de Édipo*. Elaborando-o nas mais variadas modificações, deformações e disfarces, o escritor busca resolver sua própria, personalíssima relação com esse tema afetivo. O complexo de Édipo, ou seja, a postura afetiva para com a família, para com pai e mãe, no sentido mais estrito, é o material que o neurótico fracassa em dominar, e que, por isso, sempre forma o núcleo de sua neurose. Mas sua importância não se deve a alguma conjunção ininteligível para nós; ocorre que os fatos biológicos da longa dependência e da lenta maturação do novo ser humano, assim como o complicado desenvolvimento de sua capacidade de amar, traduzem-se nessa ênfase na relação com os pais e têm por consequência que a superação do complexo de Édipo coincide com o modo mais adequado de lidar com a herança arcaica, animal, do ser humano. É verdade que esta contém todas as forças necessárias para o desenvolvimento cultural posterior do indivíduo, mas elas têm de ser primeiramente separadas e trabalhadas. Tal como o indivíduo a traz consigo, essa herança arcaica não serve para os fins da vida social no interior de uma cultura.

Um passo adiante, e chegamos ao ponto de partida da concepção psicanalítica da vida religiosa. O que hoje é herança para o indivíduo foi, um dia, uma nova aquisição, antes de uma longa série de gerações que a transmitiram uma à outra. Também o complexo de Édipo pode ter sua história evolutiva, portanto, e o estudo da pré-história pode levar a compreendê-la. A pesquisa supõe que a vida familiar humana configurava-se de modo bem diferente do que hoje conhecemos, e confir-

PREFÁCIO A *PROBLEMAS DE PSICOLOGIA DA RELIGIÃO*

ma essa hipótese com achados feitos entre os primitivos atuais. Submetendo o material pré-histórico e etnológico a uma elaboração psicanalítica, obtemos um resultado inesperadamente preciso: de que outrora Deus Pai andava em carne e osso pela terra e exercia seu poder senhorial como chefe de uma horda humana primeva, até que os seus filhos o mataram conjuntamente. E que por efeito desse crime liberador, e como reação a ele, surgiram as primeiras ligações sociais, as restrições morais básicas e a mais antiga forma de religião, o totemismo. Mas também que as religiões posteriores possuem o mesmo conteúdo e se empenham, por um lado, em desfazer as pistas daquele crime ou expiá-lo, introduzindo outras soluções para a luta entre pai e filhos, mas, por outro lado, não podem deixar de repetir a eliminação do pai. Também nos mitos percebemos os ecos desse enorme evento, que lança a sua sombra sobre todo o desenvolvimento da humanidade.

Essa hipótese, fundamentada nas concepções de Robertson Smith e por mim desenvolvida em *Totem e tabu* (1912), serve de base para Theodor Reik nos seus estudos sobre problemas da psicologia da religião, dos quais o primeiro volume é aqui dado ao público. Conformes à teoria psicanalítica, esses trabalhos partem de peculiaridades da vida religiosa não compreendidas até agora, a fim de chegar, com sua elucidação, aos pressupostos profundos e objetivos últimos das religiões, e jamais perdem de vista a relação entre o pré-histórico e o primitivo de hoje, assim como o nexo entre realização cultural e formação substitutiva neurótica.

De resto, cabe remeter à introdução do autor e enunciar a expectativa de que a obra mesma se recomendará à atenção dos especialistas.

E. T. A. HOFFMANN E A FUNÇÃO DA CONSCIÊNCIA*

No romance *O elixir do Diabo*, que é rico em magistrais descrições de estados anímicos patológicos, o personagem Schönfeld consola o herói, de consciência temporariamente perturbada, com as seguintes palavras (parte II, edição Hesse, p. 210): "Que lhe resta agora disso? Quero dizer, da função especial do espírito que chamamos de consciência e que não é senão a maldita atividade de um atroz fiscal — oficial de aduana — auxiliar de controle, que montou seu infame escritório no pequenino cômodo superior e diz, a cada mercadoria que pretende sair: 'Opa... não pode sair... tem que ficar no país'."

---

* Título original: "E. T. A. Hoffmann über die Bewußtseinsfunktion". Publicado com as iniciais "S. F." na seção *Varia* [Diversos], em *Internationale Zeitschrift für Psychoanalyse* [Revista Internacional de Psicanálise], v. 5, 1919; traduzido de *Gesammelte Werke*, *Nachtragsband*, [volume suplementar] p. 769. Freud se ocupou mais detidamente desse romance de Hoffmann em "O inquietante", também neste volume.

A EDITORA PSICANALÍTICA INTERNACIONAL E OS PRÊMIOS PARA TRABALHOS PSICANALÍTICOS*

No outono de 1918, um membro da Associação Psicanalítica de Budapeste me informou que havia sido criado um fundo para fins culturais, a partir dos ganhos da indústria durante a guerra, e que a decisão relativa ao seu uso cabia a ele e ao prefeito da cidade, o doutor Stephan Bárczy. Eles resolveram dedicar a considerável soma aos objetivos do movimento psicanalítico e confiar a mim sua administração. Aceitei o encargo, e cumpro aqui o dever de publicamente agradecer ao prefeito, que pouco depois deu uma acolhida tão honrosa ao congresso psicanalítico realizado em Budapeste, e ao colega que prestou tão grande serviço à causa da psicanálise.

Esse fundo colocado à minha disposição, e a que foi dado meu nome, eu o destinei à fundação de uma Editora Psicanalítica Internacional. Pareceu-me a coisa mais necessária em nossa atual situação.

Nossas duas publicações periódicas, a *Internationale Zeitschrift für ärztliche Psychoanalyse* [Revista Inter-

---

* Título original: "Internationaler Psychoanalytischer Verlag und Preiszuteilungen für Psychoanalytische Arbeiten", publicado primeiramente na *Internationale Zeitschrift für ärztliche Psychoanalyse* [Revista Internacional de Psicanálise Médica], v. 5, 1919. Traduzido de *Gesammelte Werke* XII, p. 333.

nacional de Psicanálise Médica] e *Imago*, não desapareceram durante a guerra, como sucedeu a muitos empreendimentos científicos. Conseguimos mantê-las, mas, devido à carestia, às complicações e dificuldades de trânsito do tempo de guerra, elas experimentaram uma sensível redução no volume e grandes intervalos entre os números individuais. Dos quatro editores das duas revistas (Ferenczi, Jones, Rank e Sachs) um ficou isolado de nós, por pertencer a um Estado inimigo, dois foram mobilizados e absorvidos por deveres militares, e apenas o dr. Sachs prosseguiu no trabalho, que realizou inteiramente só e com abnegação. Alguns dos grupos psicanalíticos locais se viram obrigados a suspender as reuniões; o número de colaboradores encolheu bastante, e assim também o dos assinantes; a compreensível insatisfação do editor, era de se prever, logo questionaria a existência das duas publicações, tão preciosas para nós. E, no entanto, chegavam-nos muitos indícios, até mesmo das trincheiras do front, de que o interesse pela psicanálise não diminuíra. Penso que se justificava a intenção de pôr fim a esses problemas e dificuldades com a fundação de uma Editora Psicanalítica Internacional. Hoje ela já existe como sociedade limitada e é dirigida pelo dr. Otto Rank, há muito tempo secretário da Sociedade Psicanalítica de Viena e coeditor das duas revistas psicanalíticas, que, após alguns anos de ausência no serviço de guerra, retornou à sua prévia atividade a serviço da psicanálise.

    A nova editora, sustentada pelos meios da instituição de Budapeste, propõe-se garantir o aparecimento regular e uma distribuição confiável das duas publicações. Tão logo permitam as circunstâncias, devem também recuperar o volume anterior ou, havendo demanda, ultrapassá-lo, sem aumento do valor para os assinantes. Além disso, e independentemente dessa melhora, a editora promoverá a publicação de livros e opúsculos do âmbito da psicanálise médica e psicanálise aplicada, e, não sendo uma empresa que visa ao lucro, poderá atender melhor os interesses dos autores do que costumam fazer os editores comerciais.

Simultaneamente à instituição de uma editora psicanalítica, decidiu-se premiar a cada ano, com os juros da fundação de Budapeste, dois trabalhos excepcionais, um no campo da psicanálise médica e outro no da psicanálise aplicada. Esses prêmios — no montante de mil coroas austríacas — não serão concedidos aos autores, mas aos trabalhos, de modo que será possível que o mesmo autor seja premiado mais de uma vez. A decisão, a respeito de qual dos trabalhos publicados em certo período receberá o prêmio, não foi reservada para um comitê, e sim a uma única pessoa, ao administrador do fundo naquele período. De outro modo, se o júri fosse composto dos mais experientes e capazes analistas, os trabalhos desses teriam de ser ignorados, e a instituição faltaria ao seu objetivo de assinalar realizações exemplares da literatura psicanalítica. No caso de o juiz vir a hesitar entre dois trabalhos de aproximadamente o mesmo valor, deve lhe ser facultado dividir o prêmio entre os dois, sem que a atribuição de metade do prêmio signifique uma menor estima das obras em questão.

A intenção é que os prêmios sejam concedidos todos os anos, e que o material para a seleção seja constituído de todas as publicações relevantes para a psicanálise feitas naquele período, não importando se o autor da obra pertence ou não à Associação Psicanalítica Internacional.

A primeira distribuição dos prêmios já ocorreu, tendo contemplado obras publicadas durante a guerra, entre 1914 e 1918. O prêmio para psicanálise médica foi dividido entre o ensaio de Karl Abraham, "Untersuchungen über die früheste prägenitale Entwickungstufe der Libido" [Investigações sobre o primeiro estágio de desenvolvimento pré-genital da libido] (*Internationale Zeitschrift*, v. 4, 2, 1916) e o opúsculo de Enst Simmel, "Kriegsneurosen und Psychisches Trauma" [Neuroses de guerra e trauma psíquico] (1918); o de psicanálise aplicada coube ao trabalho de Theodor Reik, "Die Pubertätsriten der Wilden" [Os ritos de puberdade dos selvagens] (*Imago*, v. 4, 3/4, 1915).

JAMES J. PUTNAM
[1846-1918]*

Entre as primeiras informações que nos chegam dos países anglo-saxões, após o fim do bloqueio, está a dolorosa

---

* Título original: "James Putnam". Publicado primeiramente em *Internationale Zeitschrift für ärztliche Psychoanalyse* [Revista Internacional de Psicanálise Médica], v. 5, 1929, assinado "Der Herausgeber" [O Editor ou Diretor]. Traduzido de *Gesammelte Werke* XII, p. 315.

notícia do falecimento de Putnam, o presidente do considerável grupo psicanalítico panamericano. Ele alcançou a idade de 72 anos, manteve até o fim a vivacidade de espírito e morreu placidamente, de uma parada cardíaca durante o sono, em novembro de 1918. Putnam, que até poucos anos atrás era professor de neuropatologia na Universidade Harvard, foi o grande arrimo da psicanálise na América. Seus numerosos trabalhos teóricos (dos quais alguns foram publicados primeiramente na *Internationale Zeitschrift*) contribuíram bastante, por sua clareza, riqueza de ideias e decidido posicionamento, para o alto apreço que a psicanálise agora desfruta no ensino psiquiátrico e na opinião pública americana. Seu exemplo pessoal pode haver igualmente contribuído. Todos estimavam seu caráter irrepreensível, e sabia-se que para ele contavam apenas as mais elevadas considerações éticas. Quem o conhecia mais proximamente não podia deixar de ver que era uma dessas pessoas, do tipo neurótico-obsessivo, felizmente compensadas, para quem a nobreza se tornara uma segunda natureza e a concessão à baixeza, uma impossibilidade.

A figura de J. J. Putnam tornou-se conhecida dos analistas europeus quando de sua participação no congresso de Weimar, em 1912. Os editores da *Zeitschrift* esperam poder apresentar, no próximo número da revista, um perfil de nosso estimado amigo e uma apreciação detalhada de suas realizações científicas.

VICTOR TAUSK
[1879-1919]*

Entre as vítimas — felizmente pouco numerosas — que a guerra colheu nas fileiras dos psicanalistas, devemos incluir também o extraordinariamente talentoso psiquiatra vienense Victor Tausk, que pôs fim à própria vida antes que fosse firmada a paz.

O dr. Tausk, que contava apenas 42 anos,** fazia parte do círculo imediato de seguidores de Freud havia mais de uma década. Formado em direito, desde algum tempo exercia o cargo de juiz na Bósnia quando, sob o influxo de graves experiências pessoais, abandonou a carreira e voltou-se para o jornalismo, para o qual era particularmente habilitado, graças à sua ampla cultura geral. Após trabalhar algum tempo como jornalista em Berlim, nessa mesma condição veio para Viena, onde travou conhecimento com a psicanálise e a ela resolveu dedicar-se inteiramente. Embora já homem maduro e pai de família, não se intimidou ante as grandes dificuldades e os sacrifícios de uma nova mudança de profissão, que implicaria uma interrupção de vários anos em sua atividade remunerada. Pois o demorado estudo da medicina havia de ser, para ele, apenas o meio que lhe permitiria praticar a psicanálise.

* Título original: "Victor Tausk". Publicado primeiramente em *Internationale Zeitschrift für ärztliche Psychoanalyse* [Revista Internacional de Psicanálise Médica], v. 5, 1929, assinado "Die Redaktion" [A Redação]. Traduzido de *Gesammelte Werke* v. XII, pp. 316-18.
** Tausk tinha apenas quarenta anos ao morrer, na verdade.

Pouco antes da irrupção da guerra, Tausk obteve o segundo doutorado e estabeleceu-se como psiquiatra em Viena, onde começou a formar, em tempo relativamente curto, uma clientela notável, na qual alcançou belos resultados. A guerra o arrancou subitamente dessa atividade, que prometia plena satisfação e meio de subsistência ao jovem e ambicioso médico. Imediatamente convocado para o serviço ativo e logo promovido a médico-chefe, o dr. Tausk realizou com abnegação seus deveres médicos, em diferentes locais de guerra no Norte e nos Bálcãs (em Belgrado, por fim), e por isso ganhou também o reconhecimento oficial. Deve ser aqui destacado, em seu louvor, que durante a guerra o dr. Tausk se empenhou abertamente, com toda a sua pessoa e sem a menor hesitação, contra os inúmeros abusos que tantos médicos toleraram silenciosamente ou de que foram até mesmo cúmplices.

Os anos de extenuante serviço no campo de guerra não podiam deixar de produzir sério dano psíquico num homem tão consciencioso. Já no último congresso psicanalítico, em setembro de 1918, em Budapeste, que reuniu os analistas após demorados anos de separação, o dr. Tausk, que havia anos padecia fisicamente, demonstrou sinais de incomum excitabilidade.

Quando pouco depois, no outono do ano passado, ele deixou o serviço militar e retornou a Viena, encontrou-se pela terceira vez, intimamente esgotado, ante a difícil tarefa de construir uma nova existência — dessa vez nas mais desfavoráveis condições externas e internas. Além do mais, ele, que deixa dois filhos adolescentes, para quem era um pai devotado, achava-se diante de um novo matrimônio. Já não conseguia lidar com as múltiplas exigências que a dura realidade impunha, em seu estado doentio, e na manhã do dia 3 de julho despediu-se da vida.

O dr. Tausk, que desde o outono de 1909 era membro da Sociedade Psicanalítica de Viena, é conhecido dos leitores desta revista por várias contribuições, que se distinguem pelo agudo poder de observação, juízo certeiro e particular clareza de expressão. Nesses trabalhos se mostra nitidamente o preparo filosófico, que o autor sabia combinar, de maneira feliz, com os métodos exatos da ciência natural. Sua necessidade de fundamentação filosófica e clareza epistemológica o levava a querer apreender — e tentar resolver — problemas difíceis em toda a sua profundidade e abrangente significado. Às vezes, em seu ansioso ímpeto investigativo, ele pode ter ido longe demais nessa direção; talvez também não tivesse chegado o momento de dar à ciência da psicanálise, ainda em formação, uma fundamentação geral desse tipo. A consideração psicanalítica dos problemas filosóficos, para a qual ele mostrou talento especial, promete se tornar cada vez mais fecunda; um dos últimos trabalhos do falecido, sobre a psicanálise da função do juízo — inédito, por ele apresentado no último congresso psicanalítico —, evidencia essa direção do seu interesse.

Além de talento e inclinação filosófica, Tausk mostrava excelente aptidão médico-psicológica, e alcançou belas realizações também nesse campo. Sua atividade clínica, à qual devemos pesquisas valiosas sobre diferentes psicoses (melancolia, esquizofrenia), justificava as maiores esperanças e deu-lhe a perspectiva de um cargo docente na universidade, ao qual ele se candidatava.

A psicanálise tem um débito especial para com o dr. Tausk, que possuía esplêndidos dotes de orador, pelas séries de conferências que ministrou durante anos, em que introduziu muitos ouvintes de ambos os sexos nos fundamentos e nos problemas da psicanálise. Esses ouvintes apreciavam tanto a destreza pedagógica e a clareza de suas palestras como a profundidade com que ele abordava temas específicos.

Todos os que o conheceram mais proximamente admiravam seu caráter franco, sua honestidade para consigo e com os outros e sua natureza nobre, marcada pelo anseio da perfeição. Seu temperamento apaixonado manifestava-se na crítica pungente, às vezes em demasia, que se combinava, porém, com um esplêndido dom de exposição. Essas particularidades exercem grande atração em muitos, mas também podem ter afastado outros. Ninguém, no entanto, escapava à impressão de estar diante de um homem notável.

O que a psicanálise significou para ele — até o último momento — é atestado por algumas cartas que deixou, em que professa incondicional adesão a ela e exprime a esperança de que seja reconhecida numa época não muito distante. Prematuramente arrebatado à nossa ciência e ao público vienense, Tausk certamente contribuiu para que esse objetivo seja alcançado. Na história da psicanálise e de suas primeiras lutas, um lugar honroso lhe está assegurado.

ÍNDICE REMISSIVO

AS INDICAÇÕES *NA* E *NT* DESIGNAM
AS NOTAS DO AUTOR E DO TRADUTOR,
RESPECTIVAMENTE.

ÍNDICE REMISSIVO

Abraão, 89
Abraham, 168*na*, 385, 400
abstinência, 285
Adão, 92
Adler, 14*na*, 32, 74, 137*na*, 146, 324
adulto(s), 16, 76, 84, 85, 108, 121, 127, 132, 138-9, 141, 175, 200, 246, 269, 272, 296, 298, 300, 302, 308, 312-3, 319, 327, 346
afecção, afecções, 21, 31, 156, 289, 383, 387
afeto(s), afetivo(s), afetiva, 51, 89, 98, 157, 173, 180, 232, 241, 304, 360, 374, 390, 394
agorafobia, 290
agressão, 225
Algumas ideias sobre a história da criação e do desenvolvimento dos organismos ver *Einige Ideen zur Schöpfungs und Entwicklungsgeschichte der Organismen* (Fechner)
alimentação, 140
alma(s), 183, 245, 249*nt*, 250, 351, 352*na*, 361, 372-3, 391; *ver também* espíritos
alucinação, 114, 115*na*, 116
ambivalência, 38, 89, 154, 157, 226, 348*na*
American Journal of Psychology, 149*na*
amor(es), amoroso(s), amorosa(s), 29, 32-5, 51, 53, 57-8, 79-80, 89, 92, 94, 113, 121, 124-5, 131, 141, 152, 154, 180, 182, 222, 225-6, 241, 243-5, 251, 256-8, 262, 274, 277, 304-8, 311-2, 321-2, 341, 347, 349*na*, 352, 387, 390
anal, anais *ver* ânus, anal, anais
"'Anal' e 'Sexual'" (Andreas-Salomé), 262*na*
"Análise da fobia de um garoto de cinco anos" (Freud), 277*na*
Analyse der Empfindungen (Mach), 370*na*
anatomia, 185, 378, 380
Andersen, 367
Andreas-Salomé, 262
"Anel de Polícrates" (Schiller), 357, 366
anfimixia, 217, 229
angústia, 15, 40, 54, 63, 65, 79, 83, 87, 91, 95, 102-6, 115, 119, 122, 126, 128, 132, 142, 145, 147-50, 156, 169, 195-7, 290, 329, 346, 349, 360, 368, 376, 387; *ver também* medo animal, animais, 25, 26, 37, 45, 54-5, 58, 60*na*, 75, 79, 81, 83, 86, 93, 110, 119, 128-9, 131-2, 143-5, 148, 151, 159, 202-3, 206, 208-9, 213-4, 217-8, 245-6, 268, 314, 394
anímico, anímica(s), 105, 138, 157, 159, 281, 396
animismo, 359, 362-4
"Animismo, magia e onipotência do pensamento" (Freud), 359*na*
aniquilação da vida, 351; *ver também* morte
ânus, anal, anais, 37, 39, 58, 63-4, 90, 96-7, 102, 105-6, 108-11, 113-4, 132, 135-6, 143, 144-5, 147, 155,

ÍNDICE REMISSIVO

253-4, 258-61, 308, 314; *ver também* reto
aparelho psíquico, 164-7, 170, 185, 191-2, 196, 198-9, 236, 364; *ver também* psique
Aristarco de Samos, 245
Artista, O ver *Künstler, Der* (Rank)
árvore(s), 41-5, 48-50, 58, 59*na*, 60*na*, 95, 115*na*, 183, 213
assaltantes, 109
Associação Psicanalítica de Budapeste, 397
Associação Psicanalítica Internacional, 400
ataque epiléptico, 340
atividade, 49, 156, 309; *ver também* passividade
Atman, 231*na*
"Äußerungen infantil-erotischer Triebe im Spiele" (Pfeifer), 171*nt*
autoconservação, 165, 205, 221-4, 235*na*, 242
autoerotismo, 109*na*, 258, 295; *ver também* erotismo, erótico(s); masturbação, masturbatório(s)
autoestima, 17, 180, 242
auto-observação, 63*na*, 352
autopercepção, 190
avareza, 112, 253
aversão, 30, 251, 270, 385
aves, 202
avô, 43, 46-9, 58, 60*na*, 65, 136

babá, 22-3, 30, 41, 50, 115, 121-3, 125, 149*na*, 155, 342-3
Babilônia, 231*na*

Bárczy, 397
bebê(s), 39, 109*na*, 110-22, 144, 148, 158, 244, 246, 258, 268, 356
Bedeutung der Psychoanalyse für die Geisteswissenschaften, Die (Rank & Sachs), 393
"Bedeutung des Vaters für das Schicksal des Einzelnes, Die" (Jung), 182*na*
besouros, 25, 37, 120
Bettelheim, 249*nt*
"Biblioteca Psicanalítica Internacional", 383
biologia, biológicos, biológica, 65, 143, 212, 219, 234, 246, 324, 361, 394
bissexualidade, bissexual, 146, 323
blasfêmias, 90
Boccacio, 60
borboleta(s), 25, 119-22, 126, 128, 132, 148, 149*na*
Böse Blick und Verwandtes, Der (Seligmann), 358*na*
Braut von Messina, Die (Schiller), 212*nt*
Brentano, 271
Breuer, 169, 185*na*, 188, 194, 199, 327, 390
Brihad-Aranyaka-Upanixade, 231*na*
brincadeira(s), 46, 141, 170, 172-5, 183, 200, 266; *ver também* jogo(s)
bumbum, 29, 36, 63

Cabana do pai Tomás, A (Stowe), 295
cachorro(s) *ver* cão, cães

ÍNDICE REMISSIVO

Calkins, 217
canibalismo, 87, 141
cão, cães, 41, 45, 60na, 61na, 79, 80, 106na, 129, 141, 246, 268
caracol, 94
caráter, 23, 26, 36, 40, 77, 83, 116, 182, 200, 253-4, 316, 324
carinho, 141
casamento ver matrimônio
castigo(s), 28, 38, 40, 64, 180, 196, 287, 295, 303, 307-8, 346
castração, 28, 35, 44, 48, 51, 59, 61na, 63, 65, 79, 96, 105-6, 113-6, 123-4, 126, 128, 130, 133, 143, 145, 149, 156, 160na, 256, 260-1, 346-7, 349, 351, 362, 364, 366, 370
cavalo(s), 25-6, 36-7, 45, 86, 94-5, 246
célula(s), 206-7, 211, 213-5, 220-1, 223, 227-9, 232, 235na
cena primária, 41, 54-5, 56na, 57-9, 60na, 61na, 62, 65, 76, 78, 82-3, 86-7, 91, 95, 104, 107, 111, 118, 124-6, 128, 129-30, 134, 136, 142, 149, 158
cérebro, cerebral, 185, 187
"Chapeuzinho Vermelho", 36, 43-7, 57
ciência, científico(s), científica(s), 17, 73, 140, 209, 230, 233-4, 238-9, 245, 247-8, 251, 361, 378, 380, 392, 398, 401, 404-5
circuncisão, 116, 117-8
cissiparidade, 216
clister, 133, 134
cloaca, 106-7, 113

cocô ver fezes
coito, 51, 53, 57, 62na, 66, 77, 79-80, 91, 106na, 118na, 124na, 127, 130, 135, 142, 144, 160na, 318
compaixão, 117-8
complexo de Édipo, 117, 158, 177, 312-3, 315, 320, 326-7, 394; ver também incesto
compulsão, compulsivos, compulsiva, 26, 57, 77, 90, 93, 122, 124-5, 155, 178, 179na, 181, 183-4, 196, 199, 201-2, 211-2, 228, 233, 283, 290, 356
comunicação com os mortos, 361
condensação, 198
Conferências introdutórias à psicanálise (Freud), 14na, 78, 82, 129, 130
conflito(s), 67, 73na, 74, 84, 88, 145-6, 158, 166, 181, 197, 223, 242-3, 250, 267, 280, 285, 372, 384-6, 393
consciência, 16, 38, 40, 57, 68-9, 112, 138-9, 148, 164, 178, 184-7, 196, 204, 238, 247, 249, 266, 280, 287, 291, 294, 307, 309-10, 312, 314-5, 317, 320, 322, 352, 396; ver também Cs, sistema
consciente, 139, 148, 178
contos de fadas, 41, 46na, 115na, 246, 372, 376
Contos de Hoffmann (Offenbach), 341
Contos noturnos (Hoffmann), 341
contrainvestimento, 192
conversão, 145, 150
Copérnico, 245

ÍNDICE REMISSIVO

cópula *ver* coito
corpo humano, 36, 58, 106, 109, 113, 135, 189, 198, 214, 257, 261, 351
córtex, 185, 187
criança(s), 15-7, 21-4, 29, 35, 36, 40, 50-1, 53, 54*na*, 56*na*, 63*na*, 67-8, 72, 75-7, 79-80, 82, 85, 88, 91, 93, 102-4, 106, 108-12, 113*na*, 121, 128, 130-4, 137-9, 141-5, 149*na*, 151, 154, 158-9, 170-1, 173-5, 180, 183, 200, 222, 246, 255-62, 264, 270, 272, 274, 276, 277*na*, 291, 294-7, 301-8, 310-2, 315, 317, 321, 327, 341-3, 350, 352, 368; *ver também* infância, infantil, infantis
Cristo *ver* Jesus Cristo
Cronos, 46*na*
Cs, sistema, 139, 184, 186-8, 191; *ver também* consciência
culpa, 30, 38, 40, 85, 117, 138, 144, 152, 160*na*, 196, 248, 287, 294, 307, 309-10, 312, 314-5, 317
cultura, cultural, culturais, 17, 123*na*, 158, 173, 210, 245, 268, 351, 391, 393-5, 397, 402

Dante, 373
Darwin, darwiniano, 229, 246
defecação, evacuação, 86, 100-1, 104, 107, 109*na*, 133, 144, 258; *ver também* fezes; reto
delírio, delirante, 113, 315, 343-4, 352, 393
dementia praecox, 31, 198, 386
demônio(s), 94, 345, 354, 363, 372

"Demônio, O" (Liérmontov), 94*nt*
depressão, depressões, 15, 21, 26, 52; *ver também* melancolia
"Desaparecimento do complexo de Édipo, O" (Freud), 307*na*
desejo(s), 37, 50, 58, 61*na*, 64, 68, 80, 117, 133-6, 149, 170, 175, 179, 195-6, 201, 242, 255-7, 259, 261, 272, 288, 302, 306-7, 317, 324, 326, 348*na*, 350, 357, 366-9, 372, 391
deslocamento, 54*na*, 61, 87, 98
desprazer, 162-7, 179, 181, 184, 191-2, 196, 236-7, 238, 314
"Destruição como causa do vir-a-ser, A" ver "Destruktion als Ursache des Werdens, Die" (Spielrein)
"Destruktion als Ursache des Werdens, Die" (Spielrein), 227*na*
Deus, 26, 85, 88-9, 92, 106, 112, 116, 152, 153, 337, 395
deuses, 157, 246, 354, 357, 373
Deuses no exílio, Os ver *Götter im Exil, Die* (Heine)
devaneios, 94, 309, 311
Diabo, 26, 94-5, 232, 363
"Dificuldades técnicas de uma análise de histeria" (Ferenczi), 284
Dilacerado, O (Nestroy), 375
dinheiro, 56*na*, 97-9, 102, 110-2, 255, 258-61
disenteria, 103, 104, 131
doença(s), doente(s), 14-7, 19-21, 23, 25, 27, 33, 38, 52, 69-70, 72, 75-7, 96, 97, 100-2, 104-6, 110,

ÍNDICE REMISSIVO

117, 119, 122, 131-4, 138, 150, 155-6, 160*na*, 168-70, 176-7, 195, 197-8, 201, 241-2, 247-8, 250, 271*na*, 280-2, 284-92, 294, 306, 343-4, 349*na*, 357, 363, 383-4, 390-2
Doflein, 216*na*
"Doppelgänger, Der" (Rank), 351*na*
dor(es), 33, 98, 103, 107, 115, 192-3, 299, 316
"duplo", 351-3, 369*na*; *ver também* alma(s); espíritos
duração da vida, 213, 215

Editora Psicanalítica Internacional, 397-8
educação, educadores, 18, 27, 32, 40, 138, 151, 180, 288, 296, 379
Egito, 351
Einige Ideen zur Schöpfungs und Entwicklungsgeschichte der Organismen (Fechner), 163
elaboração, 53, 67, 94, 104, 106, 176, 199, 267, 348*na*, 395
eletricidade, 390
Elixir do diabo, O (Hoffmann), 350, 396
embriologia, 187, 202
emoções, emocional, emocionais, 79, 118, 180, 329, 341, 349*na*, 360, 362, 375
empatia, 16, 114, 138
entropia, 153
"Entwicklungsstufen des Wirklichkeitssinnes" (Ferenczi), 209*na*
enurese, 123

epilepsia *ver* ataque epiléptico
ereção, 108, 318
Eros, 210, 221, 223, 225, 235*na*
"Erotischen Quellen der Minderwertigkeitsgefühle, Die" (Marcinowski), 180*na*, 313
erotismo, erótico(s), 58, 125, 243, 253-4, 259, 261; *ver também* autoerotismo; masturbação, masturbatório(s)
escolha de objeto, 32-3, 39, 125, 127, 149*na*, 256, 305, 307, 315
Espírito Santo, 90-1
espíritos, 90-1, 222, 248, 345, 359, 362, 373
esquizofrenia, 405
Estágios, 209
estética, 164, 176, 329-31, 368, 374
estímulo(s) externo(s), 187, 189-91, 209*na*
Estudante de Praga, O (Ewers), 353*na*
Estudos sobre a histeria (Breuer & Freud), 185*na*, 188*na*
Etcheverry, 200*nt*, 281*nt*
Eu, 146, 147, 150, 165-6, 167*na*, 170, 178-9, 183, 197, 208, 211-2, 221-6, 234, 235*na*, 242-4, 247-8, 250, 253, 257, 261, 315, 351-2, 353*na*, 354, 385-6, 392
Eu e o Id, O (Freud), 353*nt*
evacuação *ver* defecação, evacuação
Ewers, 353*na*
excitação, 32, 53*na*, 79, 91, 100, 108-9, 124, 128, 140, 163-4,

ÍNDICE REMISSIVO

184-7, 191, 195, 197-8, 199, 237, 295, 303, 305-6, 308-9, 316
excremento(s), 26, 90, 93, 97, 102, 107-10, 112-3, 133-4, 144, 258, 260

fábula(s), 85, 367, 372
falecidos *ver* morto(s)
fantasia(s), 29-30, 36-8, 53, 56, 65, 68-74, 76, 81-2, 95, 107, 111, 120, 127-9, 133-7, 144, 149*na*, 158, 160*na*, 201, 255, 259, 294-7, 299-305, 307-11, 313-22, 324-7, 343, 346-7, 348*na*, 353, 364, 370-1, 393
"Fantasma de Canterville, O" (Wilde), 375
fantasmas, 338, 339, 346, 365, 372
fase oral, 141; *ver também* oral
Fausto (Goethe), 210, 363*nt*
fé, 84, 95, 372
febre, 52
Fechner, 163-5
fecundação, 218, 229*na*, 380
feitiçaria, 362
feminilidade, feminino(s), 36, 65, 94-5, 105, 114, 120, 146-7, 155, 230, 255-7, 301, 309, 311, 317, 323-5, 365; *ver também* mulher(es)
Ferenczi, 56*na*, 168*na*, 170, 209*na*, 273*na*, 284, 382-3, 398
fezes, 26, 99, 103-4, 109*na*, 112, 132, 255, 258-62; *ver também* defecação, evacuação
ficção, 30, 319, 368, 371-2, 374-5

filho(s), 15, 21-2, 26, 46, 85, 88-9, 91, 95, 110-2, 116, 134-5, 154, 180-1, 256-9, 261, 264, 269, 306, 342-3, 348*na*, 349*na*, 395, 403
filogênese, 130
filosofia, filósofos, 20, 220-2, 251, 380, 381, 393, 404
fixação, 19, 135, 153, 157, 170, 312
Fliess, 213
fobia(s), 27, 55-6, 64-5, 75, 83, 107, 110*na*, 132-3, 145, 148-51, 160*na*, 210, 289-90
fome, 222, 241
"Fontes eróticas dos sentimentos de inferioridade, As" *ver* "Erotischen Quellen der Minderwertigkeitsgefühle, Die" (Marcinowski)
Freud e a alma humana (Bettelheim), 249*nt*
frustração, 156, 256, 286, 387
função reprodutiva, 217, 222, 228-9, 235*na*, 241

genital, genitais, 29, 35-7, 52, 64-5, 78, 81, 86, 121-2, 135, 142-5, 147-8, 155-6, 225-6, 231, 253-5, 257, 259, 261, 294, 305-6, 308, 311, 314-5, 317-8, 320-1, 323, 351, 365; *ver também* pênis; vagina
Gesammelte Werke, 13, 71*na*, 135*na*, 161, 170*nt*, 240, 252, 263, 278*nt*, 279, 293, 328, 357*nt*, 377, 382, 390, 396-7, 400, 402

ÍNDICE REMISSIVO

Gesetz der Serie, Das (Kammerer), 356na
Goethe, 264, 267-71, 277-8, 363nt
Goette, A., 216
Gomperz, 231na
gonorreia, 14, 133
Götter im Exil, Die (Heine), 354
Grisebach, 341, 349
grumus merdae, 109
guerra, 66, 160na, 168, 170, 174, 197, 292, 383-7, 397-8, 400, 402-3
Guilherme Tell (Schiller), 339
Gyógyászat, 377

Hall, 149na
Hamlet (Shakespeare), 346, 373
Hariri, 239
Hartmann, 216, 334
Hauff, 364, 366, 375
heimlich, 331, 333, 337-40, 360, 366; ver também "inquietante"
Heine, 354
Hering, 219, 356
Heródoto, 366, 375
heterossexual, 32, 156
hidropatia, 390
histeria, histérico(s), histérica, 15, 101, 148, 150, 155, 168-9, 289, 294, 299, 393
História Sagrada, 84-5, 87-8, 115
Hitschmann, 271
Hoffmann, 341, 346, 347, 349na, 350, 354, 396
"Homem da Areia, O" (Hoffmann), 341, 349
homem, homens, 26, 36, 39, 54, 64, 79, 85-7, 89, 91-2, 94-5, 105, 107-8, 110, 116, 126, 134, 135na, 154-5, 156, 159, 182, 209, 230, 231na, 244-6, 251, 255-7, 260, 261, 264, 267, 287, 291, 299, 301, 311, 314, 319, 321-3, 325, 339, 342, 352, 357, 361, 365, 371, 391, 402-3, 405; ver também masculinidade, masculino(s)
Homero, 373
homossexualidade, homossexual, homossexuais, 86-8, 95-6, 105, 111-3, 134-5, 145, 147-50, 152, 156, 313, 321-2
hostilidade, 30, 89, 92, 117
humanidade, 117, 123, 244, 307, 395
Huss, 123

identificação, 39, 86, 91, 103-6, 111, 117, 118, 142, 152, 351
Imago, 171, 174na, 240, 262na, 263, 328, 351na, 398, 400
imortalidade, imortal, imortais, 207, 211, 213-7, 219, 228, 245, 351
Importância da psicanálise para as ciências humanas, A ver *Bedeutung der Psychoanalyse für die Geisteswissenschaften, Die* (Rank & Sachs)
impulso(s), 37, 50, 63na, 75, 85, 87, 89, 96, 97, 105, 118, 144, 147-50, 157, 163, 166, 173-4, 179, 183, 198-9, 202, 209, 227na, 236-7, 247-8, 251, 254, 256, 259, 268, 280, 282-4, 298, 303, 307-8,

323-6, 356, 358, 360, 366, 384, 391
incesto, 136, 393; *ver também* complexo de Édipo
inconsciência/atos e processos inconscientes, 51, 68, 70, 105, 139, 178, 184, 186, 190, 198-9, 250-1, 280, 310, 314, 325, 384
inconsciente, 18, 53, 67, 87, 96, 107, 109*na*, 110, 147, 154, 157, 159, 176, 178, 198, 255, 307, 322-3, 327, 356, 361, 392
incontinência, 102, 104, 123*na*
infância, infantil, infantis, 14-7, 19, 21-2, 25-7, 29-31, 40, 43, 45-6, 55, 56*na*, 58, 67-70, 71*na*, 72-8, 80-1, 83, 96, 101-2, 107, 114, 121, 124-5, 130-2, 136-8, 141, 149*na*, 155-6, 158, 159*na*, 170, 174, 177, 179-80, 181, 183, 196, 199-201, 256, 259, 262, 264, 266-9, 271*na*, 272, 274-5, 277, 280, 295-8, 300-1, 312-5, 317-20, 326, 327, 342-3, 346, 348*na*, 349-51, 356, 364, 370-1, 376; *ver também* criança(s)
Inferno, 85, 372
inibição, inibições, inibido(s), inibida(s), 19, 32-3, 37, 55, 57, 72, 155-6, 165, 247, 299, 329, 392
Inleiding bij de vertaling von S. Freud, De sexuele beschavingsmoral etc (Stärcke), 227*na*
"inquietante", 328-32, 340-1, 345-6, 349-50, 352-7, 359-60, 362-75; *ver também heimlich; unheimlich*

instinto(s), 32, 38*na*, 140, 143, 165-7, 175, 181, 183, 196, 198-9, 202-12, 214-6, 219-24, 225*na*, 226, 227*na*, 228-30, 232-4, 235*na*, 236-8, 241-3, 247-9, 251, 261, 281, 314, 327, 356, 384, 392; *ver também* vida instintual
"Instintos e seus destinos, Os" (Freud), 192*na*, 226*na*
inteligência, 18, 31, 32, 59, 138
Internationale Zeitschrift für ärztliche Psychoanalyse, 155*na*, 279, 284, 293, 397
Interpretação dos sonhos, A (Freud), 71*na*, 135*na*, 137*na*, 186, 199*na*, 278
intestino, intestinal, intestinais, 99-102, 104-8, 109*na*, 113, 150, 258-61
Introdução à tradução de "A moral sexual 'civilizada'" etc., de S. Freud ver Inleiding bij de vertaling von S. Freud, De sexuele beschavingsmoral etc. (Stärcke)
"Introdução ao narcisismo" (Freud), 197, 223*na*, 353*nt*
introversão, 222
inveja do pênis, 256, 259, 261
"Investigações sobre o primeiro estágio de desenvolvimento pré-genital da libido" *ver* "Untersuchungen über die früheste prägenitale Entwickungstufe der Libido" (Abraham)
investimento libidinal, 113, 223, 258, 310

ÍNDICE REMISSIVO

Inzestmotiv in Dichtung und Sage, Das (Rank), 393*na*
irmão(s), irmã(s), 21-35, 39, 43, 54, 57, 77-8, 88, 92, 98, 110-1, 125, 127, 130, 143, 160*na*, 256, 264, 268-71, 273-6, 277*na*, 301, 304, 344, 347, 366
irrupção, 33, 75, 95, 192-3

Jahrbuch der Psychoanalyse, 14*na*
Jahrbuch für psychoanalytische und psychopathologische Forschungen, 227*na*
Jentsch, 330, 332, 340-1, 345, 349
Jerusalém libertada (Tasso), 115, 182
Jesus Cristo, 85-9, 91, 106, 116, 152, 154
jogo(s), 56, 71, 170-3, 175, 200, 207-8, 233, 259; *ver também* brincadeira(s)
Jones, 168*na*, 289, 382, 384-5, 398
José II, imperador, 292
Josef Montfort (Schaeffer), 363
judeu(s), 116, 118
Júlio César (Shakespeare), 373
Jung, 14*na*, 74, 130, 133, 137, 153, 182*na*, 224

Kammerer, 356*na*
Kant, 190
Keimplasma, Das (Weismann), 213*na*, 229*na*
Klinger, 339
"Kriegsneurosen und Psychisches Trauma" (Simmel), 400
Künstler, Der (Rank), 227*na*

lagartas, 25, 93, 95, 110, 120
Lei da série, A ver *Gesetz der Serie, Das* (Kammerer)
Lei de talião, 347
lembrança(s), 20, 22, 24-7, 29, 37, 40, 44, 47, 50, 59*na*, 63, 70-1, 81, 84, 103, 110, 115*na*, 119, 120-2, 123, 125, 170, 176, 181, 185-6, 201, 264, 267-8, 271*na*, 273, 275, 277*na*, 290, 294, 342; *ver também* memória; recordação, recordações; reminiscência(s)
libido, libidinal, libidinais, 17, 35, 38, 62, 64, 73*na*, 74, 96-7, 113, 146-7, 149, 152-3, 157, 197, 220-6, 235*na*, 241-4, 253, 256-8, 286, 300, 303, 306, 308, 310, 312, 317, 352, 386-8
Liérmontov, 94*nt*
limpeza, 123, 125, 149*na*
Lipschütz, 216*na*, 227
"Lobo e os sete cabritinhos, O", 36, 44-7, 55-6, 59
lobo(s), 24-5, 36, 41-50, 52*na*, 54-9, 60*na*, 61*na*, 64-5, 77, 79-80, 83, 87, 94-5, 107, 128, 132-3, 136, 141-2, 148-51, 160*na*
Loeb, 218
Lopez-Ballesteros, 281*nt*
loucura, 15, 340, 344, 363
Low, 228

Macamas (Hariri), 239
Macbeth (Shakespeare), 305*nt*, 346, 373
Mach, 369*na*

ÍNDICE REMISSIVO

mãe, 21-3, 26, 29, 30, 52, 57, 60na, 62, 64-5, 83-4, 87-8, 91, 99, 103-4, 111-2, 116, 121, 124, 126, 130-1, 134-5, 151, 154, 158, 160na, 171, 173-4, 267-8, 271, 275-7, 304, 306, 308, 317, 320-1, 325-6, 342, 363, 365, 394

magia, 244, 359, 362

malária, 51, 80, 91

"Manifestações de instintos infantil-eróticos no jogo" ver "Äußerungen infantil-erotischer Triebe im Spiele" (Pfeifer)

Marcinowski, 180, 313

masculinidade, masculino(s), 29, 65, 87, 95, 105, 112, 135, 142-3, 145-8, 155-6, 230, 255-7, 308, 311, 318, 320-1, 324-7; *ver também* homem, homens

masoquismo, masoquista(s), 38-40, 64, 86-8, 94, 144-5, 147-8, 150-1, 152, 170, 226-7, 297, 302, 307-11, 314, 316-9, 321-2, 326-7; *ver também* sadismo, sádico(s), sádica(s)

masturbação, masturbatório(s), 35, 37-8, 294, 303, 305, 308-10, 315-6, 318; *ver também* autoerotismo; erotismo, erótico(s)

matéria inanimada, 204, 211, 232

matrimônio, 21, 287, 404

Mau-olhado e coisas afins, O ver *Böse Blick und Verwandtes, Der* (Seligmann)

"mau-olhado", 358

Maupas, 217

médico(s), 16, 18, 21, 70, 72, 94, 96, 101, 103, 119-20, 149na, 160na, 176, 177, 179na, 180, 201, 259, 280, 285, 287-91, 299-300, 330, 352, 378-9, 383, 390, 403-4

medo, 24, 26, 36, 41-3, 45-6, 48, 50-1, 55, 57, 59, 61na, 65, 77, 80, 86, 99, 103, 106, 111, 119, 128, 131, 141-2, 148, 152, 169, 201, 246, 277, 338, 342, 346-7, 350, 358, 361, 369; *ver também* angústia

melancolia, 168, 197, 386, 405; *ver também* depressão, depressões

membrana mucosa, 259, 262

memória, 79, 103, 120, 122, 185, 196, 266, 272, 308; *ver também* lembrança(s); recordação, recordações; reminiscência(s)

"Menschen und Weltenwerden" (Ziegler), 231na

meta(s), 35, 38na, 39, 64-5, 87, 96, 141, 143-5, 147-8, 154-5, 162, 166, 176, 204, 205-6, 208, 210, 306, 314, 329, 391

metabolismo, 215, 218, 227

minuciosidade, 253

mitologia, mito(s), 46na, 85nt, 123, 230, 231na, 243, 246, 307, 346-7, 380, 393, 395

mortalidade, 361

morte, 33, 45, 48, 60na, 98, 104, 106, 111-2, 117, 131, 142, 182, 189, 204-7, 211-5, 217-8, 220, 224-6, 228-9, 234, 235na, 238, 271, 342, 344, 347, 351, 358, 360, 362, 367

ÍNDICE REMISSIVO

Morte e procriação ver *Tod und Fortpflanzung* (Hartmann)
morto(s), 34, 99, 264, 277, 352, 360-2, 367, 369, 372
mulher(es), 22, 27, 39, 54, 57, 64, 77, 79, 87-8, 92, 94, 104-8, 110-1, 113, 115-6, 120, 124, 127, 134, 154-5, 182, 231*na*, 255-7, 261, 274, 277*na*, 287, 291, 299, 311, 314, 318-9, 322-3, 325, 349*na*, 354, 367; *também* feminilidade, feminino(s)
mundo externo, 165, 184, 187-8, 190-1, 207, 245, 247, 354

nádegas, 65, 77, 124
narcisismo, narcísico(s), narcísica(s), 39, 64, 113, 133, 143, 145-8, 156, 180, 197, 221, 223-5, 233, 235*na*, 243, 244-6, 251, 257, 258, 260-1, 313, 315, 349*na*, 352, 359, 386-7
Narciso, 243
Nestroy, 375
Neue Jahrbücher für das klassische Altertum, 231*na*
neurologia, 66
neurose(s), neurótico(s), neurótica(s), 14-7, 19, 25-7, 31-2, 41, 45-6, 52, 58, 67-9, 71, 74-7, 81-4, 86-7, 90-3, 95-7, 101, 114, 116-7, 119, 130-3, 136, 137*na*, 141-2, 146, 150, 153, 155-6, 159*na*, 160, 167-70, 177, 178, 180-1, 183, 194-9, 206, 208, 210, 221-3, 242, 244, 247, 254-6, 259, 280, 284, 287, 291-2, 294, 299, 311, 313-5, 324, 326-7, 347, 356-8, 364, 365, 381-8, 392-5, 401
"Neuroses de guerra e trauma psíquico" *ver* "Kriegsneurosen und Psychisches Trauma" (Simmel)
Noiva de Messina, A ver *Braut von Messina, Die* (Schiller)
normal, normais, 14, 62*na*, 94, 97, 100, 102, 142, 153, 155-6, 160*na*, 170, 199, 244, 259, 296, 306, 311-2, 318, 321, 326, 390-2
Novo Testamento, 367

objeto sexual, objetos sexuais, 34-5, 39, 86, 155, 222, 226
objeto(s) amoroso(s), 32, 125
"Observações sobre a teoria e a prática da interpretação dos sonhos" (Freud), 179*na*
"Observações sobre um caso de neurose obsessiva" (Freud), 137*na*, 357*na*
obsessão, obsessivo(s), obsessiva(s), 15, 25-7, 31-2, 52, 58, 71, 75, 77, 82-3, 86-8, 90-3, 95, 97, 101, 112, 115-7, 131-2, 149*na*, 150, 151, 154-5, 160, 259, 290, 294, 299, 318, 349*na*, 357-8, 393, 401
obstinação, 35, 253, 258
ódio, 24, 225, 304
Offenbach, 341
onanismo *ver* masturbação, masturbatório(s)
onipotência, 244, 305, 359, 362, 364, 367-8, 372

417

ÍNDICE REMISSIVO

ontogênese, 130
oral, 140-1, 143, 225; *ver também* fase oral
organismos, 189, 204, 206-7, 213-7, 220, 229
ouriços-do-mar, 218

paciente(s), 15, 18-21, 22*na*, 24, 26-7, 29-33, 36-7, 43, 46-8, 52, 54*na*, 56, 62, 70-2, 77, 81, 83, 84*na*, 85, 96-7, 99*na*, 100*na*, 101-2, 108-9, 111, 113-5, 118-20, 123-32, 135*na*, 136-8, 140-2, 149*na*, 150-2, 160*na*, 176, 178, 201, 238, 243, 259, 267, 268-70, 272-4, 280, 281, 286-9, 294, 295, 300-1, 303, 309, 319, 347, 350, 357, 359, 363, 378-9, 381, 387
pai, 15, 21-2, 26, 29, 31, 34, 36, 39, 43, 45-6, 48, 50, 53, 55-9, 61*na*, 63-5, 77, 80, 86-95, 98, 104, 106, 108, 111-3, 116-8, 124, 126, 130, 134-5, 141-2, 148, 150, 152-3, 158, 160*na*, 174, 246, 271, 273, 275, 277*na*, 302-4, 306-11, 316, 317, 320-2, 324, 342, 344, 345*na*, 347, 349*na*, 394, 395, 402, 404
pais, 22-3, 30-1, 34, 36, 40, 51, 54, 58, 60*na*, 63, 76-81, 103*na*, 105, 107, 111, 126, 129, 131, 158, 160*na*, 171, 264, 271-4, 296, 304, 306, 316, 317, 348*na*, 394; *ver também* mãe; pai
paixão, paixões, 57, 122-3, 125, 152, 155, 270, 390
Palavras de Freud, As (Paulo César de Souza), 37*nt*, 107*nt*, 114*nt*, 249*nt*, 281*nt*
"Paralelos etnopsicológicos às teorias sexuais infantis" *ver* "Völkerpsychologische Parallelen zu den infantilen Sexualtheorien" (Rank)
paramécia, 216
paranoia, paranoico(s), 113, 316, 386, 393
passividade, 49, 126, 144-5, 156, 175, 309, 314; *ver também* atividade
paz, 20, 168, 238, 265, 384-7, 402
P-Cs, sistema, 185, 190
pecado, 92, 239
peixes, 36, 202
pênis, 37, 65, 86*na*, 113, 116, 118, 135, 145, 255-7, 259-62; *ver também* genital, genitais; vagina
penitências, 90
pensamento(s), 16, 26, 36, 49, 52*na*, 59, 63*na*, 75, 84, 88, 90, 92, 111-2, 115, 126, 128, 151, 154, 159, 190, 203*na*, 209*na*, 211, 231*na*, 232, 244, 247, 255, 277, 290, 359, 361-2, 364, 367-9, 372
percepção, percepções, 17, 45, 53, 62, 67, 106-7, 139, 167, 184, 222, 238, 247, 250, 360; *ver também* sentidos
perigo, 148, 167, 169, 206, 242, 287, 367, 385, 387
personalidade, 138, 363
perversão, perversões, perversos, perversas, 225, 259, 297-8, 311-3, 315, 318, 326-7

ÍNDICE REMISSIVO

Pfeiffer, 171
pitagóricos, 231*na*, 245
planetas, 245
plasma germinativo, 214
Plasma germinativo , *O* ver *Keimplasma, Das* (Weismann)
Platão, 230-1
pluricelulares, 214-5
Poesia e verdade (Goethe), 264, 267-8, 273, 277
poesia, poetas, 212, 221, 352*na*, 393
Por que morremos ver *Warum wir sterben* (Lipschütz)
porcos, 26, 92
povos primitivos, 212, 244
prazer, prazeroso, prazerosa(s), 57, 62, 97, 102, 162-7, 171-6, 179, 181, 183-4, 191-2, 195-6, 199-201, 209-10, 236-8, 265, 272, 274, 288, 294-5, 297, 302, 356, 372; *ver também* princípio do prazer
pré-consciente, 139, 178-9, 199
"Predisposição para a neurose obsessiva, A" (Freud), 253*na*
pré-história, 27, 117-8, 130, 300, 366, 394
princípio da realidade, 165-7, 179; *ver também* real, reais, realidade
princípio do Nirvana, 228
princípio do prazer, 162, 164-7, 173-5, 179, 183, 192, 195-6, 199-200, 228, 236-8, 280; *ver também* prazer
Problem des Todes und der Unsterblichkeit bei den Pflanzen und Tieren, Das (Doflein), 216*na*

"Problema econômico do masoquismo, O" (Freud), 319*na*
procriação, 211, 214, 226
"Profecia, A" (Schnitzler), 373
projeção, 52*na*, 191
protozoários, 211, 215-8, 227, 229, 232, 244
psicanálise, psicanalítico(s), psicanalítica(s), psicanalista(s), 14*na*, 16-7, 19, 66, 68, 70, 72-4, 93, 127, 129, 132, 137*na*, 139-40, 145, 149*na*, 153, 156-7, 159, 162-3, 176, 178, 181, 184-5, 190, 194, 197, 201, 208, 220, 222-5, 235*na*, 241-3, 248, 250-1, 253-4, 259, 266-8, 280, 282-3, 285, 289, 291-2, 294, 298, 300, 327, 329, 346-7, 353*na*, 356, 360, 363-5, 368, 376, 378-81, 383-7, 390-5, 397-405
psicologia, 66, 138, 221, 234, 241, 257, 352*na*, 379-80, 391, 395
Psicologia das massas (Freud), 353*nt*
Psicologia dos processos inconscientes, A (Jung), 130
psiconeuroses *ver* neurose(s), neurótico(s), neurótica(s)
psicoses, 387, 392, 405
psique, 164, 165, 178, 184, 192, 236, 241, 246-8, 282, 356, 360, 391; *ver também* aparelho psíquico
psiquiatria, psiquiatra(s), 15, 248, 379-81, 386, 402-3
Psychiatrisch-neurologische Wochenschrift, 330*na*

ÍNDICE REMISSIVO

puberdade, 29, 32, 57, 94, 132, 141, 155, 259, 312, 314-5
"Pubertätsriten der Wilden, Die" (Reik), 400
punição, 40, 117
Putnam, 289, 401

química(s), químico(s), 205, 218, 227-8, 232, 234, 243, 281-3, 284na, 345na, 378

racionalização, 33, 68, 127
raiva, 30, 276
Rampsinito, 366, 375
Rank, 46na, 227, 345, 351, 353na, 393, 398
real, reais, realidade, 28, 47, 68-9, 72, 74, 76, 78, 80, 82, 97, 114, 129, 133, 164, 179, 247, 296, 302, 343, 346, 359, 364, 369-73, 375, 404; *ver também* princípio da realidade
"Recordação de infância em *Poesia e verdade*, Uma" (Freud), 174na
recordação, recordações, 16, 22na, 24, 39-40, 43-4, 50-1, 57-8, 62, 70-1, 80, 85, 92, 95, 118-21, 128-9, 131, 149na, 173, 175, 177, 186, 266-7, 269, 271, 273-4, 277, 294, 302, 342, 390; *ver também* lembrança(s); memória; reminiscência(s)
"Recordar, repetir e elaborar: novas recomendações sobre a técnica da psicanálise II" (Freud), 177na
regressão, 64, 74, 81, 127, 141, 204, 209, 226, 257, 308-9, 314, 317, 320, 322, 354
Reik, 332na, 390, 395, 400
rejeição, 37-8, 86, 91, 107, 145, 148, 154, 384
religião, religiões, 83, 85, 88-90, 93, 96, 151-4, 157, 354, 361, 380, 393, 395
reminiscência(s), 28, 61, 67, 73, 169, 344; *ver também* lembrança(s); memória; recordação, recordações
renascimento, 133-7
renovação da vida, 214, 227, 229
renúncia, 64, 113, 152, 165, 173, 285, 309
repetição, repetições, 147-8, 174, 177, 178, 179na, 181-4, 187, 196, 199-201, 203-4, 210-2, 228, 233, 236, 351, 354-6, 362, 369
repressão, repressões, 50, 61na, 64-5, 69, 87, 91, 95-6, 106-7, 109, 116-7, 145-9, 151-2, 154, 159, 166-7, 178-9, 183, 210-1, 249, 254, 280, 297-8, 306-10, 314, 317, 321-7, 348na, 360, 362, 365-6, 370-1, 388, 392
reprodução *ver* função reprodutiva
resistência(s), 16, 19, 20, 60na, 68, 101, 122, 127, 176, 178-9, 183, 187-8, 210, 251, 273na, 280, 284-5, 291, 294
reto, 259, 262; *ver também* ânus, anal, anais
"Ritos de puberdade dos selvagens,

ÍNDICE REMISSIVO

Os" ver "Pubertätsriten der Wilden, Die" (Reik)
ruminações, 85-6, 154

Sachs, 269, 393, 398
sadismo, sádico(s), sádica(s), 37-9, 62na, 64, 86, 94, 97, 143-8, 155, 225-6, 227na, 253, 259, 297-8, 302-3, 305, 307-8, 310, 314-5, 317, 320-1, 326; *ver também* masoquismo, masoquista(s)
sanatório(s), 15, 91, 94, 117-8, 288, 291
Santíssima Trindade, 26, 93
satisfação, satisfações, 40, 50-1, 58-9, 61na, 62, 64, 74-5, 101, 109na, 110-1, 134-5, 141, 148, 152, 165-6, 172-4, 179-81, 183, 195, 210, 242-3, 249, 258, 285-8, 294-5, 303, 306, 310, 314, 318, 366, 368-9, 378, 392, 403
saúde, 111, 243, 244, 269, 291
Schaeffer, 362, 364
Schelling, 337-8, 340, 360
Schiller, 212nt, 339, 357nt
Schnitzler, 373
Schopenhauer, 220, 251
sedução, 27, 29-31, 35-6, 39-40, 64, 66, 83, 84na, 92, 117, 124na, 126, 129-30, 143-5, 160na
Seligmann, 358
sensação, sensações, 47, 162-4, 167, 180, 184, 191, 237-8, 340, 355, 369-70, 373-5
sensualidade, 92, 117

sentidos, 45, 189, 331; *ver também* percepção, percepções
sentimento(s), 28, 33, 40, 98, 113, 117, 133, 144, 152, 160, 180, 241, 246, 274, 277-8, 294-5, 304, 309, 330-2, 340, 345, 347, 349-1, 354, 361-2, 367-70, 372-3, 375-6
seres vivos, 214, 215, 228, 229
sexualidade, sexual, sexuais, 29, 32, 34-40, 46na, 48, 50-1, 53na, 57-9, 60na, 61na, 62, 64-6, 76, 78, 81, 84, 86-8, 94-5, 97, 104-11, 124, 128-9, 134, 136, 140-8, 150-2, 154-6, 158-9, 166, 177, 179-80, 197, 203na, 206-8, 211-2, 214, 217, 220-6, 227na, 228-30, 232-3, 235na, 237, 242-3, 248, 250-1, 253-4, 256-7, 259, 261-2, 282, 285, 294, 297-8, 303, 305-6, 308, 311-4, 318, 321-3, 325-7, 347, 384-6
Shakespeare, 346, 373
"Significação do pai para o destino do indivíduo, A" *ver* "Bedeutung des Vaters für das Schicksal des Einzelnes, Die" (Jung)
Silberer, 135, 315
Simmel, 168na, 170, 382, 384, 400
Simpósio (Platão), 230
sintoma(s), 19, 26, 40, 52, 54, 56, 68, 74, 76, 83-4, 90, 92-3, 95, 101, 105, 107-8, 113, 117na, 118, 136, 137na, 142, 150, 158na, 160na, 168, 170, 181, 242, 249, 255-6, 281, 283-4, 286, 324, 326-7, 384, 390

sistema nervoso, 168, 187, 194
Smith, 395
"Sobre a aparente intencionalidade no destino do indivíduo" ver "Über die anscheinende Absichtlichkeit im Schicksale des Einzelnen" (Schopenhauer)
Sobre a duração da vida ver *Über die Dauer des Lebens* (Weismann)
Sobre a origem da morte ver *Über den Ursprung des Todes* (Goette)
Sobre a vida e a morte ver *Über Leben und Tod* (Weismann)
"Sobre *fausse reconnaissance* ("*déjà raconté*") durante o trabalho psicanalítico" (Freud), 114*na*
"Sobre formações de sintomas passageiros durante a análise" *ver* "Über passagere Symptombildungen während der Analyse" (Ferenczi)
"Sobre transformações dos instintos" (Freud), 107*nt*
Sociedade Psicanalítica de Viena, 398, 404
sofrimento, 99, 168, 249, 286
Sol, 245
Sonho de uma noite de verão (Shakespeare), 346
sonho(s), 16, 28, 41-55, 58-9, 60*na*, 61*na*, 62-5, 71, 78-80, 83, 84*na*, 86-90, 94-6, 103*na*, 104-6, 110-1, 115*na*, 116, 118*na*, 124*na*, 126, 128, 134, 136, 141, 144-5, 147-9, 159*na*, 169-70, 181, 183, 195-6, 198-9, 201, 255, 257, 278, 282, 315, 346, 347, 351, 365, 391-2
"Sonhos com material de contos de fadas" (Freud), 41*na*, 115*na*
sono, 80, 196, 401
Spielrein, 227*na*
Strachey, 72*nt*, 100*nt*, 189*nt*, 200*nt*, 253*nt*, 281*nt*, 301*nt*, 353*nt*
Strand, 364
sublimação, sublimações, 88, 94-6, 151-2, 154, 209-10, 297
substância viva, 188, 205-7, 211, 213-6, 219, 228, 232, 235*na*
sugestão, 71, 120, 176, 196, 292
superstição, 355, 358, 362, 373
surra, 295-7, 299-305, 309-10, 313-5, 317-22, 324-6
susto, 194
"Synthetic genetic study of fear, A" (Hall), 149*na*

"Tabu e a ambivalência, O" (Freud), 362*na*
Tasso, 115, 182
Tausk, 402-5
Teatro (Klinger), 339
teimosia, 258, 260-1
telepatia, 351
Tema do incesto na literatura e nas lendas, O ver *Inzestmotiv in Dichtung und Sage, Das* (Rank)
Tempestade, A (Shakespeare), 346
tempo de vida *ver* duração da vida
tensão, tensões, 162, 205, 210, 228, 238
terapia, 46, 51, 56-7, 69, 94, 101, 122,

127, 156, 178, 199, 243, 280, 282, 284-8, 290, 292
ternura, 22, 105, 109, 112, 121, 154, 258
Terra, 215, 245
terror, 115, 168-9, 194, 387
tios, tias, 131
"Tipos de adoecimento neurótico" (Freud), 156*na*
Tod und Fortpflanzung (Hartmann), 216*na*
Totem e tabu (Freud), 81, 150, 359*na*, 362*na*, 395
totemismo, 81, 151, 246, 395
transferência, 79-80, 94, 141, 160, 176-7, 180-1, 183, 201, 221, 223, 280, 287, 386-7
transmigração das almas, 231*na*
tratamento psicanalítico *ver* terapia
trauma(s), 41, 81, 127, 145, 159, 169-70, 192, 195-7, 388
Três ensaios sobre a teoria da sexualidade (Freud), 109*na*, 153, 197, 225*na*, 376*nt*
Twain, 355

Über den Ursprung des Todes (Goethe), 216*nt*
"Über die anscheinende Absichtlichkeit im Schicksale des Einzelnen" (Schopenhauer), 220*na*
Über die Dauer des Lebens (Weismann), 213*na*
Über Leben und Tod (Weismann), 213*na*, 215*na*
"Über passagere Symptombildungen während der Analyse" (Ferenczi), 56*na*, 273*na*
unheimlich, 277, 331-3, 337-40, 360, 365-6; *ver também heimlich*; "inquietante"; *unheimlich*
unicelulares, 214, 216, 220
universidades, 378
universo, 245
"Untersuchungen über die früheste prägenitale Entwickungstufe der Libido" (Abraham), 400
Upanixades, 231*na*
urina, 108, 258

vagina, 65, 105-6, 259, 262; *ver também* genital, genitais; pênis
Van Ophuijsen, 311
"vara fecal", 259
velhice, 217
vida amorosa, 57, 256, 305, 322, 390
vida instintual, 138, 205, 219, 241, 250; *ver também* instinto(s)
vida orgânica, 202, 209*na*, 228
vida psíquica, 16, 68, 159, 163, 183, 196, 199, 228, 237, 241-2, 255, 267, 283-4, 329, 352, 356, 362, 364, 379, 392
"Völkerpsychologische Parallelen zu den infantilen Sexualtheorien" (Rank), 46*na*
Von Hug-Hellmuth, 274
Vorlesungen zur Einführung in die Psychoanalyse ver *Conferências introdutórias à psicanálise* (Freud)

ÍNDICE REMISSIVO

Wallensteins Lager (Schiller), 339
Warum wir sterben (Lipschütz), 216*na*
Weismann, 213-4, 216-7, 219, 229*na*
"Weissagung, A" *ver* "Profecia, A" (Schnitzler)
Wilde, 375
Woodruff, 216-8

Zeitschrift für Sexualwissenschaft, 180*na*, 314
Zentralblatt für Psychoanalyse, 46*na*, 56*na*, 156*na*, 273*na*
Zerrissene, Der ver *Dilacerado, O* (Nestroy)
Ziegler, 231*na*
zoofobia, 15, 45
"Zur Psychologie des Unheimlichen" (Jentsch), 330*na*

**SIGMUND FREUD,
OBRAS COMPLETAS
EM 20 VOLUMES**
COORDENAÇÃO DE PAULO CÉSAR DE SOUZA

1. TEXTOS PRÉ-PSICANALÍTICOS (1886-1899)
2. ESTUDOS SOBRE A HISTERIA (1893-1895)
3. PRIMEIROS ESCRITOS PSICANALÍTICOS (1893-1899)
4. A INTERPRETAÇÃO DOS SONHOS (1900)
5. PSICOPATOLOGIA DA VIDA COTIDIANA E SOBRE OS SONHOS (1901)
6. TRÊS ENSAIOS SOBRE A TEORIA DA SEXUALIDADE, ANÁLISE FRAGMENTÁRIA DE UMA HISTERIA ("O CASO DORA") E OUTROS TEXTOS (1901-1905)
7. O CHISTE E SUA RELAÇÃO COM O INCONSCIENTE (1905)
8. O DELÍRIO E OS SONHOS NA GRADIVA, ANÁLISE DA FOBIA DE UM GAROTO DE CINCO ANOS ("O PEQUENO HANS") E OUTROS TEXTOS (1906-1909)
9. OBSERVAÇÕES SOBRE UM CASO DE NEUROSE OBSESSIVA ("O HOMEM DOS RATOS"), UMA RECORDAÇÃO DE INFÂNCIA DE LEONARDO DA VINCI E OUTROS TEXTOS (1909-1910)
10. OBSERVAÇÕES PSICANALÍTICAS SOBRE UM CASO DE PARANOIA RELATADO EM AUTOBIOGRAFIA ("O CASO SCHREBER"), ARTIGOS SOBRE TÉCNICA E OUTROS TEXTOS (1911-1913)
11. TOTEM E TABU, HISTÓRIA DO MOVIMENTO PSICANALÍTICO E OUTROS TEXTOS (1913-1914)
12. INTRODUÇÃO AO NARCISISMO, ENSAIOS DE METAPSICOLOGIA E OUTROS TEXTOS (1914-1916)
13. CONFERÊNCIAS INTRODUTÓRIAS À PSICANÁLISE (1916-1917)
14. HISTÓRIA DE UMA NEUROSE INFANTIL ("O HOMEM DOS LOBOS"), ALÉM DO PRINCÍPIO DO PRAZER E OUTROS TEXTOS (1917-1920)
15. PSICOLOGIA DAS MASSAS E ANÁLISE DO EU E OUTROS TEXTOS (1920-1923)
16. O EU E O ID, "AUTOBIOGRAFIA" E OUTROS TEXTOS (1923-1925)
17. INIBIÇÃO, SINTOMA E ANGÚSTIA, O FUTURO DE UMA ILUSÃO E OUTROS TEXTOS (1926-1929)
18. O MAL-ESTAR NA CIVILIZAÇÃO, NOVAS CONFERÊNCIAS INTRODUTÓRIAS E OUTROS TEXTOS (1930-1936)
19. MOISÉS E O MONOTEÍSMO, COMPÊNDIO DE PSICANÁLISE E OUTROS TEXTOS (1937-1939)
20. ÍNDICES E BIBLIOGRAFIA

PARA MAIS INFORMAÇÕES SOBRE OS VOLUMES PUBLICADOS, ACESSE:
www.companhiadasletras.com.br

ESTA OBRA FOI COMPOSTA
EM FOURNIER E CONDUIT
PELA SPRESS
E IMPRESSA EM OFSETE PELA
GEOGRÁFICA SOBRE PAPEL
PÓLEN NATURAL DA SUZANO S.A.
PARA A EDITORA SCHWARCZ
EM AGOSTO DE 2023

A marca FSC® é a garantia de que a madeira utilizada na fabricação do papel deste livro provêm de florestas que foram gerenciadas de maneira ambientalmente correta, socialmente justa e economicamente viável, além de outras fontes de origem controlada.